普通高等教育财政与税收专业重点规划教材

税务代理理论与实务

（第三版）

姜雅净　李　艳　编著

上海财经大学出版社

图书在版编目(CIP)数据

税务代理理论与实务/姜雅净,李艳编著. —3版. —上海:上海财经大学出版社,2015.6
(普通高等教育财政与税收专业重点规划教材)
ISBN 978-7-5642-2169-0/F·2169

Ⅰ.①税… Ⅱ.①姜…②李… Ⅲ.①税务代理-高等学校-教材
Ⅳ.①F810.423

中国版本图书馆CIP数据核字(2015)第102092号

□ 责任编辑 刘光本
□ 责编电邮 lgb55@126.com
□ 责编电话 021—65904890
□ 封面设计 张克瑶
□ 责任校对 林佳依 卓 妍

SHUIWU DAILI LILUN YU SHIWU
税务代理理论与实务
(第三版)
姜雅净 李 艳 编著

上海财经大学出版社出版发行
(上海市中山北一路369号 邮编200083)
网 址:http://www.sufep.com
电子邮箱:webmaster@sufep.com
全国新华书店经销
江苏凤凰数码印务有限公司印刷装订
2015年6月第3版 2023年10月第4次印刷

787mm×1092mm 1/16 15.75印张 383千字
印数:24 001—24 300 定价:33.00元

前 言

FOREWORD

税务代理产生于1912年，迄今已有100多年的历史了。我国税务代理起步于1985年，目前我国税务师事务所已有4 934个，从业人员7万多人，注册税务师104 901人，其中执业者为36 437人。

我国的税务代理业是随着社会主义市场经济体制的建立而发展起来的一项新兴事业，其产生和发展对于加强税收管理，保证国家财政收入，维护税收和经济秩序，推进依法治税，维护纳税人合法权益等都发挥着积极的意义。

本书自第1版出版以来，深得各方好评。教材会计、经济代理、税务等相关专业在校学生、税务代理人员、会计人员、税务人员以及相关管理人员等在岗职员掌握和运用税务代理技能，提高执业质量和水平方面，取得了良好的效果。

近年来，随着国内外税务代理业的迅速发展及政策的调整，税务代理理论的教学、实训和人才培养等都面临新的挑战，《税务代理理论与实务》教材的适时更新与不断完善也势在必行。本次修订本着重基础、重能力、求创新的总体思想，培养以就业市场为导向、具备“职业化”特征的应用型人才，着眼于国家发展和培养综合能力的需要，着眼于提高学员的学习能力、实践能力和创新能力。根据税务代理业最新的法律法规、行业规范，教学资料等内容在时效性等方面也有所更新和充实。

本书共分十章，第一、二、五、十章由姜雅净修订，第三、四、六、七、八、九章由李艳修订，全书由姜雅净总撰定稿。

本书在修订过程中，参阅、借鉴了税务代理方面的最新研究成果，并得到了有关单位财政人员的热情支持和帮助，在此一并表示谢意。书中的不足之处，恳请读者批评指正。

编　者

2015年6月

目　录
CONTENTS

第一章 税务代理概述

第一节 税务代理的概念、产生及其发展

一、税务代理的概念

代理是指代理人根据被代理人的委托或代理权，以被代理人的名义实施民事法律行为，其后果直接归属于被代理人的行为。税务代理属于代理的一种。

税务代理是法律服务的一部分，是一种法律行为。税务代理是税务代理人在税法规定的代理范围内，受纳税人、扣缴义务人的委托或授权，代为办理税务事宜的各项行为的总称。它是商品经济发展的必然产物，是以知识的商品化为前提，以纳税人的需要为原动力，通过委托人、税务代理人、税务事项等要素的组合所形成的一种法律行为，是一种社会性的中介行为。

二、税务代理的产生

税务代理是指税务代理人接受纳税人、扣缴义务人的委托或授权，代为办理税务事宜。税务代理的产生是以纳税人、扣缴义务人的委托需求为前提的，是适应纳税人、扣缴义务人的需要而产生的。

税务代理在一些发达国家已成为一种较为普遍的代理行为，如德国、澳大利亚、韩国、日本、美国等国家的税务代理业日趋成熟和规范。它对政府加强税务管理，完善和严密税收法规，服务和指导纳税人的纳税行为，起到了重要作用。在传统的计划经济体制下不存在税务代理，税务代理自 20 世纪 80 年代起在中国兴起和发展。

(一)市场经济的发展为我国税务代理的产生创造了必要条件

在传统的计划经济管理体制下，国有经济是唯一的主体成分，国家对企业采取税利不分的统管模式，经济关系比较单一，企业不存在税务代理的需要。中共"十四大"正式确定了我国经济体制改革的目标是建立社会主义市场经济体制。市场经济体制的建立和发展，为税务代理的产生创造了必要条件。从实行税务代理的国家来看，都是市场经济比较发达的国家。市场经济越发达，分工越细致，专业化、社会化的程度就越高。在市场经济的发展过程中，市场交易越来越活跃，市场竞争越来越激烈，市场行为主体之间的联系越来越广泛，约束社会组织和个人的法制越来越健全。在这种情况下，面对诸多具体而且与自身息息相关的事务，每个市场行为主体受学识、经验、技术、时间、地点、精力等因素的影响不能也无须事事躬亲，这就迫切希望社会上有专门的机构和人员为其提供代理服务。特别是对税收这类专业性强、技术性高、操作复杂的事务，市场行为主体委托他人代理的要求就更加强烈。这是因为在市场经济条件下，政

府职能随之转换，企业作为国家预算单位、直接隶属于政府部门的认识被打破，政企不分、国家对企业管得过多过死的传统做法得以改变，企业逐步真正成为自主经营、自负盈亏、自我发展、自我约束的商品生产者和经营者。国家与企业之间的关系主要通过税收来规范。在这种情况下，企业要保证其经营的合法性必须按照税收法规履行各项税收义务，依法纳税成为企业经营活动全过程中的重要一环。为了避免在税收问题上浪费精力、承担责任过重，客观上促使纳税人像请律师打官司一样委托税务代理人为其办理相关涉税事务，以便把更多的精力投入内部的经营管理中去，以提高企业的整体效益。同时，因为市场经济是法治经济，政府既要求所有的行为主体依法从事各项经济活动，也积极鼓励其运用法律武器维护自身的合法权益。税收作为国家对经济进行宏观调控的重要手段，一征一免将直接影响市场行为主体的经济利益和竞争实力。这就要求市场行为主体在拥有人、财、物的自主权时，还必须随时了解国家的各项税收政策法规，也促使市场行为主体产生对税务代理的需要。因为纳税人倘若利用具有专业知识的税务代理人为其提供服务，既便于及时了解各项税收政策法规，避免因为不懂税法而违反有关规定，遭受不应有的处罚和损失或享受不到税法提供的优惠待遇，又可以在税收执法失当时凭借代理纠正偏差，实行有效的自我保护。

(二)申报纳税的方式为税务代理的产生提供了可行条件

在世界范围内，税款入库方式目前主要有两种：一是直接征税方式，即由税务人员直接办理征税事务；二是申报纳税方式，即由纳税人自行办理纳税事务。一般来说，在经济发达国家(如美国、日本等)主要采用申报纳税的方式。采用申报纳税方式不仅对征税方有很多好处，而且对纳税人也很有益处。

首先，对征税方来说，既节省了人力，降低了征税成本，又有利于税务部门的廉政建设。

其次，对纳税人来说，一是通过直接参与纳税，学到并熟悉了税法有关知识，明确了自己应纳多少税，避免了盲目被动纳税，有利于纳税人维护自身的合法权益；二是进一步明确了国家与纳税人的相互关系。国家有义务为社会提供公共管理服务，有权征税；纳税人有缴税的义务，并有权监督政府的行为。

但是，申报纳税方式不是任何情况下都可以采用的。一般来说，申报纳税方式的采用要具备两个客观条件：一是自觉纳税的公民；二是法制健全的社会。所谓自觉纳税的公民，是指作为纳税人基础队伍的公民文化素质好、道德水准高、纳税意识强，能够把纳税看作每个公民应尽的义务，从而能够做到自觉自愿地纳税。所谓法制健全的社会，是指整个社会法制化，各项法律制度都完善，能够做到有法可依、有法必依、执法必严、违法必究。只有采用申报纳税方式，才有可能产生税务代理。税务代理人是接受纳税人、扣缴义务人的委托，根据申报纳税方式的要求，从事纳税代理业务。只有在申报纳税方式下，纳税人、扣缴义务人自己缴税，才有委托他人办理的需要。在直接征税方式下，基本上都由税务人员承担征税事务，纳税人、扣缴义务人没必要再委托他人办理，因而税务代理也就不可能产生。

(三)税务代理是适应我国经济与国际经济接轨的需要而产生的

世界经济全球化为我国经济全面走向世界、参与国际分工开辟了道路。其关键是我国的经济运行规则及各方面的经济管理规则必须按照国际惯例进行，实行接轨转换；否则，对外开放，扩大和引进外资，都将遇到严重的障碍。税务代理对改善我国投资环境，及时、公正、全面提供税务咨询服务，开展国际税务代理业务，促进我国税务管理走向法制化、规范化和国际化发挥着积极的作用。

(四)税务代理是应我国全面走向以法治税的需要而产生的

以法治税要求征纳双方都必须有强烈的税法意识,各自正确履行税法赋予的权利、责任和义务,征纳双方在法律上的地位是平等的。当前,我国纳税义务人的法制观念淡薄、纳税意识较差,影响了税收工作的正常进行。建立税务代理,对于维护纳税人的合法权益,改变征纳双方事实上存在的不平等现象,可以起到积极的作用。同时,税务代理制度的建立,有利于政府税务部门不断严格税制,堵塞税收跑、冒、漏、滴,强化法律意识,形成科学的税收征管机制。

三、税务代理的发展

我国的税务代理始于20世纪80年代中期。当时我国开始向社会主义市场经济体制过渡,加之税收征管改革的需要,一些地区的税务机关借鉴国际上的通行做法,对税务代理进行了探索。由于这一新生事物适应国家经济体制改革走势,可以减轻企业的涉税事务负担,降低纳税风险,维护其合法权益,同时还可以较好地保证国家的税收利益和税法的正确实施,降低征税成本,提高税务机关工作效率,因此得到了纳税人和税务机关的欢迎。

1992年9月由全国人大常委会通过的《中华人民共和国税收征收管理法》(2001年4月28日第九届全国人民代表大会常务委员会修订),从法律上对税务代理这一做法加以肯定,并明确规定"纳税人、扣缴义务人可以委托税务代理人代为办理税务事宜",这为我国税务代理的发展提供了法律依据。

1993年8月国务院颁布的《中华人民共和国税收征收管理法实施细则》进一步规定:"纳税人、扣缴义务人委托税务代理人代为办理税务事宜的办法,由国家税务总局规定。"

1994年1月1日新税制改革全面实施,国家税务总局把建立健全税务代理制度纳入征管改革的战略中。从此,税务代理成为"申报—代理—稽查"中的重要组成部分。

从1985年开始,在我国一些大城市先后建立了税务咨询机构。在实际开展的业务中,一般包括一些税务代理的业务项目。由于当时税务代理尚未立法,只是随着咨询业务的开展,进行了一些探索,但它为税务代理事业的发展积累了宝贵的实践经验。

1994年9月,国家税务总局根据《中华人民共和国税收征收管理法》及其实施细则的有关规定,制定了《税务代理试行办法》,开始在全国范围内进行有组织的试点工作。1996年11月,国家税务总局和人事部颁布了《注册税务师资格制度暂行规定》,将税务代理人员纳入国家专业技术人员执业资格准入控制范畴,标志着税务代理作为社会中介服务行业进入了规范发展的新阶段。

到目前为止,全国通过考试取得注册税务师的已达到104 901人,其中执业注册税务师36 437人,全国已有税务师事务所4 934家,从业人员近7万多人。形成了包括注册税务师资格的取得、税务师事务所的审批、税务代理规程、执业标准等在内的一套相应的制度、办法。2005年,《注册税务师管理暂行办法》出台,标志着税务代理行业进入了一个崭新的规范时期。

经过20多年的发展,税务代理作为一种独立的社会中介组织,在适应市场经济发展和征管改革、维护国家税收政策、保护纳税人合法权益等方面发挥了积极作用。国家税务总局专门成立了注册税务师管理中心，履行管理税务代理的行政职能，并在省级成立了相应的管理机构。税务代理的行业自律性管理也由相应的社团组织——中国税务咨询协会——具体运作。经过几年来的实践，在实际工作中这些中介组织也存在一些缺陷，如政社不分、行政干预、业务交叉等，导致执业机构规模小、服务单一、效能低下等突出问题。这一现状已不适应社会主义市场经济发展的需要，不适应我国加入 WTO 的需要。

遵照国务院关于税务代理工作要"彻底脱钩，全面整顿，规范管理，健康发展"的指示精神，国家税务总局从 1999 年 8 月开始，对全国税务代理行业进行清理整顿和脱钩改制。改制后的税务代理机构由注册税务师发起设立的合伙制和有限责任制税务师事务所组成。

为了进一步规范我国对社会中介行业的管理，按照"归类合并，统一管理"的要求，将注册税务师、注册会计师和资产评估师三个行业的管理进行了合并。这次合并是规范我国社会中介服务市场、加强对中介行为宏观调控的重要举措，即实行一个协会、一套班子、一套机构，三种资格并存，三个行业实行统一管理的体制。合并后的行业，可以优势互补，人力资源共享，提高服务质量。

四、税务代理业面临的机遇

经过长期的理论探讨，特别是十几年的税务代理实践，税务代理在规范征纳行为、协调征纳关系、提高税收征管质量、提高税务行政效率、维护纳税人权益等方面的积极意义得到了各级行政管理部门特别是税务机关的普遍认同和积极支持，为税务代理业的发展创造了有利条件。目前，税务代理业有着巨大的市场空间。

(一)经济发展为税务代理提供了巨大的市场空间

税务代理是建立在市场经济基础上的，经济的发达与否直接影响税务代理业的发展。目前，我国仅企业纳税人就有 1 600 万户，另外还有约 400 万个体工商业户，还有众多的个税纳税人，税务代理市场还刚刚开始启动。据资料显示，目前我国纳税人选择税务师事务所为其办理税收事务的还不足 3%，许多地方尚未建立税务代理机构。税务代理有着巨大的市场空间。

(二)加入 WTO 后，税务代理的市场空间进一步扩大

目前税务代理的委托人 50%以上为外商投资企业和外国企业，其原因是外商投资企业和外国企业对我国税务业务、环境等不熟悉，同时也习惯于国外的税务代理制度，对税务代理、对企业的积极作用有着比较深刻的认识。随着我国市场的进一步开放特别是加入 WTO 以后，外商投资企业及外国企业进入中国市场的速度进一步加快，它们将成为税务代理市场重要的潜在客源。

(三)税制结构的优化、税收征管力度的加强将促使国内企业选择税务代理

随着税制改革的进一步深化，依法行政、依法治税的要求会更高，税务代理带给企业的正效应将进一步凸显，这为拓展税务代理市场创造了有利条件。

在加入 WTO 时，我国政府承诺，服务业将遵循既定时间表，逐渐向外资开放。目前，已有部分世界知名会计师事务所在中国的合资事务所从事税务代理业务，但税务代理业尚未完全开放，这对国内税务代理业无疑是一个难得的发展壮大的机遇。

五、税务代理面临的挑战

(一)激烈的市场竞争

国家税务总局颁布的《税务代理试行办法》第十七条规定:“税务代理机构为税务师事务所和经国家税务总局及省、自治区、直辖市国家税务局批准的其他机构。”目前,会计师事务所、律师事务所、审计师事务所和税务咨询机构等中介服务机构已参与到税务代理市场竞争中。随着这些中介服务机构的发展壮大,税务代理市场竞争的进一步加剧不可避免,而外资的进入将使税务代理市场竞争白热化。尽管外资进入税务代理行业有一个渐进的过程,但我国承诺的最长时间是6年,届时将有更多的外国中小型会计师事务所进入国内税务代理市场。它们不仅拥有雄厚的资金、丰富的从业经验和完善的内部管理机制,而且还拥有一定的客户网络,将对国内的税务代理机构形成强有力的竞争。

(二)代理行为尚待规范

税务代理机构作为中介机构,必须具备完全的独立性,否则代理业务的公平性将无法得以保证。这是税务代理业走向规范和成熟的起码条件。我国的税务代理业经历了1999年8月～2000年7月的清理整顿和脱钩改制以后,与税务机关已基本脱钩,但仍有着千丝万缕的联系,可以说脱钩并不彻底,税务代理行为尚待规范。

首先,由于税务代理机构缺乏独立性,强制代理和变相强制代理没有遏止。强制代理破坏了中介服务的“自愿性”游戏规则,属于严重的不正当竞争行为,严重扰乱了税务代理市场秩序。

其次,代理收费不规范。尽管有关部门核定了税务代理收费标准,但部分税务代理机构在实际执行中仍存在超范围收费、超标准收费的情况,也存在恶意压低收费标准的不正当竞争行为。

再次,业务处理不规范。目前基本上是各税务代理机构各行其是,缺少统一性。

(三)缺乏高素质的代理机构

税务代理业的业务范围不能只停留在代理纳税申报、发票领购等一些简单的事务性工作上,而应更多地开展税收筹划、税收审查等高层次项目代理。这就要求代理机构的高素质,而目前从业人员的低素质仍然是制约税务代理业发展的主要因素。我国税务代理业经过了十几年的发展,特别是在1999年实行注册税务师资格面向社会公开考试之后,注册税务师的数量有较多增加,素质有较大提高。但是,就目前情况来看,从业人员数量质量与发展要求仍不相适应,主要表现在两个方面:

一是与税务代理的大市场相比,注册税务师的缺口仍十分明显。

二是我国税务代理业还处于发展的初级阶段,进入一个相对较快的发展阶段还是最近几年的事,大部分从业人员的从业时间短,缺乏实际代理经验。从业人员素质低的直接结果是服务质量无法保证,同时也限制了高层次代理业务的开展。

(四)需要有更高的社会认同度

尽管税务代理在税收征管中的作用在各级行政部门及税务机关中已达成共识,但税务代理对纳税人的积极作用并没有真正被大多数纳税人认同,社会认同度低带给税务代理业的必然后果是拓展市场困难。

第二节 税务代理的作用及意义

一、税务代理的基本特征

税务代理的基本特征如表1—1所示。

表1—1 税务代理的基本特征

基本特征	表现及内容
主体资格的特定性	在税务代理法律关系中,代理行为发生的主体资格是特定的。作为代理人一方必须是经批准具有税务代理执业资格的注册税务师和税务师事务所,不符合上述条件的单位和个人均不能从事税务代理业务。作为被代理人一方必须是负有纳税义务或扣缴税款义务的纳税人或扣缴义务人。
行为的法律约束性	税务代理不是一般意义上的事务委托或劳务费提供,而是负有法律责任的契约行为,税务代理人与被代理人之间的关系是通过代理协议而建立起来的。代理人在从事税务代理活动过程中,必须站在客观、公正的立场上行使代理权限,且其行为受税法及有关法律的约束。
内容的确定性	税务代理人的税务代理业务范围,由国家以法律、行政法规和行政规章的形式确定,税务代理人不得超越规定的内容从事代理活动。除税务机关按照法律、行政法规规定委托其代理外,税务代理人不得代理应由税务机关行使的行政职权。
税收法律责任的不可转嫁性	税务代理是一项民事活动,税务代理关系的建立并不改变纳税人、扣缴义务人对其本身所固有的税收法律责任的承担。在代理活动中产生的税收法律责任,无论出自纳税人、扣缴义务人的原因,还是出自代理人的原因,其法律后果承担者直接归于纳税人、扣缴义务人,而不能因建立了代理关系而转移征纳关系,即转移纳税人、扣缴义务人的法律责任。但是法律责任的不转嫁性并不意味着税务代理人在代理过程中可以对纳税人、扣缴义务人的权益不负责任,不承担任何代理过错。若因代理人工作过失而导致纳税人、扣缴义务人不必要的损失,纳税人、扣缴义务人可以通过民事诉讼程序向代理人提出赔偿要求。
有偿的服务性	税务代理是我国社会主义市场经济服务体系的一个重要组成部分。税务代理业务是智能性科技与劳动相结合的中介服务业务,它以服务为宗旨,以社会效益为目的,在获取一定报酬的前提下,既服务于纳税人、扣缴义务人,又间接地服务于税务机关。
服务的社会性	社会主义市场经济促使各种经济成分的企业共同发展。税务代理制的兴起,适应了社会经济发展的需要,成千上万个企业和个人都可能通过税务代理履行纳税义务,量多面广,足以表明税务代理的社会性。
主体的知识性、专业性	随着生产力高度发展,社会分工进一步专业化,知识的价值被社会公认并融入市场经济的新兴行业中。税务代理人应当有渊博的专业知识和丰富的实践经验,有综合分析能力,有较高的政策水平。由此可见,税务代理的知识性是很突出的。税务代理是专门从事有关税务事宜的代理。税务代理的专业性,表现在税务代理人必须精通税务和财会等专业知识。在税务代理过程中,必须以税收法规和民事代理法规为依据。因此,税务代理的专业性是很强的。

二、税务代理的作用

税务代理是税务服务机关和纳税人之间的桥梁和纽带。通过具体的代理活动,不仅有利于纳税人正确履行纳税义务,而且对国家税收政策和顺利贯彻落实具有积极作用(见

图 1—1)。

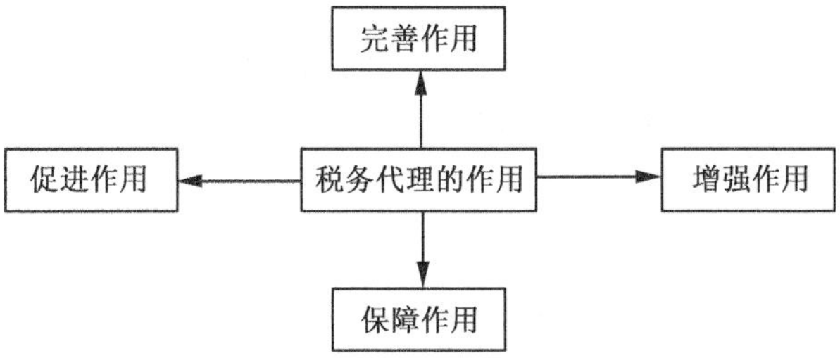

图 1—1　税务代理的作用

(一)税务代理对于依法治税具有促进作用

依法治税的基本要求是税务机关依法行政,纳税人、扣缴义务人依法纳税。税务机关的征税过程和纳税人的缴税过程实际上就是税法规定的征纳主体双方权利与义务的法律执行过程。推行税务代理制度,由熟悉财务、税制业务的专家作为沟通征纳双方的桥梁,以客观公正的立场协调征纳双方的行为,帮助纳税人准确、及时地缴纳税款,并监督纠正征纳双方可能的背离税法规定的行为,将有利于推进我国依法治税的进程。

(二)税务代理对于税收征管的监督制约机制的完善作用

加强税收征管工作的一个重要环节,是建立一个科学、严密的监督制约体系,确保税收任务的完成。实行税务代理制,可在税收征纳双方之间,通过税务代理人这个中介体,形成纳税人、税务代理人、税务机关三方面的制约关系。纳税人作为履行纳税义务的主体,要自觉纳税,同时受到税务机关与税务代理人的依法监督制约;税务机关作为税务征收的主体,要严格执法,同时又受到纳税人与税务代理人的监督制约;税务代理人在开展代理活动的过程中,也要受到纳税人和税务机关的监督制约。这就形成了一个全方位的相互制约体系,必将促进税收征管制度的进一步完善。

(三)税务代理对于纳税人自觉纳税意识的增强作用

纳税是每个纳税人应尽的义务。以前,纳税人的纳税事务大多数是由税务人员来做的,部分纳税人自觉纳税的意识较为淡薄。实行税务代理制后,纳税人可以选择自己信赖的税务代理人,代理他们履行申报纳税义务。纳税人选择税务代理人正是自觉纳税意识的体现。税务代理制的实施,有利于提高纳税人主动申报纳税的自觉性,增强纳税意识,有利于形成纳税人依法纳税的良好局面。

(四)税务代理对于纳税人的合法权益的保护作用

实行税务代理制,纳税人可以在税务代理人的帮助下减少纳税错误,用足用好税收优惠政策,做好纳税筹划。税务代理人还可以协调税收征纳双方的分歧和矛盾,依法提出意见进行调解。如有需要,税务代理人可以接受纳税人委托向上级税务机关申请行政复议。这些都切实有效地维护了纳税人的合法权益。

三、税务代理的意义

在社会主义市场经济条件下,税收在社会经济活动中的地位和作用显得尤为重要,税收工作所面临的任务也日趋繁重,征管工作的容量也愈来愈大。为此,税务机关不仅要集中精力抓税收任务,抓各项制度建设,还要加强政治与业务学习,不断提高政治素质与业务水平,从而提高工作质量与效率。在这种情况下,必须把税务专管人员从繁琐的管理事务中解放出来,由上门收税变为纳税人上门纳税,对纳税人进行有效的监督和管理。同时,随着新税制的实施,纳税人计税缴纳愈来愈复杂,分散经营精力,客观上需要有专门从事税务事宜的机构为其服务。税务代理制的出现适应了这种客观需要。

(一)税务代理有利于恢复纳税人的主体地位

税收征管模式的选择,对于整个税收工作的正常运行和税收组织收入、监督经济等职能的正常发挥有十分重大的意义。新中国成立以来,我国税收征管模式长期实行专人管理模式,其主要弊端在于税务部门的大包大揽。税务人员替纳税人包揽和完成了形式上的各种事宜,使纳税人除了机械地履行缴税义务外,几乎不存在任何形式的法律责任。这种状况不仅混淆了征纳双方各自的职责,事实上也是对纳税人权利的剥夺,还是对纳税人主体位置的侵犯。实行税务代理制度,由于征纳之间出现了中介机构,纳税人在纳税问题上不再依赖税务机关,而是把支点选择在代理人身上,从而恢复了纳税人应有的主体地位。

(二)税务代理有利于建立科学的征管体系

税务代理机构是介于纳税人和税务机关之间的独立法人,既受纳税人委托代办税务事宜,又按税法规定协助税务机关协税护税,它是以法律为依据,以客观公正为原则,正确处理征纳双方的矛盾,维护双方的合法权益,做到"双向服务、双向协调、双向监督",形成纳税人、代理人、税务机关之间协调服务、相互监督制约的机制。由税收的直接管理、单一管理转化为间接管理和社会管理,符合我国税收管理发展的简化、务实、高效的原则。

(三)税务代理有利于税务行政人员的专业化

随着经济的快速发展、税源的不断扩大,税收征管难度与日俱增,凭借现存的征管手段和征管力量,已难以满足实际工作的需要。要解决这个矛盾,若单纯依靠扩编,既要加大税收成本,又不符合机构改革的宗旨。而实行税务代理制,则可以将税务咨询、纳税辅导、建账建制等大量繁杂事务,交由税务代理人办理。税务工作人员可从事务中解脱出来,用更多的精力钻研税收政策,充分发挥监督、检查等专业性职能。

(四)税务代理有利于完善纳税申报制度

总体而言,由于历史的原因,我国公民的纳税意识较淡薄,加上我国实行的是多税种、多环节、多层次的复税制,各税种的征、减、免的具体规定繁杂且不稳定,不少纳税人因精力所限,对税收政策难以准确把握,客观上影响了纳税人主动、准确地申报缴税。实行税务代理制度,纳税人在计税申报上就可以委托代理人代办税务事宜,减轻企业办理税收业务工作量,国家税收也可以及时、足额、准确入库。

(五)税务代理有利于社会主义市场经济的发展

在社会主义市场经济条件下,各种经济成分包括国有企业、集体企业、私营企业、个体经济以及外商投资企业和合资企业等并存,它们的产品、商品是否适销对路,能否进入市场已成为企业生存和发展的关键。企业经营者为了在市场竞争中立于不败之地,一要依赖科技、信息;二要加强经营管理,优化生产结构和技术结构,提高经济核算水平,增强竞争能力。税务代理是提供知识、技能和劳务的服务。税务代理人精通税务,熟悉财务、经济法规,信息灵敏,接触面广,他们在为企业经营者代办税务事宜的过程中,既可以提供税收及有关财务、经济法规和信息，也可以介绍先进经验，帮助研究改善经营管理；既能帮助依法纳税，也有助于发挥生产，繁荣经济，从而为建立和发展社会主义市场经济贡献力量。

（六）税务代理有利于我国扩大对外开放、参与国际经济

随着我国对外开放的扩大，外商投资企业和合资企业大量增加。它们在国外经营习惯于委托代理人申报纳税，但我国过去缺乏对税务代理的立法规定，少数地区试行既不普及，也不平衡，并且重点还是放在内资企业，很不适应对外经济形势的发展，不能满足外商投资企业和外国企业以及外国（地区）的纳税人申报纳税的需要。建立了税务代理制度就从根本上解决了这个问题，为我国经济参与国际经济活动以及我国税收制度同国际税收制度接轨创造了条件。

第三节　税务代理的基本原则、范围和目标

一、税务代理的基本原则

税务代理原则是税务代理人员在从业过程中应当遵循的基本行为准则，是使税务代理工作得以顺利进行的根本保证。税务代理应遵循以下原则：

（一）依法代理原则

各项税务代理必须依照税收的实体法和程序法进行。这既是一切税务代理活动的前提，也是必须遵循的行为准则。纳税人、扣缴义务人委托税务代理人办理税务事宜，不能超越规定的代理范围。对明确规定需要由纳税人、扣缴义务人自行办理的事项，则不能委托代理。

（二）自愿原则

税务代理是一种自愿行为。税务代理属于委托代理，必然涉及委托与受托双方当事人。从委托方看，《税收征管法》第八十九条规定纳税人、扣缴义务人可以委托税务代理人代为办理税务事宜。当然纳税人、扣缴义务人也可以不委托税务代理人而自行办理，是否需委托税务代理完全根据其自愿，而且在诸种纳税事项中委托项目的多少，是全部委托还是部分委托或单项委托，也是取决于委托人的自愿。而对于受托方，是否接受委托也应是出于自愿。税务代理人可以根据委托事项的内容以及自身的条件、力量确定是否受托。只有达到双方自愿，委托代理关系才能形成。所以，自愿原则是开展税务代理应遵循的重要原则。

（三）公正原则

税务代理人处于被代理人与税务机关的中间地位，既要维护纳税人、扣缴义务人的合法权益，又要维护国家的合法权益，因而税务代理人必须坚持公正原则。

（四）优质高效原则

这是对税务代理工作质量和时间的要求，也是赢得信誉、提高知名度的主要途径。通过优质高效服务，能使委托方确实感到通过税务代理给他带来依法纳税的方便。争取依法享受税收优惠的好处，还有利于集中精力从事生产经营，提高经济效益，从而继续自愿委托，并以切身感受代为宣传、扩大影响。要做到优质高效，必须有精通税收、财务、会计的税务代理人；没有业务素质高的人才，就没有服务上的优质高效。

（五）保守秘密的原则

税务代理人对委托方的生产经营情况以及在业务活动中了解和取得的情况、资料、数据，

凡涉及应当保守秘密的，必须为之严守秘密。这既是开展税务代理应该遵循的一项原则，也是取得委托人信任的重要条件。

（六）有偿服务原则

首先，税务代理是智能服务、知识转让方式的第三产业。在市场经济中，知识与智能也都具有商品属性，进入市场，实行等价交换。因此，税务代理实行有偿服务，体现其智能服务和知识转让的价值，是完全符合市场经济原则的。

其次，税务代理机构是独立法人，实行自收自支、依法纳税、自负盈亏，因此，也必须实行有偿服务，否则就无法维持其服务业务的正常运转，更谈不上发展和提高。实行有偿服务必须注意合理收费，原则上应根据服务项目的繁简、技术的难易、工作量的大小，有的还要参考效益的高低综合考虑。主管部门和物价部门制定的收费标准，必须认真实行。

（七）监督管理原则

税务代理人及其工作机构应独立行使代理职权。为了保证代理人能正确行使代理权限，保护国家利益和纳税人、扣缴义务人的合法权益，国家必须对税务代理行为进行严格的管理和监督，包括代理资格的认定、代理机构的审批、代理业务范围的制定、代理权利和义务的明确、代理责任的划分等。也就是说，税务代理行为必须在国家法律、法规、规章所允许的范围内实施。

二、税务代理业务的范围

税务代理业务范围是指按照国家有关法律的规定，允许注册税务师所从事的代理业务内容。税务代理业务范围的具体确定是一个不断探索、不断完善的过程。目前，我国税务代理业务的范围主要是纳税人、扣缴义务人所委托的各项涉税事宜。

依据《注册税务师资格制度暂行规定》指出，注册税务师可以接受纳税人、扣缴义务人的委托从事下列范围内的业务代理：

（1）办理税务登记、变更税务登记和注销税务登记；

（2）办理除增值税专用发票外的发票领购手续；

（3）代纳税人办理纳税申报或代扣缴义务办理扣缴税款报告；

（4）办理缴纳税款和申请退税；

（5）制作涉税文书；

（6）审查纳税情况；

（7）建账建制，办理账务；

（8）开展税务咨询，受聘担任税务顾问；

（9）税务行政复议；

（10）国家税务总局规定的其他业务。

三、税务代理的目标

税务代理应当着重从多方面下功夫，服务好纳税人，从而赢得纳税人的信赖，在市场经济大潮中站稳脚跟，得到健康发展。

要切实帮助纳税人解决困难，办好涉税事务。一般来说，纳税人在办理涉税事务过程中遇有困难或麻烦时，才会对税务代理服务产生较强烈的需求。因此，税务代理应着重通过解决企业纳税上的困难以开拓市场。税务代理是企业的助手，应当想企业所想、急企业所急、办企业所需，与企业共兴衰。对企业遇到的难题，诸如企业对哪些税收法规理解不透，可能会出现哪些失误或问题；有哪些办不好、不好办或办不了的涉税事务；有哪些合法权益享受不到或受到侵害等，税务代理要及时获取信息，并以热情、周到、高效的服务帮企业解决，才能赢得纳税人。税务代理还应当充分发挥自身知识和智力优势，着重开展受聘税务顾问、代理建账建制、代理税务行政复议等业务，为企业提供深层次纳税服务，为企业履行纳税义务创造更好的条件。

要努力帮助纳税人降低纳税成本，争取合法权益。由于企业的主要任务是取得经济效益，以效益求生存、求发展，因此，税务代理应着重帮助企业降低纳税成本，争取合法权益。税务代理通过提供服务，使企业减少在办税方面投入的人力、物力，减少或避免税外损失。同时，税务代理要帮助企业争取国家的税收优惠政策，为企业发展增强活力。另外，税务代理要坚持合理收费的原则，让企业切身感受到委托税务代理会给企业带来实实在在的利益。

认真帮助纳税人增强纳税意识，走全面发展的道路。市场经济是法制经济，企业靠少交税款求发展是行不通的，税务代理必须依法办事。因此，税务代理在为纳税人服务的过程中，要着重帮助企业提高纳税意识，树立正确的经营理念。税务代理的职责应当是既要促使企业守法经营、依法纳税，又要促使企业增强权利意识和自我保护意识，遇到有争议的问题靠法律途径解决。企业纳税意识提高后，为减少麻烦，会将更多的纳税事务交税务代理去办，专心从事生产经营，走全面发展的道路。这不仅有利于税务代理的健康发展，对税务机关依法行政也大有好处。

纳税筹划是新时期税务代理的一个新内容。税务代理作为一种高智力、高层次的咨询服务，如果只停留在发展初期的代理报税、代理记账、代理制作涉税文书等智力含量不太高的服务，应该说税务代理是没有发展前途的。因为即使今后社会分工再细，这些活动企业本身也能够独自承担。况且随着企业财务管理水平的不断提高，企业要求提供税务代理的内容和层次也相应提高，这些都为发展纳税筹划提供了可能性。

本章回顾

1. 税务代理是税务代理人在税法规定的代理范围内，受纳税人、扣缴义务人的委托或授权，代为办理税务事宜的各项行为的总称。

2. 税务代理的产生是以纳税人、扣缴义务人的委托需求为前提的，是适应纳税人、扣缴义务人的需要而自然产生的。

3. 税务代理的基本特征包括：主体资格的特定性、行为的法律约束性、内容的确定性、税收法律责任的不可转嫁性、服务的有偿性、服务的社会性、主体的知识性和专业性。

4. 税务代理是税务服务机关与纳税人之间的桥梁和纽带。通过具体的代理活动，不仅有利于纳税人正确履行纳税义务，而且对国家税收政策的顺利贯彻落实具有积极作用。

5. 税务代理原则是税务代理人员在从业过程中应当遵循的基本行为准则，它是使税务代理工作得以顺利进行的根本保证。税务代理应遵循以下原则：依法代理原则、自愿原则、公正原则、优质高效原则、保守秘密的原则、有偿服务原则和监督管理原则。

6. 税务代理业务范围是指按照国家有关法律的规定，允许注册税务师所从事的代理业务内容。税务代理业务范围的具体确定是一个不断探索、不断完善的过程。目前，我国税务代理业务的范围主要是纳税人、扣缴义务人所委托的各项涉税事宜。

复习思考题

1. 怎样认识税务代理的地位和作用？
2. 简述税务代理的基本原则和范围。
3. 论述税务代理的意义。

知识巩固与拓展训练

一、单项选择题

1. 根据《民法通则》的规定，税务代理属于民事代理中的(　　)代理。
A. 委托　B. 法定　C. 指定　D. 特定
2. 下列业务中，不属于税务代理范围的是(　　)。
A. 办理注销税务登记　B. 代理领购增值税专用发票
C. 税务行政复议　D. 申请退税
3. 代理人一方是经批准具有税务代理执业资格的注册税务师和(　　)。
A. 服务公司　B. 中介机构　C. 审计师事务所　D. 税务师事务所
4. 下列各项中，不属于税务代理原则的是(　　)。
A. 优质高效原则　B. 公正原则　C. 客观原则　D. 有偿服务原则
5. 国家税务总局于(　　)制定了《税务代理试行办法》。
A. 1992 年 9 月　B. 1996 年 11 月　C. 1993 年 8 月　D. 1994 年 9 月

二、多项选择题

1. 税务代理的基本形式包括(　　)。
A. 全面代理　B. 单项代理　C. 常年代理　D. 临时代理
2. 下列各项中属于税务代理业务范围的有(　　)。
A. 办理税务登记　B. 制作涉税文书
C. 建账建制，代理记账　D. 税务行政诉讼
3. 税务代理的基本特征包括(　　)。
A. 主体资格的特定性　B. 行为的法律约束性
C. 内容的确定性　D. 税收法律责任的不可转嫁性
4. 税务代理应遵循的原则有(　　)。
A. 自愿原则　B. 公正原则　C. 客观原则　D. 有偿服务原则
5. 税务代理的产生是以(　　)为前提的。
A. 纳税人的委托需求　B. 代理人的委托需求
C. 当事人的委托需求　D. 扣缴义务人的委托需求

三、判断题

1. 代理是指代理人根据被代理人的委托或代理权，以被代理人的名义实施民事法律行为，其后果是直接归属于被代理人的行为。 （ ）

2. 税务代理是法律服务的一部分，是一种法律行为。税务代理不属于代理的一种。

（ ）

3. 税务代理人及其工作机构不应独立行使代理职权。 （ ）

4. 税务代理就是一般意义上的事务委托或劳务费提供。 （ ）

5. 税务代理是一项民事活动，税务代理关系的建立并不改变纳税人、扣缴义务人对其本身所固有的税收法律责任的承担。 （ ）

第二章　税务代理制度

第一节　税务代理制度概述

一、税务代理制度的内涵及模式

(一)税务代理制度的内涵

税务代理制度的内涵,是指在税务代理体系中,税务代理人开展税务代理活动的制度。它主要包括国家颁布的有关税务代理的法规、规章和税务代理机构根据本身业务特点而制定的有关本行业的制度。具体来说,一套完备的税务代理制度必须包括以下诸项内容:

(1)税务代理人资格的取得和认定;

(2)税务代理机构的设置;

(3)税务代理原则;

(4)税务代理权限与业务范围;

(5)代理操作程序;

(6)税务代理监督管理机构。

(二)税务代理制度的模式

税务代理制度是当今世界各国通行的税收征纳管理制度。各国往往根据本国的政治制度、法律制度、经济体制以及文化背景等因素来确定其税务代理制度的具体内容和形式。根据不同的管理体制,可以将国外的税务代理制度分为三种模式:集中型模式、松散型模式和混合型模式。

1. 集中型模式

它是指全部规范管理。国家有专门立法,政府设有专门的管理机构,税务代理人资格的取得要通过政府统一组织的考试和认定。这种模式的代表性国家是日本、德国和韩国,其中以日本最为典型。

2. 松散型模式

它是指国家对税务代理管得较少,不做专门立法,政府不设管理机构,只管开业注册登记,税务代理人的资格由行业组织考核认定。这种模式的代表性国家是澳大利亚、英国、荷兰、比利时等,其中以澳大利亚最为典型。

3. 混合型模式

它是指一方面政府设专门管理机构,制定专门的行政法规;另一方面成立税务代理人行业协会,负责具体事务。这种类型以美国为代表,又称为"美国模式"。

税务代理制度在一些发达国家已有近百年的历史,其制度建设也日趋成熟和规范。各国所采取的税务代理制度模式尽管不同，但无论哪种模式，均实行了严格的行业管理，政府的监督虽然程度不同，但都是必要的。与发达国家相比，我国税务代理业和税务代理制度则出现得较晚，是改革开放后才出现的新生事物。我国税务代理制度的模式，目前尚未达成共识。在税务代理制度的建设过程中，我们应该借鉴西方国家的成功经验，同时也要考虑我国的具体国情，而不是照搬照抄西方模式。

二、我国税务代理制度的基本内容

1. 税务代理业务的主要范围

《中华人民共和国税收征收管理法》第五十七条规定：纳税人、扣缴义务人可以委托税务代理人代为办理税务事宜。也就是说，在双方自愿的前提下，只要是有关法规规定的税务事宜，纳税人、扣缴义务人均可以委托给税务代理人办理。根据上述规定和近几年我国税务代理试点工作的实践，我国税务代理业务的主要范围可表述如下：

(1)受纳税人、扣缴义务人委托，代为办理有关纳税事宜，具体包括：税务登记，包括开业登记、变更登记、注销登记；纳税申报、纳税鉴定、纳税自查；依照税收法规，申请减税、免税、退税和补税等。

(2)受聘担任常年税务顾问。

(3)代为进行税务行政复议、办理税务行政诉讼事宜。

(4)代为纳税人、扣缴义务人建账建制，办理记账、算账、报账等有关账务事项。

(5)代为制作各种涉税文书。

(6)代办发票领购手续。

(7)代编年度财务决算、代办有关税收会计业务。

(8)为纳税人、扣缴义务人提供有关税收政策、财会制度以及加强经济核算、改善经营管理、提高经济效益等方面的咨询、建议和实施方案。

(9)代为办理各种财产评估、资金验证及有关税款清理业务。

(10)代为培训具体办税人员和财会人员。

(11)代办税务主管部门规定的其他税务事项。

在上述范围内，税务代理双方可以商定采取全面代理或单项代理，也可以采取临时代理或常年代理。按照我国当前税收法规的规定，税务代理人不能代理和行使应由各级税务主管部门行使的行政职权，税务主管部门按照法律、行政法规规定委托其代理的除外。

2. 税务代理机构

我国的税务代理机构应该是税务师事务所和经有关主管部门批准可以从事税务代理业务的其他机构，如会计师事务所、律师事务所、审计师事务所、税务咨询机构等。

(1)税务师事务所。税务师事务所可以由注册税务师合伙设立，也可成立负有限责任的法人。设立税务师事务所应具备一定数量的专职从业人员，其中至少应该有 5 名以上的注册税务师。一名税务师只能加入一个税务代理机构。设立税务师事务所应向主管审批部门提出申请，并提交以下资料：事务所的名称、组织机构、业务场所；事务所主要负责人、从业人员、税务师的有关情况及证明材料；事务所的有关规章制度、合同、协议书；主管审批部门要求提供的其他证明材料。

(2)其他机构。经有关主管部门批准可以从事税务代理业务的会计师事务所、律师事务所、审计师事务所、税务咨询机构，必须在本机构内部设立专门的税务代理部门、配备5名以上专职的注册税务师，方可从事代理业务。

由于目前我国专门的税务代理机构——税务师事务所处于组建、发展阶段，因而，我国税务代理机构的完善尚需一定的时间。

3. 税务代理人的权利、义务及法律责任

如前所述，税务代理只是一种民事代理行为。因此，税务代理人既应享受我国《民法通则》所规定的关于代理人的各项权利，又应相应履行一定义务，承担一定法律责任。税务代理人应该具有的权利和义务是：

(1)有权按照国家有关规定代理由纳税人、扣缴义务人委托的税务事宜。

(2)依法履行职责，受国家法律保护，任何机关、团体、单位和个人不得非法干预。

(3)有权根据代理业务需要，查阅被代理人的有关财务会计资料和文件，查看业务现场和设施。被代理人应向代理人提供真实可靠的经营情况和财务会计资料。

(4)可向当地主管部门查阅税收政策、法律、法规和有关资料。

(5)对主管部门行政决定不服的，可依法申请行政复议，进行行政抗诉。

(6)办理代理业务时，必须向有关税务工作人员出示执业证书，按照主管部门的要求，如实提供有关资料，不得隐瞒、谎报，并在税务文书上签名盖章。

(7)对被代理人偷税以及骗取减税、免税和退税的行为，应坚决予以制止，并及时报告主管部门。

(8)在从事代理业务期间和停止代理业务以后，不得泄露因代理业务而得知的有关秘密。

(9)应当及时建立税务代理档案，如实记载各项代理业务的始末和保存计税资料及涉税文书。税务代理档案至少应保存5年。

《中华人民共和国税收征收管理法实施细则》第六十六条规定：税务代理人超越代理权限，违反税收法律、行政法规，造成纳税人未缴或者少缴税款的，除由纳税人缴纳或者补缴应纳税款、滞纳金外，对税务代理人处以2 000元以下的罚款。在这一法规继续有效的前提下，我国对税务代理人应负的法律责任还做了具体规定：

(1)税务师未按照委托代理协议书的规定进行代理或违反税收法规进行代理的，由县以上国家税务局处2 000元以下的罚款。

(2)税务师在一个会计年度内违反有关规定从事代理行为两次以上的，由有关主管部门注销税务师登记，收回执业证书，停止其从事税务代理业务2年。

(3)税务师明知被委托代理的事项违法或自身的代理行为违法，但仍进行代理的，由有关主管部门吊销其执业证书，禁止从事税务代理业务。

(4)税务师触犯刑律、构成犯罪的，由司法机关依法惩处。

(5)税务代理机构违反有关规定的，由县以上国家税务局根据情节轻重，给予警告、处2 000元以下罚款，停业整顿、责令解散等处分。

(6)税务代理人从事地方税代理业务违反国家有关规定时，由县以上地方税务局根据有关规定给予警告，处2 000元以下罚款或提请主管部门处理。

第二节　注册税务师和税务师事务所

一、注册税务师

（一）注册税务师的概念

注册税务师是指取得中华人民共和国注册税务师执业资格证书并进行注册的、在税务代理机构从事税务代理活动的专业技术人员。根据我国《注册税务师资格制度暂行规定》，从事税务代理活动的专业技术人员称为注册税务师，只有取得中华人民共和国注册税务师执业资格证书并注册执业的人员，方可从事税务代理活动。一个注册税务师不能同时在两个或两个以上的税务师事务所执业。

（二）注册税务师资格考试制度

人事部和国家税务总局共同负责全国注册税务师资格制度的政策制定、组织协调、资格考试、注册登记和监督管理工作。

1. 注册税务师资格考试报考条件

凡中华人民共和国公民，遵纪守法并具备下列条件之一者，可申请参加全国注册税务师执业资格考试：

（1）非经济类、法学类大专毕业后，从事经济、法律工作满 8 年。

（2）经济类、法学类大专毕业后，或非经济类、法学类大学本科毕业后，从事经济、法律工作满 6 年。

（3）经济类、法学类大学本科毕业后，或非经济、法学类第二学士或研究生班毕业后，从事经济、法律工作满 4 年。

（4）经济类、法学类第二学位或研究生班毕业后，或获非经济类、法学类硕士学位后，从事经济、法律工作满 2 年。

（5）获得经济类、法学类硕士学位后，从事经济、法律工作满 1 年。

（6）获得经济类、法学类博士学位。

（7）对于在全国实行专业技术资格考试前，按照国家有关规定已评聘了经济、会计、统计、审计和法律中级专业技术职务或参加全国统一考试，取得经济、会计、统计、审计专业中级专业技术资格者，从事税务代理业务满 1 年。

2. 注册税务师资格考试的管理

注册税务师资格考试实行全国统一大纲、统一命题、统一组织的考试制度，原则上每年举行一次。国家税务总局负责组织有关专家拟定考试大纲、编写培训教材和命题工作，统一规划并组织或授权组织考前培训等有关工作。考前培训工作必须按照与考试分开、自愿参加的原则进行。人事部负责组织有关专家审定考试科目、考试大纲和试题，组织或授权组织实施各项考务工作，会同国家税务总局对考试进行检查、监督和指导。

注册税务师资格考试科目有五科：《税法（1）》、《税法（2）》、《税务代理实务》、《财务与会计》、《税收相关法律》。考试时间一般安排在每年 6 月份。

注册税务师资格考试实施以前，已经取得经济类高级专业技术职务的税务代理人员，可通过考核认定注册税务师资格。考核认定的具体办法由人事部和国家税务总局另行制定。

注册税务师资格考试合格者，由各省、自治区、直辖市人事(职改)部门颁发人事部和国家税务总局印制的中华人民共和国注册税务师执业资格证书。单位根据工作需要，可聘任其经济师职务。

境外人员申请注册税务师资格考试和申请在境内从事税务代理业务的管理办法，经国务院有关部门批准后，另行制定。

(三)注册税务师注册登记制度

国家税务总局及其授权的省、自治区、直辖市、计划单列市注册税务师管理中心，为注册税务师管理机构。各级人事(职改)部门对注册税务师的注册情况负有检查、监督的责任。

按照《注册税务师资格制度暂行规定》的要求，取得注册税务师执业资格证书、申请从事税务代理业务的人员，应在取得证书后 3 个月内到所在省、自治区、直辖市及计划单列市注册税务师管理中心申请办理注册登记手续。其基本规定如下：

1. 申请条件

申请注册者，必须同时具备下列四项条件：

(1)遵纪守法，恪守职业道德；

(2)取得中华人民共和国注册税务师执业资格证书；

(3)身体健康，能坚持在注册税务师岗位上工作；

(4)经所在单位考核同意。

再次注册者，应经单位考核合格并有参加继续教育、业务培训的证明。

2. 不予注册的情况

有下列情况之一者，不予注册：

(1)不具有完全民事行为能力者；

(2)因受刑事处罚，自处罚执行完毕之日起未满 3 年者；

(3)被国家机关开除公职，自开除之日起未满 3 年者；

(4)弄虚作假，骗取《中华人民共和国注册税务师执业资格证书》或《中华人民共和国注册税务师非执业资格证书》的；

(5)在税务代理活动中有违法行为，自处罚决定之日起未满 2 年的；

(6)国家税务总局认为其他不具备税务代理资格的。

对经审核不符合注册条件的，省级注册税务师管理机构应自作出决定之日起 30 日内通知申请人。

3. 注销资格

注册税务师有下列情况之一的，由国家税务总局或省、自治区、直辖市及计划单列市注册税务师管理中心注销其注册税务师资格，收回《中华人民共和国注册税务师执业资格证书》：

(1)在注册登记中弄虚作假，骗取《中华人民共和国注册税务师执业资格证书》的；

(2)同时在两个以上税务代理机构执业者；

(3)死亡或失踪者；

(4)知道被委托代理的事项违法仍进行代理活动或知道自身的代理行为违法的，或者从事税务代理活动触犯刑律、构成犯罪的；

(5)年检不合格或拒绝在规定期限内进行年检的;

(6)国家税务总局认定其他不适合从事税务代理业务的。

4. 注册税务师的注册有效期

注册税务师每次注册有效期为3年,每年验证一次。有效期满3个月前持证者应按规定到注册管理机构重新办理注册登记。

对有不予注册和注销注册税务师资格情况之一的,不予重新注册。

各地注册税务师管理机构,应将注册税务师注册登记和被注销登记的情况及时向国家税务总局报告。对注册税务师办理了注册登记或被注销登记的,可通过新闻媒介予以公布。

(四)注册税务师的权利与义务

在税务代理活动中,注册税务师应当以纳税人、扣缴义务人自愿委托和自愿选择为前提,遵守国家税收法律、行政法规和行政规章,独立、公正执行业务,维护国家利益,保护委托人的合法权益。

1. 注册税务师执业,享有下列权利:

(1)注册税务师有权依照《注册税务师管理暂行办法》规定的范围,代理由委托人委托的代理事宜。注册税务师对委托人违反税收法律、法规行为的委托,有权拒绝。

(2)注册税务师依法从事税务代理业务,受国家法律保护,任何机关、团体、单位和个人不得非法干预。

(3)注册税务师可以向税务机关查询税收法律、法规、规章和其他规范性文件。

(4)注册税务师可以要求委托人提供有关会计、经营等涉税资料(包括电子数据),以及其他必要的协助。

(5)注册税务师可以对税收政策存在的问题向税务机关提出意见和修改建议;可以对税务机关和税务人员的违法、违纪行为提出批评或者向上级主管部门反映。

(6)注册税务师对行政处分决定不服的,可以依法申请复议或向人民法院起诉。

2. 注册税务师执业,需要履行下列义务:

(1)注册税务师执业由税务师事务所委派,个人不得承接业务。

(2)注册税务师应当在对外出具的涉税文书上签字盖章,并对其真实性、合法性负责。

(3)注册税务师执业中发现委托人有违规行为并可能影响审核报告的公正、诚信时,应当予以劝阻;劝阻无效时,应当终止执业。

(4)注册税务师对执业中知悉的委托人的商业秘密,负有保密义务。

(5)注册税务师应当对业务助理人员的工作进行指导与审核,并对其工作结果负责。

(6)注册税务师与委托人有利害关系的,应当回避;委托人有权要求其回避。

(7)注册税务师应当不断更新执业所需的专业知识,提高执业技能,并按规定接受后续教育培训。

二、税务师事务所

从事税务代理业务的中介服务机构为税务师事务所。税务师事务所必须配备一定数量的注册税务师。税务师事务所的设立必须经国家税务总局确认批准。未经审批的中介服务机构一律不准从事税务代理业务。我国只准设立有限责任税务师事务所和合伙税务师事务所,而不允许注册税务师以个人名义承接税务代理业务。

(一)税务师事务所的种类

参照我国会计事务所设置情况,结合《公司法》和《税务代理试行办法》的规定,我国的税务师事务所有两种分类:

一是根据税务师事务所审批机关的级次,可分为国家税务总局批准的税务师事务所和地方税务师事务所。前者是指国家税务总局直接批准成立的税务师事务所,后者是指由省、自治区、直辖市国家税务总局批准成立的税务师事务所。

二是根据出资者的不同,可分为有限责任税务师事务所和合伙税务师事务所。前者是指按《税务代理试行办法》的有关规定由单位发起设立,发起单位以其出资额对税务师事务所承担责任,税务师事务所以其全部资产对其债务承担责任的一类税务师事务所。后者是指税务师事务所的债务由合伙人按比例或者协议和约定,以各自的财产承担责任的一类税务师事务所。《税务代理试行办法》规定,注册税务师可以合伙设立税务师事务所。

无论按照哪种分类方法,税务师事务所的人员构成大体一致,即由所长、副所长、部门经理、注册税务师、业务助理人员和其他工作人员组成。税务师事务所实行所长负责制。尽管我国目前没有关于所长条件的规定,我们认为他(她)必须是注册税务师。

(二)有限责任税务师事务所

1. 有限责任税务师事务所设立的条件

有限责任税务师事务所是由发起人出资发起设立,承办税务代理业务并负有限责任的社会中介机构。事务所以其全部资产对其债务承担责任。投资者以其出资对事务所承担有限责任。

发起设立事务所应当具备下列条件:有3名以上符合《注册税务师资格制度暂行规定》第五条规定的发起人;有10名以上专职从业人员,其中有5名以上取得《中华人民共和国注册税务师执业注册证书》(以下简称《注册税务师执业注册证书》)者;注册资本在30万元以上;有固定的办公场所和必要的设施;审批机关规定的其他条件。

申请设立事务所的发起人应当具备以下条件:取得《注册税务师执业注册证书》;具有3年以上在事务所从事税务代理业务的经验和良好的职业道德记录;为事务所出资;不在其他单位从事获取工资等劳务报酬的工作;年龄在65周岁以下;审批机关规定的其他条件。

事务所的出资人应当具备以下条件:取得《注册税务师执业注册证书》;在事务所执业,并且不在其他单位从事获取工资等劳务报酬的工作;审批机关规定的其他条件。

2. 有限责任税务师事务所的管理制度

事务所实行所长负责制,所长为事务所的法定代表人,其推选程序和具体条件由事务所章程规定。所长必须具有《注册税务师执业注册证书》。

事务所不得冠以行业、部门等容易引起误解的名称字样、也不得直接冠以行政区域名或地名。

事务所内部管理制度(草案)应当包括以下制度:人事管理制度;财务管理制度;执业质量控制制度;业务档案管理制度;审批机关要求的及事务所认为需要制定的其他管理制度。

3. 有限责任税务师事务所的审批

申请设立事务所的发起人应当向所在地省级注册税务师管理机构递交《设立有限责任税

务师事务所申请报告》，并附下列材料：事务所章程（草案）；发起人简历、《注册税务师执业注册证书》原件和复印件、身份证原件和复印件；出资人简历、《注册税务师执业注册证书》原件和复印件、出资协议、出资证明；拟任所长人选的有关资料；其他注册税务师身份证原件和复印件、《注册税务师执业注册证书》原件和复印件；办公场所的产权或使用权的有效证明文件；事务所内部管理制度（草案）；审批机关要求的其他材料。

事务所实行独立核算，依法纳税，执行国家规定的有关财务会计制度，并接受注册税务师管理机构的监督和管理。

（三）合伙税务师事务所

1. 合伙税务师事务所设立的条件

合伙税务师事务所是由 2 名以上符合条件的合伙人以书面协议形式设立，承办税务代理业务，并对债务承担无限连带责任的社会中介机构。事务所的债务，应先以其全部财产进行清偿；事务所的财产不足以清偿其债务时，各合伙人应当承担无限连带责任。

设立事务所，由国家税务总局审批。设立事务所应当具备下列条件：有 2 名以上符合《注册税务师资格制度暂行规定》第五条规定条件，并依法承担无限责任的合伙人；有一定数量的专职从业人员，其中至少有 3 名以上取得《注册税务师执业注册证书》者；有固定的办公场所和必要的设施；经营资金为 10 万元以上；审批机关规定的其他条件。

申请设立事务所的合伙人应当具备下列条件：具有完全民事行为能力；取得《注册税务师执业注册证书》；具有 3 年以上在事务所从事税务代理业务的经验和良好的职业道德记录；不在其他单位从事获取工资等劳务报酬的工作；年龄在 65 周岁以下；审批机关规定的其他条件。

2. 合伙税务师事务所的管理制度

事务所可以设立合伙人管理委员会，由若干主要合伙人组成。管理委员会推举 1 名合伙人担任负责人，管理委员会负责人即为事务所负责人。不设立合伙人管理委员会的合伙税务师事务所，可由全体合伙人对事务所的重大问题作出决定，并推举 1 名合伙人担任事务所负责人。

事务所不得冠以行业、部门等容易引起误解的名称字样、政区域名或地名。

3. 合伙税务师事务所的审批

申请设立事务所的合伙人应当向所在地省级注册税务师管理机构递交《设立合伙税务师事务所申请报告》，并附下列材料：合伙协议书；各合伙人简历、身份证原件及复印件、《注册税务师执业注册证书》原件及复印件；合伙事务所章程（草案）；合伙人出资和个人财产的有效证明；其他注册税务师身份证原件和复印件、《注册税务师执业注册证书》原件和复印件；办公场所的产权或使用权的有效证明文件；事务所内部管理制度（草案）；审批机关要求的其他材料。

合伙税务师事务所实行独立核算，依法纳税，执行国家规定的有关财务会计制度，并接受注册税务师管理机构的监督和管理。

第三节 税务代理的法律责任

我国《民法通则》规定，公民、法人可以通过代理人实施民事法律行为，代理人在代理权限内以被代理人的名义实施民事行为，被代理人对代理人的代理行为承担民事责任。税务代理既然是一种法律行为，税务代理人就必须承担相应的法律责任。

代理人不履行职责或超越代理权限而给纳税人造成损害的，应当承担民事责任。因此，代理人应承担以下责任：

(1)协助委托人正确履行纳税义务的责任；

(2)有维护委托方合法权益的责任；

(3)有为委托方保守秘密的责任；

(4)有因代理不当而承担法律后果的责任。

税务代理的法律责任分为以下三种：

(1)行政处罚，即对违反税收法规或其他法规的税务代理行为给予行政上的处罚；

(2)民事责任，由于代理行为给被代理人造成经济损失的，要负民事赔偿责任；

(3)刑事责任，对触犯刑律的要追究刑事责任。

一、注册税务师税务代理关系的确立

注册税务师承办业务，由其所在的税务师事务所统一受理并与委托人签订委托代理协议书，按照规定的标准收取代理费用。委托代理协议书应当载明税务师事务所、注册税务师、委托人名称、代理事项、代理权限、代理期限以及其他应明确的内容，并由注册税务师及其所在的税务师事务所和委托人签名盖章，据以实施代理行为。

注册税务师应按委托协议书约定的代理内容、代理权限和代理期限进行税务代理。超出协议书约定范围的业务需代理时，必须先修订协议书。

二、委托方的法律责任

根据我国《合同法》第四十八条的规定，由于当事人一方的过错，造成合同不能履行或不能完全履行，由有过错的一方承担违约责任。因此，如果委托方违反代理协议的规定，致使注册税务师不能履行或不能完全履行代理协议，由此而产生的法律后果应全部由委托方承担。其中，纳税人除了应按规定承担本身应承担的税收法律责任以外，还应按规定向受托方支付违约金和赔偿金。

三、受托方的法律责任

1.《民法通则》第六十六条规定：代理人不履行职责而给被代理人造成损害的，应当承担民事责任。根据这项规定，税务代理如因工作失误或未按期完成税务代理事务等未履行税务代理职责，给委托方造成不应有的损失的，应由受托方负责。

2.《税收征管法实施细则》第九十八条规定：税务代理人违反税收法律、行政法规，造成纳税人未缴或者少缴税款的，除由纳税人缴纳或者补缴应纳税款、滞纳金外，对税务代理人处纳税人未缴或者少缴税款50%以上3倍以下的罚款。

3.《注册税务师资格制度暂行规定》第五章对注册税务师及其所在机构违反该规定的行为做了以下规定：

(1)注册税务师未按照委托代理协议的规定进行代理或违反税收法律、行政法规的规定进行代理活动的，由县及县以上税务行政机关按有关规定处以罚款，并追究相应的责任。

(2)注册税务师在一个会计年度内违反本规定从事代理活动两次以上的,由省、自治区、直辖市及计划单列市注册税务师管理机构停止其从事税务代理业务1年以上。

(3)注册税务师知道被委托代理的事项违法仍进行代理活动或知道自身的代理行为违法的,除按第(1)条规定处理外,由省、自治区、直辖市、计划单列市注册税务师管理机构注销其注册税务师注册登记,收回执业资格证书,禁止其从事税务代理业务,并向发证机关备案。

(4)注册税务师从事税务代理活动,触犯刑律、构成犯罪的,由司法机关依法惩处。

(5)税务师事务所违反税收法律和有关行政规章的规定进行代理活动的,由县及县以上税务行政机关视情节轻重给予警告,或根据有关法律、行政法规处以罚款,或提请有关管理部门给予停业整顿、责令解散等处理。

四、对属于共同法律责任的处理

我国《民法通则》第六十七条规定:代理人知道被委托代理的事项违法仍进行代理活动的,或者被代理人知道代理人的代理行为违法不表示反对的,由被代理人和代理人负连带责任。根据这项规定,税务代理人与被代理人如果互相勾结、偷税抗税,应按共同违法论处,双方都要承担法律责任。涉及刑事犯罪的,还要移送司法部门依法处理。

五、税务代理的赔偿

(一)代理赔偿金的来源

税务代理赔偿金是税务代理机构为支付由于代理的失误而造成委托方经济损失的赔偿基金。它是市场经济条件下代理服务业的普遍做法,也是税务代理的明显特征。代理赔偿金是税务代理作为经济实体存在的基础,也是税务代理机构进行税务代理的基本条件。它不仅是代理行为保险的表现形式,而且是税务代理机构可信程度的体现。只有建立代理赔偿金,才能使纳税人、扣缴义务人形成保险心理,从而拓宽代理领域,促进税务代理业的壮大和规模效益的形成。代理赔偿金包括开办初期的准备金和从代理业务收费中提取的赔偿金。

开办初期的准备金即税务代理机构在申请成立时从注册资本中提取的部分,用作代理责任失误的经济赔偿;从代理业务收费中提取的部分是代理赔偿金的重要组成部分。

(二)代理赔偿金的支付

作为一种经济行为,税务代理可为代理机构获得经济收益,但如果发生代理失误而给纳税人、扣缴义务人造成经济损失的,也要负赔偿责任。因此,税务代理机构因其代理行为的失误而造成纳税人、扣缴义务人经济损失,必须按照代理协议书规定的条款进行资金补偿。可见,代理赔偿金的支付不仅是代理机构承担经济责任的一种表现形式,也是取得纳税人、扣缴义务人信赖的一个重要环节。

第四节 税务代理程序及应用

税务代理活动是由一系列具体的业务行为组成的,需要经过一定的程序。税务代理程序根据不同的管理要求,从不同角度、以不同标准可进行多种分类。从税务代理程序的普遍性及特殊性来看,可分为税务代理的一般工作程序和税务代理的具体工作程序。税务代理的一般工作程序，就是具有普遍意义的最基本的税务代理工作环节构成的统一体及其各环节的先后次序，即不管哪一项税务代理工作都要经过委托、受理、承办、清理、移交等环节。税务代理的具体工作程序是指税务代理人因接受纳税人、扣缴义务人委托的税务代理事项、代理权限、代理期限等不同内容，采用不同的形式，承办税务代理业务活动内容方面具有特殊性的过程，表现在具体工作程序上的差异。

税务代理工作的各个环节，应相互衔接、相互联系、相互制约，严格按照工作程序进行，使之具有条理性，从而保证各个环节的工作质量。

一、税务代理关系的确立

委托是代理活动的开始，税务代理关系的最终确立以委托代理协议书的签订为标志。

（一）税务代理初步意向的形成

在我国，税务代理人员（主要是指注册税务师）不能以个人名义承办代理业务，而必须由税务代理机构统一接受委托。因此，当纳税人、扣缴义务人有聘请税务代理的意向时，税务代理机构应派员与之积极接洽。在税务代理机构了解对方需求且能够满足时（即有能力完成对方的代理业务），应及时与之协商，约定签订委托代理协议书的初步意向，并定好签约时间、地点。

（二）签订协议书之前的双方共识

在签订委托代理协议书前，委托方和受托方应就协议内容进行洽谈，经过协商取得共识。

洽谈可以采用面谈或电话、信函等方式进行。洽谈的主要内容即为委托代理协议书的主要内容，应围绕纳税人、扣缴义务人需要委托代理的项目、代理方式以及税务代理人的确定、代理期限、代理费用、交费时间等其他有关事项，尽量做到委托代理协议书内容的明确具体。

（三）税务代理关系的确立

税务代理关系是委托人与受托人之间具有民事法律效力的合同契约关系。如果纳税人、扣缴义务人决定办理委托代理业务，应由税务代理人所在的税务代理机构统一受理，并与被代理人签订委托代理协议书。经双方洽谈达成一致的委托代理协议书应当载明代理人及被代理人的名称、代理事项、代理权限、代理期限以及其他应明确的内容，并由税务师及其所在的税务代理机构和被代理人签名盖章。委托代理协议书应一式三份，代理人与被代理人各持一份，还有一份报主管税务机关备案。委托书一经签订生效，就标志着税务代理关系的正式确立。

这一阶段是整个税务代理工作的起点。需要注意的是，协议书的签订一定要明确，将各条款规定清楚，防止出现双方的不同理解，给代理工作带来纠纷。

二、委托代理协议书

委托代理协议书又称为委托协议书、代理协议书、代理委托书和委托书，是指税务代理人和税务代理机构在接受纳税人、扣缴义务人的委托代为办理有关税务事宜时，提交给纳税人、扣缴义务人的书面正式文件，以此来明确对委托项目的接受以及对约定事项的理解。

（一）委托代理协议书的性质

委托代理协议书是代理资格的证明，具有合同和契约的性质。它一经税务代理人和委托人签字盖章，即产生法律效力。根据代理协议书，代理人才能在代理权限内，以被代理人的名义与第三者进行民事活动，被代理人才有义务承担其法律后果。明确代理人是否具有代理权限，不仅为代理人、被代理人所关心，而且也为代理行为的相对人所关心，所以代理协议书在代理关系中具有重要意义。

（二）税务代理协议书的内容

税务代理人在与委托人就委托代理税务事宜的有关问题进行协商、达成一致意见后，就可起草委托代理协议书，将有关内容以书面形式确立下来。委托代理协议书一般由准备具体从事该委托人所委托税务事宜的税务师起草。起草好的委托代理协议书应一式两份，经税务代理人签章后，及时交给委托人，并要求委托人同意确认后签章。委托代理协议书经税务代理人和委托人双方签章后，一份送交委托人，另一份留给税务代理人归档保存。

委托代理协议书包括的内容可视委托代理税务事项的不同而有所区别，但一般情况下，委托代理协议书应包括以下基本内容：

(1)代理人，是指接受委托从事税务代理业务的税务师及其工作机构。

(2)被代理人，是指委托税务代理人办理税务事宜的纳税人或扣缴义务人。

(3)代理事项，是指税务代理人接受委托代为办理的具体税务事宜。

(4)代理权限，是指税务代理人接受委托代为办理税务事宜时所拥有的权利和享受权利的限度。

(5)代理期限，是指税务代理人代办税务事宜（指特定委托人的特定税务事项）的时间范围。

(6)收取费用的标准及付费方式。收取费用的标准是指税务代理人从事税务代理业务所收取费用的标准，付费的方式是指委托人支付税务代理人代办费用的具体方式。

(7)委托人应协助的工作，是指在税务代理人代办委托税务事项时，委托人应提供的帮助和支持。

(8)其他有关事项，是指不包含在上述(1)～(7)项之内但又必须予以明确的事项。

（三）委托税务代理协议书的形式

委托税务代理协议书是证明税务代理人具有税务代理权的法律文件。根据纳税人、扣缴义务人委托代办涉税业务的范围及相应的授权大小，委托税务代理协议书分为全面税务代理协议书和单项税务代理协议书。前者将自身所有涉税事项代理权授予代理人，后者仅就某一项或几项涉税业务授予代理人代理权。

（四）税务代理协议书示例

1. 全面授权的税务代理协议书

全面授权的税务代理协议书可参照以下示例：

委托税务代理协议书

甲方：上海市宏大有限责任公司　　　　　　乙方：上海市瑞新税务师事务所

甲方因工作需要聘请乙方的工作人员为其税务、财务、法律提供咨询代理服务。经双方协商签订下列协议，共同遵照执行：

第一条　乙方委派李军为甲方特定代理人，为甲方提供税务、财务、法律服务，依法维护甲方的合法权益。甲方指定王伟为其联系人。

第二条　税务、财务、法律服务范围。

1. 协助甲方建账，处理与税务有关的财务会计事项。

2. 解答税务咨询，帮助处理疑难税务事项，并提供有关税法资料。

3. 协助甲方拓展生产，提供经营策略，提高经济效益。

4. 协助甲方办理税务年审，代办纳税申报业务。

5. 接受甲方委托，代理申请税务行政复议。

6. 接受甲方委托，为甲方起草审查、修改合同和其他经济法律事务文书。

7. 接受甲方委托，申请办理减税、免税、退税和延期纳税手续。

8. 接受甲方委托，以甲方代理人的身份参加涉及经济法律方面的谈判、调解、仲裁活动，或参与诉讼活动。

9. 接受甲方委托，代为办理其他法规许可的涉税事宜。

第三条　甲方应履行的义务。

1. 及时、真实、详尽地向乙方提供与服务事项有关的全部文件、账簿及背景材料，并承担因违反本条款而产生的对双方不利的责任。

2. 积极、主动地配合乙方代理人做好各项相关事宜，并根据实际需要为乙方代理人提供办公场所和其他权利条件。

3. 如实反映生产经营情况，按时报送有关报表资料。业务性较强的会议应通知乙方指定代理人参加。

4. 在乙方代理人员从事第二条第5、7、8款规定的业务时，甲方需另行委托，并根据情况另行支付费用。

第四条　乙方应履行的义务。

1. 认真负责地为甲方提供第二条所规定范围内的服务，依法有效地履行职责，全方位、多渠道地为甲方提供优质服务，维护甲方的合法权益。

2. 为甲方严守秘密。

第五条　费用及支付方式。

1. 本协议自生效后五日内，甲方一次性付给乙方酬金××××元。

2. 代理税务行政复议以及参加涉及经济法律方面的谈判、调解等，将根据情况，另行收费。

3. 代理人受甲方委托，在征得甲方同意的情况下，从事与甲方业务有关的活动所发生的合理、必要的费用，由甲方支付。方式为：据实报销。

4. 乙方在确认收到甲方付款后开始服务。所谓收到甲方付款，是指汇款转至乙方银行账户或乙方开出收款凭证或现金收款凭证。

如果甲方逾期不支付有关费用，乙方有权终止或解除本协议。乙方不承担因此而产生的损失责任。

第六条　如甲方无故中止委托，乙方不退还已收的费用。如乙方因故终止履行本协议，乙方退还扣除已发生的必要费用的余额。

第七条　本协议有效期限自签字之日起，至××××年××月××日止。

第八条　本协议用中文书写，一式三份，甲、乙双方各执一份，税务局存档一份，每份具有同等法律效力。

第九条　本协议未尽事宜，由双方另行商定。

甲方：(签章)　　乙方：(签章)
法定代表人：×××　　法定代表人：×××
开户行：　　开户行：
账　号：　　账　号：

××××年××月××日

2. 单项税务代理协议书(以会计业务为例)

单项税务代理协议书可参照以下示例：

会计业务委托书

上海市瑞新税务师事务所：

兹委托你所代为办理下列会计业务，同意你所提出的要求，如实介绍情况，提供所需资料及工作条件，并按照主管部门规定标准和支付办法，支付代理费用。

一、委托业务(略)
二、要求事项(略)
三、业务费用(略)
委托单位：(盖章)
负责人：(签字)
地址：
电话：
日期：××××年××月××日
(受托方签署意见)：
上海市瑞新税务师事务所
负责人：
联系人：
开户银行：　　日期：××××年××月××日
账　　号：　　地址：
电话：

三、税务代理程序

(一)税务代理的一般工作程序

税务代理的业务范围较广，税务代理的具体业务项目较多。每个税务代理项目的内容虽然各不相同，但它们之间又具有共性的东西，即不论受托代理哪一项税务事项，都需要办理一些相同的具体工作内容并依一定的工作程序进行，这就是税务代理的一般工作程序。

税务代理应当遵守税收征管法和其他有关税收征管法律、法规和规章所规定的程序办理。按照一般代理工作的要求，税务代理的一般工作程序主要包括：

(1)在自愿原则下,由纳税人、扣缴义务人与税务代理机构签订税务代理委托协议书,并指定税务代理人具体代为办理委托税务事项,确立税务代理关系。

(2)税务代理人在接受委托后应向纳税人、扣缴义务人宣传委托业务项目的有关税收法律及规定,并将宣传有关税收法规作为一项主要任务贯穿在税务代理的全过程中,帮助纳税人、扣缴义务人了解税法,增强纳税意识,正确履行纳税义务。

(3)由纳税人、扣缴义务人向税务代理人就委托代理业务项目按照税法规定和委托协议提供必要的情况、数据、资料和证件等,以便税务代理人开展税务代理工作。

(4)税务代理人应就税务代理业务项目和提供的情况、数据、资料、证件等进行了解和核对,做到完整、准确。

(5)按代理项目依照规定制定的向税务机关报送的文书报表,要求一式三份,税务机关和委托受托双方各持一份。无须报送税务机关的资料可以一式两份,由委托、受托双方各持一份。

(6)税务代理人应在制定的文书报表资料等签名盖章,并送缴纳税人、扣缴义务人核阅后签名盖章。需要报送税务机关的文书报表经签名盖章齐全后,由税务代理人代为送交主管税务机关。

(7)经过税务机关审核盖章或批复后的文书报表,由税务代理人送缴纳税人、扣缴义务人。

(8)对由于客观原因不能按照协议议定期限完成代理任务的,税务代理人应及时向纳税人、扣缴义务人说明情况,取得谅解。

(9)在完成税务代理全部任务或阶段性任务后,税务代理人应向纳税人扣缴义务人征求意见,并据以改进代理工作。

(10)对于税务代理的有关资料,税务代理人应适时加以整理,并根据税务代理机构规定的档案制度办理建档和归档工作,以便查阅。

(11)代理服务费的收取,应由税务代理人按照委托协议书议定的金额和支付期限办理。应当减收、免收或退还已收的代理服务费,也应由税务代理人根据规定报经税务代理机构审批后办理。

(二)不同税务代理项目的特殊工作程序

各个税务代理项目之间虽然有其共性的一面,适用一般的工作程序,但不同的税务代理项目由于具体业务不同还有其个性的一面。除进行一般的工作程序外,还需要进行特殊的工作程序。现就一些具体的税务代理业务事项分述如下:

1. 代理纳税申报

(1)税务代理人应根据代理纳税申报的税种了解纳税人的生产、经营和纳税有关情况,宣传有关政策法规,辅导建立健全计税资料(如增值税、一般纳税人的增值税会计科目设置,销项税额的核算,进项税额的核算与抵扣,应纳税额的核算,增值税专用发票的保管与使用等;缴纳所得税有关成本、费用、明细账等);同时,依法帮助纳税人搞清纳税项目,明确纳税环节,鉴别适用税率,掌握纳税期限,以便纳税人正确履行纳税义务。

(2)税务代理人根据纳税人提供的有关计税情况和资料(如代理增值税、消费税、营业税各种申报需要提供的总账和会计汇总报表等有关资料、数据等),代为计算应纳税额,填写纳税申报表和缴款书,也可辅导、帮助纳税人自行计算,填写纳税申请表和缴款书,然后由纳税人加盖公章,税务代理人也应在纳税申报表上签章。

(3)税务代理人负责代纳税人向主管税务机关按期报送纳税申请表(一式三份,报送税务机关一份,纳税人、税务代理人各留一份)和缴款书,并领回经主管税务机关审核盖章后的缴款书,在规定纳税期限内送缴纳税人,凭以按期缴纳税款。

2. 代理缴纳税款

(1)税务代理人应根据代理缴纳税款的税种向纳税人宣传有关的税收政策法规和缴纳税款的期限及手续,以便纳税人正确履行纳税义务并按规定期限准备应纳税款。

(2)纳税人应根据税收征管制度的要求,及时、全面地提供缴纳税款所需的纳税申请报表及其他应交验的证件资料和应缴纳税款的缴款书、现金或票据。税务代理人核收无误后于收到税款的当日(最迟不超过次日)代向主管税务机关或银行缴纳税款入库。税款入库后,缴纳书收据联和其他应验后的证件资料,于税款入库当日(最迟不能超过次日)交还纳税人核收。双方每次付出、收到现金、票据、证件资料等均须在协议书的附表上作出记录。

3. 代理申请政策性减免税

税务代理人对纳税人提供申请减税免税的情况资料,应进行了解和核对,并代纳税人填写减税免税申请书(表),由纳税人加盖公章和税务代理人签章后,税务代理人代为报送税务机关;经税务机关审批后,由税务代理人传递减税免税通知书。以上代理申请减税免税的时间[自纳税人在申请书(表)上签章之日起至下达审批通知书止]不得超过1个月;须报有关税务局审批的,一般为2～3个月。如不能按期审批的,税务代理人应向纳税人说明情况。如有关情况发生变化,纳税人应及时向税务代理人补送材料并转报主管税务机关。

4. 代理纳税自查

(1)纳税人应向税务代理人提供纳税情况自查所必需的纳税资料(如报表、账簿、凭证等)和必要的工作条件。

(2)在开展纳税情况自查中,双方应密切合作,相互信任。本着对国家和企业负责的精神,共同携手把自查工作做好。

(3)税务代理人对纳税情况代理自查工作结束后,应写出自查情况报告表,经纳税人认定、双方盖章后,一式两份,一份交纳税人,一份由税务代理人备查。需要报税务机关的,应增加一份报税务机关。

5. 代理建账建制,清理财务

(1)纳税人负责提供企业生产经营管理情况以及有关会计核算凭证资料和必要的工作条件。

(2)税务代理人根据委托代理协议的内容和要求,研究制定工作计划、步骤和方法,与纳税人协商取得一致,共同实施。

(3)在建账建制工作中,税务代理人负责辅导企业财会专职人员进行实际操作,解决问题。

(4)税务代理人必须依照《企业财务通则》和《企业会计准则》、行业财务会计制度以及国家有关政策法规的原则和规定,代理企业建账建制。

(5)清理财务工作完成后,税务代理人应出具书面报告,并作出企业损益表和资产负债表缴纳税人。

6. 代理申请税务登记和领购发票

(1)纳税人提供的资料必须开全,包括:营业执照;有关合同、章程、协议书;开户银行和银行账号证明;居民身份税、护照或其他有关合法证件;税务机关要求提供的其他有关证明资料等。税务代理人辅导纳税人或代为填写税务登记和领购发票、自印发票的有关申请表格,加盖纳税人公章后代纳税人送税务机关审批。

(2)经税务机关审批后,将发给纳税人的全部证件和资料及时送交纳税人(包括税务登记证、购领发票鉴定卡、发票审批单)。

(3)代理中请自印发票,需提供税务登记影印件,自印发票申请书,自行设计的票样、印量、起止编号和联数等。税务代理人应及时代纳税人向税务机关申请办理自印发票的报批手续。经税务机关批准后,税务代理将批准证件和其他资料交还纳税人,凭以向指定印刷厂印制。

以上介绍的是税务代理的一些主要业务活动的程序,至于税务代理的其他业务活动程序,如开展税务咨询、受聘税务顾问、制作涉税文书、申请税务行政复议等,将在有关章节详细阐述。

四、税务代理关系的终止

税务代理的终止包括两种情况:一是自然终止,即税务代理期限届满或代理人完成了有关代理事宜,委托代理协议书失效,税务代理关系自然终止;二是突然终止,又称单方终止,即在税务代理过程中,由于代理人或委托人的原因而发生的税务代理关系终止的行为。

1. 有下列情形之一的,被代理人在代理期限内可单方终止代理行为:

(1)税务师死亡;

(2)税务代理人被注销其资格;

(3)税务代理人未按委托代理协议书的规定代理业务;

(4)税务代理机构破产、解体或被解散。

2. 有下列情况之一的,税务代理人在委托期限内可单方终止代理行为:

(1)被代理人死亡或其企业解体;

(2)被代理人授意税务代理人实施违反国家法律、行政法规的行为,经劝告仍不停止其违法活动的;

(3)被代理人提供虚假的生产经营情况和财务会计报表,造成代理错误或被代理人自己实施违反国家法律、行政法规的行为。

被代理人和税务代理人按上述规定单方终止委托代理关系的,终止方应及时通知另一方,并向当地税务机关报告,同时公布终止决定。如果单方终止合同不符合上述规定的,被终止方可按双方代理协议书的有关约定,要求终止方承担相应的民事赔偿责任。

本章回顾

1. 税务代理制度必须包括的内容有:税务代理人资格的取得和认定;税务代理机构的设置;税务代理原则;税务代理权限与业务范围;代理操作程序;税务代理监督管理机构。

2. 国外的税务代理制度分为三种模式:集中型模式、松散型模式和混合型模式。

3. 建立和完善我国税务代理制度的原则包括:稳健发展的原则;政企分离与双重管理相

结合的原则;分解职能与理顺关系相结合的原则。

4. 税务代理人的一般素质是从事税务代理事业的最基本的个人能力要求,主要包括思想素质和文化素质两个方面。

5. 税务代理人具备了上述基本素质还不能完全胜任税务代理工作,还必须具备相应的税收、法律、会计、审计等专业知识,必须接受全国统一的税务师执业培训,必须具有一定的税收工作经验。

6. 培养和提高税务代理人素质的主要途径有两个:社会培训、专业教育。

7. 税务师事务所必须配备一定数量的注册税务师。税务师事务所必须经国家税务总局确认批准。我国只允许设立有限责任税务师事务所和合伙税务师事务所,不允许注册税务师以个人名义承接税务代理业务。

8. 根据出资者的不同,税务师事务所可以分为有限责任税务师事务所和合伙税务师事务所。

9. 从税务代理程序的普遍性及特殊性来看,可分为税务代理的一般工作程序和税务代理的具体工作程序。

10. 委托是代理活动的开始,税务代理关系的最终确立以委托代理协议书的签订为标志。

复习思考题

1. 简述我国税务代理制度建立的依据和原则。
2. 简述申请参加税务师资格考试的条件。
3. 简述税务代理关系的确立。
4. 简述税务代理关系的终止情况。
5. 简述国家对税务师实行资格考试和认定制度的有关规定。
6. 简述税务代理的一般工作程序。
7. 请为大华印刷有限公司和上海市瑞新税务师事务所草拟一份全面授权的税务代理委托书。

知识巩固与拓展训练

一、单项选择题

1. 注册税务师不履行代理职责而给纳税人造成损失,应承担(　　)。

A. 经济责任　　B. 纳税责任　　C. 法律责任　　D. 民事责任

2. 注册税务师注册有效期限为(　　)。

A. 3年　　B. 2年　　C. 1年　　D. 5年

3. 注册税务师每次注册有效期为(　　)年,并于有效期满前(　　)个月持证按规定到注册税务师管理机构重新办理注册登记。

A. 1　2　　B. 2　2　　C. 3　3　　D. 5　3

4. 税务代理关系确立的标志是(　　)。

A. 通过会晤口头承诺　　B. 互通电话承诺

C. 通过发送电子信件承诺　　D. 签订委托代理协议书

5. 税务代理人的一般素质是从事税务代理事业最基本的个人能力要求，主要包括（　　）。

A. 税收知识　　B. 思想素质　　C. 会计知识　　D. 法律知识

二、多项选择题

1. 税务代理关系确立的前提条件是（　　）。

A. 委托项目必须符合法律规定

B. 受托代理机构及专业人员必须具有一定资格

C. 注册税务师承办业务必须由所在的税务师事务所统一受理

D. 签订委托代理协议书

2. 有下列（　　）情况的，被代理人在税务代理期限内可单方终止代理行为。

A. 税务代理机构破产

B. 注册税务师被注销资格

C. 注册税务师死亡

D. 税务代理人未按照被代理人的要求办理代理业务

3. 一套完备的税务代理制度必须包括的内容有（　　）。

A. 税务代理人资格的取得和认定　　B. 税务代理机构的设置

C. 税务代理原则　　D. 税务代理权限与业务范围

4. 国外的税务代理制度分为三种模式，具体为（　　）。

A. 集中型模式　　B. 松散型模式　　C. 混合型模式　　D. 分散型模式

5. 根据出资者的不同，税务师事务所可分为（　　）。

A. 有限责任税务师事务所　　B. 无限责任税务师事务所

C. 非合伙税务师事务所　　D. 合伙税务师事务所

三、判断题

1. 国家对税务师执业证书实行不定期验证制度。（　　）

2. 税务师事务所必须配备一定数量的注册税务师。（　　）

3. 税务师事务所不必经国家税务总局确认批准。（　　）

4. 我国允许设立有限责任税务师事务所和合伙税务师事务所。（　　）

5. 委托是代理活动的开始，税务代理关系的最终确立以委托代理协议书的签订为标志。（　　）

第三章　税务登记代理实务

第一节　企业税务登记代理实务

企业的税务登记主要涉及以下两个方面：一是企业、企业设在外地的分支机构和从事生产、经营的场所，个体工商户和从事生产、经营的事业单位的税务登记；二是企业特定税种、纳税事项的税务登记。

一、开业税务登记

（一）开业税务登记管理规程

（1）纳税人应自领取工商营业执照之日起 30 日内，向税务机关提出办理税务登记的书面申请，提交《申请税务登记报告书》，并附送有关资料。

（2）税务机关在纳税人提交登记资料完备的情况下，根据纳税人的经济类型发放《税务登记表》，纳税人填写完毕后报送主管税务机关。

（3）税务机关对纳税人填报的《税务登记表》及提供的证件和资料，应自收到之日起 30 日内审核完毕。符合规定的予以登记，并发给税务登记证件。

开业税务登记流程如图 3－1 所示。

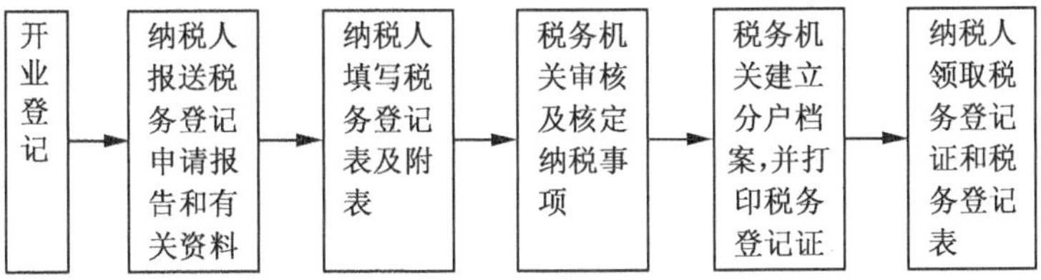

图 3－1　开业税务登记流程

（二）代理开业税务登记操作规范

1. 代理开业税务登记申报

注册税务师以企业的名义向税务机关办理开业税务登记申报，应注意以下三个问题：

第一，按法定期限（即应自领取营业执照之日起 30 日内）申报登记，时间不能滞后。

第二，《申请税务登记报告书》应详细写明申请税务登记的原因和要求。

第三，提供办理税务登记所必备资料的原件和复印件，主要有：

（1）营业执照或其他核准执业证件；

（2）有关合同、章程、协议书；

(3)银行账号证明；

(4)居民身份证、护照或者其他证明身份的合法证件；

(5)组织机构统一代码证书。

属于享受税收优惠政策的企业，应当提供相应的证明、资料；其他需要提供的有关证件、资料由省、自治区、直辖市税务机关确定。

2. 代理填报《税务登记表》

《税务登记表》分三种类型，分别适用于单位纳税人、个体经营者、临时登记纳税人、企业分支机构、个体工商户和其他单位。注册税务师应根据企业的经济类型领取相应的表格，填登完毕后将登记表及有关资料报送税务机关审核。适用单位纳税人、个体经营者的税务登记表如表3—1、表3—2所示。

表3—1 **税务登记表**

（适用单位纳税人）

填表日期：

<table>
<tr><td>纳税人名称</td><td colspan="3"></td><td colspan="2">纳税人识别号</td><td colspan="3"></td></tr>
<tr><td>登记注册类型</td><td colspan="3"></td><td colspan="3">批准设立机关</td><td colspan="2"></td></tr>
<tr><td>组织机构代码</td><td colspan="3"></td><td colspan="3">批准设立证明或文件号</td><td colspan="2"></td></tr>
<tr><td>开业(设立)日期</td><td></td><td>生产经营期限</td><td></td><td>证照名称</td><td colspan="2"></td><td>证照号码</td><td></td></tr>
<tr><td>注册地址</td><td colspan="3"></td><td>邮政编码</td><td colspan="2"></td><td>联系电话</td><td></td></tr>
<tr><td>生产经营地址</td><td colspan="3"></td><td>邮政编码</td><td colspan="2"></td><td>联系电话</td><td></td></tr>
<tr><td>核算方式</td><td colspan="5">请选择对应项目打“√”□ 独立核算 □ 非独立核算</td><td>从业人数</td><td colspan="2">____其中外籍人数____</td></tr>
<tr><td>单位性质</td><td colspan="8">请选择对应项目打“√”□ 企业 □ 事业单位 □ 社会团体 □ 民办非企业单位□ 其他</td></tr>
<tr><td>网站网址</td><td colspan="3"></td><td>国标行业</td><td colspan="4">□□ □□ □□ □□</td></tr>
<tr><td>适用会计制度</td><td colspan="8">请选择对应项目打“√”
□ 企业会计制度 □ 小企业会计制度 □ 金融企业会计制度 □ 行政事业单位会计制度</td></tr>
<tr><td colspan="2">经营范围</td><td colspan="7">请将法定代表人(负责人)身份证件复印件粘贴在此处。</td></tr>
<tr><td rowspan="2">项目
内容
联系人</td><td rowspan="2">姓 名</td><td colspan="3">身份证件</td><td colspan="2">固定电话</td><td>移动电话</td><td>电子邮箱</td></tr>
<tr><td>种类</td><td colspan="2">号码</td><td colspan="2"></td><td></td><td></td></tr>
<tr><td>法定代表人(负责人)</td><td></td><td></td><td colspan="2"></td><td colspan="2"></td><td></td><td></td></tr>
<tr><td>财务负责人</td><td></td><td></td><td colspan="2"></td><td colspan="2"></td><td></td><td></td></tr>
<tr><td>办税人</td><td></td><td></td><td colspan="2"></td><td colspan="2"></td><td></td><td></td></tr>
<tr><td colspan="2">税务代理人名称</td><td colspan="3">纳税人识别号</td><td colspan="3">联系电话</td><td>电子邮箱</td></tr>
<tr><td colspan="2"></td><td colspan="3"></td><td colspan="3"></td><td></td></tr>
<tr><td colspan="2">注册资本或投资总额</td><td>币种</td><td>金额</td><td>币种</td><td>金额</td><td>币种</td><td colspan="2">金额</td></tr>
<tr><td colspan="2"></td><td></td><td></td><td></td><td></td><td></td><td colspan="2"></td></tr>
</table>

续表

投资方名称	投资方经济性质	投资比例	证件种类	证件号码	国籍或地址

自然人投资比例		外资投资比例		国有投资比例	

分支机构名称	注册地址	纳税人识别号

总机构名称		纳税人识别号	
注册地址		经营范围	

法定代表人姓名		联系电话		注册地址邮政编码	

代扣代缴、代收代缴税款业务情况	代扣代缴、代收代缴税款业务内容	代扣代缴、代收代缴税种

附报资料：

经办人签章： ____年____月____日	法定代表人(负责人)签章： ____年____月____日	纳税人公章： ____年____月____日

以下由税务机关填写：

纳税人所处街(乡)				隶属关系	
国税主管税务局		国税主管税务所(科)		是否属于国税、地税共管户	
地税主管税务局		地税主管税务所(科)			

经办人(签章)： 国税经办人：________ 地税经办人：________ 受理日期： ______年____月____日	国家税务登记机关 (税务登记专用章)： 核准日期： ______年____月____日 国税主管税务机关：	地方税务登记机关 (税务登记专用章)： 核准日期： ______年____月____日 地税主管税务机关：

国税核发《税务登记证副本》数量：　本　发证日期：______年____月____日
地税核发《税务登记证副本》数量：　本　发证日期：______年____月____日

国家税务总局监制

填表说明：

一、本表适用于各类单位纳税人填用。

二、从事生产、经营的纳税人应当自领取营业执照，或者自有关部门批准设立之日起30日内，或者自纳税义务发生之日起30日内，到地方税务机关领取税务登记表，填写完整后提交地方税务机关，办理税务登记。

三、办理税务登记应当出示、提供以下证件资料（所提供资料原件用于地方税务机关审核，复印件留存地方税务机关）：

1. 营业执照副本或其他核准执业证件原件及其复印件。

2. 组织机构代码证书副本原件及其复印件。

3. 注册地址及生产、经营地址证明（产权证、租赁协议）原件及其复印件；如为自有房产，请提供产权证或买卖契约等合法的产权证明原件及其复印件；如为租赁的场所，请提供租赁协议原件及其复印件，出租人为自然人的还须提供产权证明的复印件；如生产、经营地址与注册地址不一致，请分别提供相应证明。

4. 公司章程复印件。

5. 有权机关出具的验资报告或评估报告原件及其复印件。

6. 法定代表人（负责人）居民身份证、护照或其他证明身份的合法证件原件及其复印件；复印件分别粘贴在税务登记表的相应位置上。

7. 纳税人跨县（市）设立的分支机构办理地方税务登记时，还须提供总机构的地方税务登记证副本复印件。

8. 改组改制企业还须提供有关改组改制的批文原件及其复印件。

9. 税务机关要求提供的其他证件资料。

四、纳税人应向地方税务机关申报办理税务登记。完整、真实、准确、按时地填写此表。

五、使用碳素或蓝墨水的钢笔填写本表。

六、本表一式两份（国地税联办税务登记的，本表一式三份）。税务机关留存一份，退回纳税人一份（纳税人应妥善保管，验、换证时需携带查验）。

七、纳税人在新办或者换发地方税务登记时应报送房产、土地和车船有关证件，包括：房屋产权证、土地使用证、机动车行驶证等证件的复印件。

八、表中有关栏目的填写说明：

1.“纳税人名称”栏：指《企业法人营业执照》或《营业执照》或有关核准执业证书上的“名称”。

2.“身份证件名称”栏：一般填写“居民身份证”；如无身份证，则填写“军官证”、“士兵证”、“护照”等有效身份证件。

3.“注册地址”栏：指工商营业执照或其他有关核准开业证照上的地址。

4.“生产经营地址”栏：填办理税务登记的机构生产经营地地址。

5.“国籍或地址”栏：外国投资者填国籍，中国投资者填地址。

6.“登记注册类型”栏：即经济类型，按营业执照的内容填写；不需要领取营业执照的，选择“非企业单位”或者“港、澳、台商企业常驻代表机构及其他”、“外国企业”；如为分支机构，按总机构的经济类型填写。

分类标准：
110 国有企业
120 集体企业
130 股份合作企业
141 国有联营企业
142 集体联营企业
143 国有与集体联营企业
149 其他联合企业
151 国有独资公司
159 其他有限责任公司
160 股份有限公司
171 私营独资企业
172 私营合伙企业
173 私营有限责任公司
174 私营股份有限公司
190 其他企业
210 合资经营企业(港或澳、台资)
220 合作经营企业(港或澳、台资)
230 港、澳、台商独资经营企业
240 港、澳、台商独资股份有限公司
310 中外合资经营企业
320 中外合作经营企业
330 外资企业
340 外商投资股份有限公司
400 港、澳、台商企业常驻代表机构及其他
500 外国企业
600 非企业单位

7.“投资方经济性质”栏：单位投资的，按其登记注册类型填写；个人投资的，填写自然人。

8.“证件种类”栏：单位投资的，填写其组织机构代码证；个人投资的，填写其身份证件名称。

9.“国际行业”栏：按纳税人从事生产经营行业的主次顺序填写，其中第一个行业填写纳税人的主行业。

表 3—2

税务登记表

（适用个体经营）

填表日期：

纳税人名称		纳税人识别号			
登记注册类型	请选择对应项目打“√” □ 个体工商户 □ 个人合伙				
开业(设立)日期		批准设立机关			
生产经营期限		证照名称		证照号码	
注册地址		邮政编码		联系电话	
生产经营地址		邮政编码		联系电话	
合伙人数		雇工人数		其中固定工人数	
网站网址		国标行业	□□ □□ □□ □□		

业主姓名	国籍或户籍地	固定电话	移动电话	电子邮箱

身份证件名称		证件号码	
经营范围		请将业主 身份证或其他合法身份证件复印件粘贴此处	

分店情况	分店名称	纳税人识别号	地　址	电　话

合伙人投资情况	合伙人姓名	国籍或地址	身份证件名称	身份证件号码	投资金额（万元）	投资比例	分配比例

代扣代缴、代收代缴税款业务情况	代扣代缴、代收代缴税款业务内容	代扣代缴、代收代缴税种

附报资料

续表

经办人签章： ____年____月____日	业主签章： ____年____月____日

以下由税务机关填写：

<table>
<tr><td>纳税人所处街(乡)</td><td colspan="3"></td><td>隶属关系</td><td></td></tr>
<tr><td>国税主管税务局</td><td></td><td>国税主管税务所(科)</td><td></td><td rowspan="2">是否属于国税、地税共管户</td><td rowspan="2"></td></tr>
<tr><td>地税主管税务局</td><td></td><td>地税主管税务所(科)</td><td></td></tr>
<tr><td colspan="2">经办人(签章)：
国税经办人：________
地税经办人：________

受理日期：
______年____月____日</td><td colspan="2">国家税务登记机关
(税务登记专用章)：

核准日期：
______年____月____日
国税主管税务机关：</td><td colspan="2">地方税务登记机关
(税务登记专用章)：

核准日期：
______年____月____日
地税主管税务机关：</td></tr>
<tr><td colspan="6">国税核发《税务登记证副本》数量：　本　发证日期：______年____月____日</td></tr>
<tr><td colspan="6">地税核发《税务登记证副本》数量：　本　发证日期：______年____月____日</td></tr>
</table>

国家税务总局监制

填表说明：

一、本表适用于个体工商户、个人合伙企业填用。

二、从事生产、经营的纳税人应当自领取营业执照，或者有关部门批准设立之日起 30 日内，或者自纳税义务发生之日起 30 日内，到地方税务机关领取税务登记表，填写完整后提交地方税务机关，办理税务登记。

三、办理税务登记应出示、提供以下证件资料(所提供资料原件用于地方税务机关审核，复印件留存地方税务机关)：

(一)个体登记提供以下资料：

1. 营业执照副本或其他核准执业证件原件及其复印件。

2. 业主身份证原件及其复印件。

3. 房产证明(产权证、租赁协议)原件及其复印件；如为自有房产，请提供产权证或买卖契约等合法的产权证明原件及其复印件；如为租赁的场所，请提供租赁协议原件及其复印件，出租人为自然人的还须提供产权证明的复印件。

(二)个人合伙企业提供以下资料：

1. 营业执照副本或其他核准执业证件原件及其复印件。

2. 组织机构代码证书副本原件及其复印件。

3. 房产证明(产权证、租赁协议)原件及其复印件；如为自有房产，请提供产权证或买卖契约等合法的产权证明原件及其复印件；如为租赁的场所，请提供租赁协议原件及其复印件，出租人为自然人的还须提供产权证明的复印件。

4. 负责人居民身份证、护照或其他证明身份的合法证件原件及其复印件。

个体工商户、个人合伙企业需要提供的其他有关证件、资料，由市地方税务机关确定。

四、纳税人应向地方税务机关申报办理税务登记。完整、真实、准确、按时填写此表，并承担相关法律责任。

五、使用碳素或蓝墨水的钢笔填写本表。

六、本表一式两份(国地税联办税务登记的，本表一式三份)。地方税务机关留存一份，退回纳税人一份(纳税人应妥善保管，验、换证时需携带查验)。

七、纳税人在新办或者换发税务登记时应报送房产、土地和车船有关证件，包括：房屋产权证、土地使用证、机动车行驶证等证件的复印件。

八、表中有关栏目的填写说明：

1.“纳税人名称”栏，指《营业执照》或有关核准执业证书上的“名称”。

2.“身份证件名称”栏：一般填写“居民身份证”，如无身份证，则填写“军官证”、“士兵证”、“护照”有效身份证件等。

3.“注册地址”栏：指工商营业执照或其他有关核准开业证照上的地址。

4.“生产经营地址”栏：填办理税务登记的机构生产经营地地址。

5. 合伙人投资情况中的“国籍和地址”栏：外国投资者填国籍，中国合伙人填地址。

6. 国标行业：按纳税人从事生产经营行业的主次顺序填写，其中第一个行业填写纳税人的主行业。

3. 代理领取税务登记证件

税务机关在规定的期限内将税务登记资料审核完毕，发放税务登记证件时，注册税务师应及时到税务机关领取税务登记证件，并将其交给委托人，同时进行税务登记证使用管理方面的辅导。

二、变更税务登记

变更税务登记是指纳税人办理税务登记后，需要对原登记内容进行更改而向税务机关申报办理的税务登记。其适用范围主要有以下几种：

(1)改变名称；

(2)改变法人代表；

(3)改变经济性质；

(4)增设或撤销分支机构；

(5)改变住所或经营地点(涉及主管税务机关变动的办理注销登记)；

(6)改变生产、经营范围或经营方式；

(7)增减注册资本；

(8)改变隶属关系；

(9)改变生产经营期限；

(10)改变开户银行和账号；

(11)改变生产经营权属以及改变其他税务登记内容。

(一)变更税务登记管理规程

1. 纳税人税务登记内容发生变化时，应自在工商行政管理机关办理变更登记之日起，或经有关部门批准之日起30日内，持变更后的营业执照或有关证件，向税务机关提出书面申请，并附送有关证件、资料。

2. 在纳税人报送资料齐全的基础上，税务机关向纳税人发放《税务登记变更表》(见表3—3)一式三份，纳税人应于7日内将填登完毕的《税务登记变更表》交税务机关审核。

表3—3　　**变更税务登记表**

纳税人名称			纳税人识别号	
变更登记事项				
序号	变更项目	变更前内容	变更后内容	批准机关名称及文件
送缴证件情况：				
纳税人： 经办人：　　法定代表人(负责人)：　　纳税人(签章) 年　月　日　　年　月　日　　年　月　日				
经办税务机关审核意见： 经办人：　　负责人：　　税务机关(签章) 年　月　日　　年　月　日　　年　月　日				

填表说明：

一、本表适用于各类纳税人变更税务登记填用。

二、报送此表时还应附送如下资料：

(一)税务登记变更内容与工商行政管理部门登记变更内容一致的应提交：

1. 工商执照及工商变更登记表复印件。

2. 纳税人变更登记内容的决议及有关证明文件。

3. 主管税务机关发放的原税务登记证件(税务登记证正、副本和税务登记表等)。

4. 主管税务机关需要的其他资料。

(二)变更税务登记内容与工商行政管理部门登记内容无关的应提交：

1. 纳税人变更登记内容的决议及有关证明、资料。

2. 主管税务机关需要的其他资料。

三、变更项目：填需要变更的税务登记项目。

四、变更前内容：填变更税务登记前的登记内容。

五、变更后内容：填变更的登记内容。

六、批准机关名称及文件：凡需要经过批准才能变更的项目须填写此项。

七、本表一式两份，税务机关一份，纳税人一份。

3. 税务机关对变更税务登记内容要重新核定有关登记事项，并核发变更后的税务登记证。变更税务登记流程如图3—2所示。

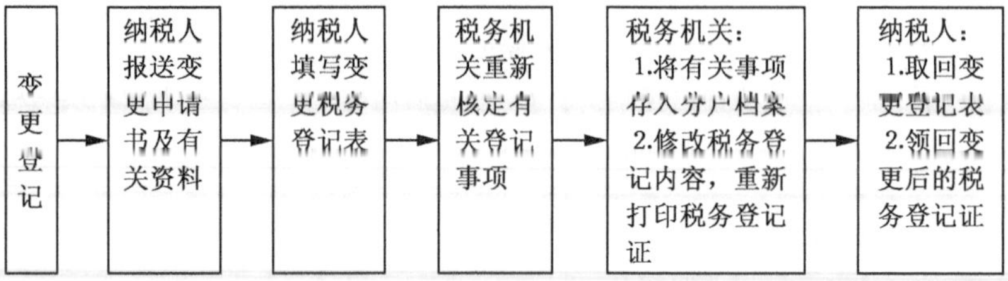

图3—2 变更税务登记业务流程图

(二)代理变更税务登记操作要点

1. 代理变更税务登记申报

纳税人在工商行政管理机关办理变更登记的，应当自工商行政管理部门办理变更登记之日起30日内，持下列证件到原税务登记机关申报办理变更税务登记：

(1)变更税务登记申请书；

(2)工商变更登记表及工商执照复印件；

(3)纳税人变更登记内容的决议及有关证明文件；

(4)税务机关发放的原税务登记证件(登记证正、副本和登记表等)；

(5)其他有关资料。

纳税人按照规定不需要在工商行政管理机关办理变更登记的，或者其税务登记的内容与工商登记内容无关的，应当自有关机关批准或者宣布变更之日起30日内，持下列证件到原税务登记机关申报办理变更税务登记：

(1)变更税务登记申请书；

(2)纳税人变更税务登记内容的决议及有关证明文件；

(3)税务机关发放的原税务登记证件(登记证正、副本和登记表等)；

(4)其他有关资料。

增值税一般纳税人被取消资格需变更登记的，应当提交下列证件：

(1)增值税一般纳税人申请认定书原件；

(2)税务登记证(正、副本)原件；

(3)纳税人税种登记表；

(4)其他有关资料。

2. 代理填写《税务登记变更表》，提交税务机关审核

注册税务师领取《税务登记变更表》以后，应根据企业的实际情况，详细填写纳税人识别号、纳税人名称、填表日期、变更登记事项及其变更前后的内容，并办理签章手续。

3. 领取变更后的税务登记证件及有关资料

注册税务师应及时到税务机关领取重新核发的税务登记证件及有关资料，送交企业存档。

三、注销税务登记

注销税务登记是指纳税人办理税务登记后，发生特定情形，需要在所登记的税务机关终止纳税而注销其登记的行为。

(一)注销税务登记的管理规定

1. 纳税人需要申报办理注销税务登记的主要情形

(1)纳税人因发生解散、破产、撤销以及其他情形依法终止纳税义务。

(2)纳税人因住所、经营地点变动而涉及改变税务登记机关。

(3)纳税人被工商行政管理机关吊销营业执照。

2. 办理注销税务登记的时间、地点要求

纳税人发生解散、破产、撤销以及其他情形依法终止纳税义务的，应当在向工商行政管理机关办理注销登记前，持有关证件和资料向原税务登记机关申报办理注销税务登记；按照规定不需要在工商行政管理机关办理注销登记的，应当自有关机关批准或者宣告终止之日起 15 日内，持有关证件和资料向原税务机关申报办理注销税务登记。

纳税人因住所、经营地点变动而涉及改变税务登记机关的，应当在向工商行政管理机关申请办理变更或注销登记前，或者住所、经营地点变动前，持有关证件和资料向原税务登记机关申报办理注销税务登记，并向迁达地税务机关申请办理税务登记。

纳税人被工商行政管理机关吊销营业执照的，应当自营业执照被吊销之日起 15 日内，向原税务登记机关申报办理注销税务登记。

纳税人在办理注销税务登记前，应当向税务机关提交相关证明文件和资料，结清应纳税款、滞纳金、罚款，缴销发票、税务登记证件和其他税务证件，经税务机关核准后，办理注销税务登记手续。注销税务登记流程如图 3—4 所示。

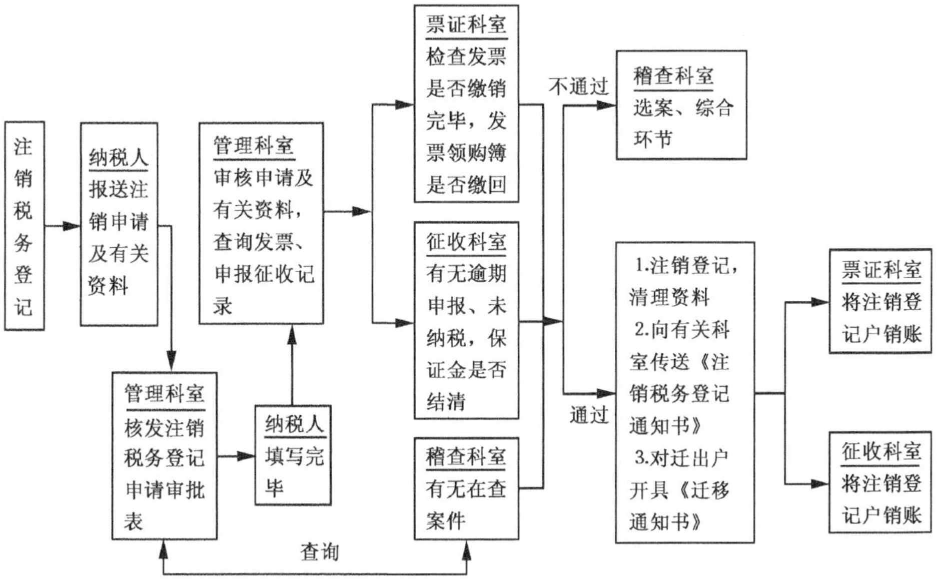

图 3—3　注销税务登记流程图

(二)代理注销税务登记操作要点

1. 代理注销税务登记申报

注册税务师应按照规定的期限以纳税人的名义向税务机关办理注销税务登记申报，填报《注销税务登记申请书》并附送下列资料：

(1)注销税务登记申请书；

(2)上级主管部门批文或董事会、职代会的决议；

(3)其他有关资料。

2. 代理填报《注销税务登记申请审批表》

根据企业的实际情况填写《注销税务登记申请审批表》(见表3—4)，经企业盖章后报送税务机关办理审批手续。将已领购的或已购未用的发票、《发票领购簿》、《税务登记证》等税收票证交回税务机关审验核销。

表3—4 注销税务登记申请审批表

纳税人名称		纳税人识别号	
注销原因			
附送资料			
纳税人： 经办人： 年 月 日	法定代表人(负责人)： 年 月 日	纳税人(签章)： 年 月 日	
以下由税务机关填写			
受理时间	经办人： 年 月 日	负责人： 年 月 日	
清缴税款、滞纳金、罚款情况	经办人： 年 月 日	负责人： 年 月 日	
缴销发票情况	经办人： 年 月 日	负责人： 年 月 日	
税务检查意见	检查人员： 年 月 日	负责人： 年 月 日	

续表

<table>
<tr><td rowspan="3">收缴税务
证件情况</td><td>种类</td><td>税务登记证
正本</td><td>税务登记证
副本</td><td>临时税务登记证
正本</td><td>临时税务登记证
副本</td></tr>
<tr><td>收缴数量</td><td></td><td></td><td></td><td></td></tr>
<tr><td colspan="5">经办人：　　　　　　　　　　　　　负责人：
年　月　日　　　　　　　　　　　　年　月　日</td></tr>
<tr><td>批准
意见</td><td colspan="5">部门负责人：　　　　　　　　　　　税务机关(签章)：
年　月　日　　　　　　　　　　　　年　月　日</td></tr>
</table>

填表说明：

(1)本表依据《征管法实施细则》第十五条设置。

(2)适用范围：纳税人发生解散、破产、撤销、被吊销营业执照及其他情形而依法终止纳税义务，或者因住所、经营地点变动而涉及改变税务登记机关的，向原税务登记机关申报办理注销税务登记时使用。

(3)填表说明：

①附送资料：填写附报的有关注销的文件和证明资料；

②清缴税款、滞纳金、罚款情况：填写纳税人应纳税款、滞纳金、罚款缴纳情况；

③缴销发票情况：纳税人发票领购簿及发票缴销情况；

④税务检查意见：检查人员对需要清查的纳税人，在纳税人缴清查补的税款、滞纳金、罚款后签署意见；

⑤收缴税务证件情况：在相应的栏内填写收缴数量并签字确认，收缴的证件如果为“临时税务登记证”，添加“临时”字样。

(4)本表为 A4 型竖式，一式两份，地方税务机关一份，纳税人一份。

3. 代理领取注销税务登记的有关批件

税务机关在纳税人结清全部纳税事项后，核发《注销税务登记通知书》，对因生产、经营地点发生变化需改变主管税务机关的纳税人，核发《纳税人迁移通知书》，并附有“纳税人档案资料移交清单”。注册税务师应及时到税务机关领回有关注销税务登记的批件、资料，将其交给被代理人，至此便完成了代理注销税务登记业务。

第二节　纳税事项税务登记代理实务

本节主要介绍增值税一般纳税人认定登记、税种认定登记、代扣代缴税务登记代理实务。

一、增值税一般纳税人认定登记代理

(一)增值税一般纳税人认定登记管理规定

1. 符合增值税一般纳税人条件的企业，应在向税务机关办理开业税务登记的同时，申请办理一般纳税人认定手续；已开业经营的小规模企业(商业零售企业除外)，若当年应税销售额

超过小规模纳税人标准的，应在次年1月底之前，申请办理一般纳税人认定手续。

2. 企业申请办理一般纳税人认定手续，应向所在地主管国税局提出书面申请，说明企业的经济形式、生产经营范围、产品名称及用途、企业注册资本、会计核算等问题，经税务机关审核后填写《增值税一般纳税人申请认定表》(见表3—5)。

表3—5　　增值税一般纳税人申请认定表

纳税人识别号：□□□□□□□□□□□□□□□

纳税人编码：

纳税人名称(章)：　　　　申请时间：　年　月　日

联系电话		增值税企业类别	
年度实际销售额或年度预计销售额	生产货物的销售额		
	加工、修理修配的销售额		
	批发、零售的销售额		
	应税销售额合计		
	固定资产规模		
会计财务核算状况	专业财务人员人数		
	设置账簿种类		
	能否准确核算进项税额、销售税额		
申请核发税务登记证副本数量		经批准核发数量	
主管税务机关意见： (公章)			
负责人：　经办人：　年　月　日			
分局审批意见： (公章) 主管局长：　负责人：　经办人：　年　月　日			
市局审批意见： (公章) 主管局长：　负责人：　经办人：　年　月　日			
认定类型：　是否暂定为增值税一般纳税人：			
认定级别：			
认定期限：　年　月　日至　年　月　日			

注：(1)本表一式三份，纳税人填报后，经主管税务机关审核后，一份交给纳税人，两份主管税务机关自存。

(2)纳税人在办理开业登记时，可以按预计销售额填写，经主管税务机关审核后，认定为增值税一般纳税人，享有增值税一般纳税人的所有权利和义务。一个会计年度结束后，纳税人根据实际经营情况，据实填写本表，交主管税务机关审核。

3. 企业总、分支机构不在同一县市的，应分别向其机构所在地主管税务机关申请办理一般纳税人认定登记手续。企业总机构已被认定为增值税一般纳税人的，其分支机构可持总机构为增值税一般纳税人的证明，向主管税务机关申请认定为一般纳税人。

4. 县级以上国家税务机关对经审核符合增值税一般纳税人条件的企业，在《增值税一般纳税人申请认定表》上签署意见，并将企业的《税务登记证》副本首页上方加盖“增值税一般纳税人”戳记。对从事商业经营的新办企业和小规模企业，一般是先认定为“增值税临时一般纳税人”，经过3个月或半年时间的考核后，再转为正式的一般纳税人。

(二)代理增值税一般纳税人认定登记操作要点

代理人接受纳税人委托，办理增值税一般纳税人认定登记业务时，首先应熟悉一般纳税人认定登记的有关规定，包括一般纳税人的认定条件、认定地点、认定程序、认定时间、认定审批权限以及应办未办认定的后果等；其次，应了解纳税人的生产经营情况和会计核算情况，看其是否符合一般纳税人认定条件；最后，接受被代理人委托，向其索要办理一般纳税人认定登记需要的证件和资料，按照规定办理认定登记手续。

1. 代理增值税一般纳税人认定登记申报

代理人应在规定的时间内，向被代理人(企业)所在地主管国税机关(县级以上)提出申请报告并提供相关证件、资料。

2. 代理填报《增值税一般纳税人申请认定表》

税务机关在初步审核代理人提交的企业申请报告和有关资料后，发给《增值税一般纳税人申请认定表》一式两份。代理人领取该表后，针对《增值税一般纳税人申请认定表》的主要内容，应要求企业提供有关资料，如企业设立的合同、章程，企业申办工商登记、税务登记的报表和证件，企业已实现销售的情况，会计、财务核算的原始资料等，代理人应根据被代理人的实际情况认真填写。在该表中填明纳税人识别号、纳税人名称、申请时间、年度预计销售额、会计财务核算情况、企业类型、核发税务登记证副本的数量等。填写完毕后，提交主管税务机关审批。

代理人应针对企业已经或可能实现的年度应税销售额、企业会计核算情况，以及企业财务人员的办税能力能否具备增值税一般纳税人的条件等问题，写出有关增值税一般纳税人认定登记的审查报告，作为《增值税一般纳税人申请认定表》的附件，报送主管国税局。

3. 领回认定登记证件，交给被代理人

对于代理人填报的《增值税一般纳税人申请认定表》，负责审批的税务机关应在收到之日起30日内审核完毕。对于符合一般纳税人条件的，在其税务登记证副本首页上方加盖“增值税一般纳税人”确认专章，作为其领购增值税专用发票的证件。代理人应及时将有关认定登记证件取回，交给被代理人存档。

认定登记证件包括加盖“增值税一般纳税人”确认专章的税务登记证副本和应由纳税人保留的《增值税一般纳税人申请认定表》等。代理人还应告知被代理人关于增值税一般纳税人办税的要求，如果企业暂被认定为临时一般纳税人，应指导企业规范会计核算，待临时一般纳税人期满后，再向税务机关提出转为正式一般纳税人的申请。认定登记业务办理结束后，代理人还应提醒纳税人执行一般纳税人年检制度，按税务公告要求的时间，及时到税务机关办理增值税一般纳税人年检手续。

二、税种认定登记代理

税种认定登记是在纳税人办理了开业税务登记和变更税务登记之后，由主管税务局（县级以上国税局、地税局）根据纳税人的生产经营项目，进行适用税种、税目、税率的鉴定，以指导纳税人、扣缴义务人办理纳税事宜。

（一）税种认定登记管理规定

1. 纳税人应在领取《税务登记证》副本后和申报纳税之前，到主管税务机关的征收管理科申请税种认定登记，填写《纳税人税种登记表》（见表3—6）。纳税人如果变更税务登记的内容涉及税种、税目、税率变化的，应在变更税务登记之后重新申请税种认定登记，并附送申请报告。

表3—6　　纳税人税种登记表

纳税人识别号

纳税人名称：　　　　　　　　法定代表人：

<table>
<tr><td colspan="6">一、增值税</td></tr>
<tr><td rowspan="2">类别</td><td rowspan="2">1. 销售货物□
2. 加工□
3. 修理修配□
4. 其他□</td><td rowspan="2">货物或项目名称</td><td>主营</td><td colspan="2"></td></tr>
<tr><td>兼营</td><td colspan="2"></td></tr>
<tr><td colspan="2">纳税人认定情况</td><td colspan="4">1. 增值税一般纳税人□　2. 小规模纳税人□　3. 暂认定增值税一般纳税人□</td></tr>
<tr><td colspan="2">经营方式</td><td colspan="4">1. 境内经营货物□　2. 境内加工修理□　3. 自营出口□
4. 间接出口□　5. 收购出口□　6. 加工出口□</td></tr>
<tr><td colspan="6">备注：</td></tr>
<tr><td colspan="6">二、消费税</td></tr>
<tr><td>类别</td><td>1. 生产□
2. 委托加工□
3. 零售□</td><td colspan="2">应税消费品名称</td><td colspan="2">1. 烟□ 2. 酒及酒精□ 3. 化妆品□
4. 护肤、护发品□ 5. 贵重首饰及珠宝玉石□
6. 鞭炮、烟火□ 7. 汽油□ 8. 柴油□
9. 汽车轮胎□ 10. 摩托车□ 11. 小汽车□</td></tr>
<tr><td colspan="2">经营方式</td><td colspan="4">1. 境内销售□　2. 委托加工出口□
3. 自营出口□　4. 境内委托加工□</td></tr>
<tr><td colspan="6">备注：</td></tr>
<tr><td colspan="6">三、营业税</td></tr>
<tr><td rowspan="2">经营项目</td><td>主营</td><td colspan="4"></td></tr>
<tr><td>兼营</td><td colspan="4"></td></tr>
<tr><td colspan="6">备注：</td></tr>
</table>

续表

四、企业所得税			
法定或申请纳税方式	1. 按实纳税□　2. 核定利润率计算纳税□　3. 按经费支出换算收入计算纳税□ 4. 按佣金率换算收入纳税□　5. 航空、海运企业纳税方式□　6. 其他纳税方式□		
非生产性收入占总收入的比例(%)			
备注:季度预缴方式:1. 按上年度四分之一□　2. 按每季度实际所得□			
五、资源税			
产品名称		应税项目	
备注:			
六、土地资源税			
七、房产税			
计税类别	1. 自有房产□　2. 出租房产□		
备注:			
八、车船税			
车船类别	1. 机动船□　2. 非机动船 □　3. 机动车□　4. 非机动车□		
备注			
九、屠宰税			
屠宰类别	1. 猪□　2. 牛□　3. 羊□		
十、城镇土地使用税			
税额类别			
备注:			
十一、城镇维护建设税			
十二、教育费附加			
十三、矿区使用费			
原油□	不超过 100 万吨□　100 万～150 万吨□ 150 万～200 万吨□　200 万～300 万吨□ 300 万～400 万吨□　400 万吨以上□		
天然气□	不超过 20 亿立方米 □　20 亿～35 亿立方米□ 35 亿～50 亿立方米□　50 亿立方米以上□		
预缴方式	分次□　分期□		

以上内容纳税人必须如实填写,如内容发生变化,应及时办理变更登记。

续表

以下由税务机关填写									
税种	税目	子目	申报方式	纳税期限	缴库方式	预算级次	征收方式	税率或税额	征收率或单位税率
税种	税目	子目	减免起止时间			减免比例		是否需要缴库	
确认				确认日期		年　月　日			

2. 税务机关对纳税人报送的《税种认定登记表》及有关资料进行审核，也可根据实际情况派人到纳税人的生产经营现场调查之后，对纳税人适用的税种、税目、税率、纳税期限、纳税方法等作出确认，在《纳税人税种登记表》的有关栏目中注明，或书面通知纳税人税种认定结果，以此作为办税的依据。

(二)代理税种认定登记操作要点

1. 对于代理税种认定登记，注册税务师应在审查纳税人有关资料的基础上，结合纳税事项深入调查。特别是对于增值税企业的混合销售行为，兼营非应税劳务的纳税事项，生产加工应税消费品的企业消费税适用税目、税率的纳税事项，外商投资企业生产性与非生产性的认定，以及产品出口企业、高新技术企业的认定，应详细审查纳税人的合同、章程及有关的批文和证件，会计科目处理及原始凭证等资料，逐一核实认定后，再向主管税务机关提交审查报告和《纳税人税种认定表》，履行申报手续。

2. 在取得主管税务机关税种认定的通知之后，注册税务师应指导纳税人具体的办税事宜。如果纳税人对税务机关的认定提出异议，应进一步调查并提出意见，提交主管税务机关重新加以认定。对于税种认定涉及国税、地税两套税务机构的纳税人，应分别申办税种认定手续。

三、代理代扣代缴税款登记

代扣代缴是指按照税法的规定，负有扣缴税款的法定义务人，负责对纳税人应纳的税款进行代扣代缴，即由支付人在向纳税人支付款项时，从所支付的款项中依法直接扣除税款，代为缴纳。目的是防止税款的流失和减少征纳成本。如个人所得税由支付应税所得的单位代扣代缴。

（一）代扣代缴登记的管理规定

《税收征管法实施细则》第十三条规定：扣缴义务人应当自扣缴义务发生之日起 30 日内，向所在地的主管税务机关申报办理扣缴税款登记，领取扣缴税款登记证件；税务机关对已办理税务登记的扣缴义务人，可以只在其税务登记证件上登记扣缴税款事项，不再发给扣缴税款登记证件。

代扣代缴有以下程序：

1. 申请

按照规定，负有代扣代缴义务的单位和个人，应于扣缴义务发生之日起 30 日内，向所在地的主管税务机关申报办理扣缴税款登记，填写《代扣（代收）基本情况登记表》（见表 3－7）报主管税务机关。

表 3－7　　个人所得税扣缴税款登记表

填表日期：　　年　　月　　日

<table>
<tr><td colspan="3">扣缴义务人识别号</td><td colspan="4"></td></tr>
<tr><td colspan="3">扣缴义务人名称</td><td colspan="4"></td></tr>
<tr><td colspan="3">单位地址及邮编</td><td colspan="4"></td></tr>
<tr><td colspan="3">扣缴义务人类型</td><td colspan="4"></td></tr>
<tr><td colspan="2" rowspan="2">法定代表人
（负责人）</td><td>姓名</td><td colspan="4"></td></tr>
<tr><td>联系电话</td><td colspan="4"></td></tr>
<tr><td colspan="3">行　业</td><td colspan="4"></td></tr>
<tr><td colspan="2" rowspan="2">财务主管人</td><td>姓名</td><td colspan="4"></td></tr>
<tr><td>联系电话</td><td colspan="4"></td></tr>
<tr><td colspan="3">职工人数</td><td colspan="4"></td></tr>
<tr><td colspan="2">银行开户登记证号</td><td></td><td colspan="2">发证日期</td><td colspan="2">年　月　日</td></tr>
<tr><td>账户性质</td><td>开户银行</td><td>账号</td><td>开户时间</td><td>变更时间</td><td>注销时间</td><td>备注</td></tr>
<tr><td></td><td></td><td></td><td></td><td></td><td></td><td></td></tr>
<tr><td></td><td></td><td></td><td></td><td></td><td></td><td></td></tr>
<tr><td></td><td></td><td></td><td></td><td></td><td></td><td></td></tr>
<tr><td></td><td></td><td></td><td></td><td></td><td></td><td></td></tr>
</table>

国家税务总局监制

注：账户性质按照基本账户、一般账户、专用账户、临时账户如实填写。本表一式三份，分别报送国税、地

税主管机关一份，自行留存一份。

2. 审核发证

税务机关要对扣缴义务人的《代扣(代收)基本情况登记表》进行认真审核，落实有关具体扣缴义务事项。经审核无误后，予以登记，并核发代扣代缴证书。

(二)代理代扣代缴登记操作要点

1. 代为提出代扣代缴登记的申报

代理人应在规定的时间内提出办理代扣代缴登记的申请，代理填写《代扣(代收)基本情况登记表》。

2. 领回审批证件，交于委托人

主管税务机关对报送的《代扣(代收)基本情况登记表》审核无误后，予以登记，记载《代扣(代收)税务登记底册》，核发《代扣代缴税款证书》。代理人员应将《代扣代缴税款证书》和代扣代缴税款凭证交企业保存，并告知扣缴义务人办理扣缴税款的要求。

本章回顾

1. 税务登记是国家税务机关对纳税人的生产、经营等基本情况进行登记并据此对纳税人实施税务管理的一种法定制度，是税务机关对纳税人实施税收管理的前提和基础。税务登记可以由纳税人自己办理，也可以委托他人办理。代理税务登记是税务代理业务的重要组成部分。

2. 企业的税务登记包括企业存续过程中的税务登记和其他税务登记。前者包括开业税务登记、变更税务登记、注销税务登记和停业、复业登记，后者包括增值税一般纳税人认定登记、税种认定登记、代扣代缴登记、外出经营报验登记等。税务代理机构可以从事所有这些业务的代理。

3. 开业税务登记是指从事生产、经营活动的纳税人自领取营业执照或非从事生产、经营的纳税人自有关部门批准或依照法律、行政法规规定成为法定纳税人后首次进行的税务登记。需要办理开业税务登记的纳税人分为领取营业执照从事生产经营的纳税人和其他纳税人两类。它们应该自领取营业执照或依法成为法定纳税人之日起30日内向当地主管税务机关申报办理开业税务登记。开业税务登记需要经过纳税人申请、填表，税务机关审核、发证等环节。代理开业税务登记，代理人必须首先了解国家法律关于开业税务登记的管理规定，然后按照要求和程序办理。

4. 变更税务登记是指纳税人进行开业税务登记后，原税务登记内容发生了重要变化，需要到税务机关办理的更改登记。代理变更税务登记，代理人需要了解国家关于变更税务登记的管理规定，还需重点了解纳税人的变更事项，然后按照要求和程序办理。

5. 注销税务登记是指纳税人办理税务登记后，发生特定情形，需要在所登记的税务机关终止纳税而注销其登记的行为。代理注销税务登记，代理人需要了解国家关于注销税务登记的管理规定，尤其是提醒纳税人要结清各种应纳税款(包括滞纳金、罚款)，然后按照规定办理。

6. 其他税务登记的代理有些需要单独代理，有些是在代理税务登记时同时办理的，代理人必须了解相关规定和委托人的情况，按照规定办理。

复习思考题

1. 什么是税务登记？什么是代理税务登记？
2. 代理税务登记的范围涉及哪几类？
3. 简述代理开业税务登记的操作要点。
4. 简述代理变更税务登记的操作要点。
5. 简述代理注销税务登记的操作要点。
6. 简述代理增值税一般纳税人认定登记操作要点。

知识巩固与拓展训练

一、单项选择题

1. 税务机关对纳税人填报的《税务登记表》及提供的证件和资料，应自收到之日起（　　）日内审核完毕。

A. 7　　B. 10　　C. 15　　D. 30

2. 注册税务师以企业的名义向税务机关办理开业税务登记，应自领取营业执照之日起（　　）日内，申报登记。

A. 10　　B. 15　　C. 30　　D. 60

3. 企业申请办理一般纳税人认定手续，应向所在地主管（　　）提出书面申请。

A. 地税局　　B. 国税局　　C. 工商行政管理部门　D. 地税所

4. 纳税人在《税务登记表》中填列的注册资本额应是（　　）。

A. 工商营业执照核准的注册资本额　　B. 企业章程载明的投资额

C. 投资者认缴的全部资本额　　D. 企业账面上载明的实收资本额

5. 填写适用于内资企业的《税务登记表》时，对于低值易耗品摊销方式、折旧方式，应按（　　）规定，制定本企业的核算方式。

A.《会计制度》　　B.《财务准则》　　C.《税收征收管理法》D.《审计法》

二、多项选择题

1. 需要办理税务登记的情形有（　　）。

A. 改变名称　　B. 改变董事会成员　　C. 改变总经理　　D. 改变经济性质

2. 下列证件中，增值税一般纳税人被取消资格需变更登记应当提交的有（　　）。

A. 增值税一般纳税人申请认定书原件　　B. 税务登记证原件

C. 纳税人税务登记表　　D. 营业执照原件

E. 其他有关资料

3. 下列情形中，纳税人需要申报办理注销税务登记的有（　　）。

A. 纳税人因发生解散、破产、撤销以及其他情形依法终止纳税义务

B. 纳税人因住所、经营地点变动而涉及改变税务登记机关

C. 纳税人被工商行政管理机关吊销营业执照

D. 纳税人因企业名称变化或经理发生改变时

4. 注册税务师以企业名义向税务机关办理开业税务登记申报时，应当注意(　　)。

A. 领取营业执照之日起 60 日内申报登记，时间不能滞后

B. 提供工商营业执照副本、企业合同、章程及协议书

C.《申请税务登记报告书》应该详细写明申请税务登记的原因和要求

D. 提供居民身份证、开户银行账号证明、国家技术监督局发放的统一编码证书

5. 某企业因法人资格被依法终止，现委托税务师事务所办理注销税务登记，则注册税务师应向主管税务机关提供(　　)等凭证资料之后，方可依法办理注销税务登记。

A. 缴销原税务登记证件　　　　B. 结清应纳税额

C. 不交税收滞纳金　　　　D. 缴销发票

E. 缴销企业所得税纳税申报表

三、判断题

1. 企业开业税务登记流程为：开业登记——纳税人报送税务登记申请报告和有关资料——纳税人填写税务登记表及附表——税务机关审核及核定纳税事项——税务机关建立分户档案，并打印税务登记证——纳税人领取税务登记证和税务登记表。　(　　)

2. 纳税人税务登记内容发生变化时，应自在工商行政管理机关办理变更登记之日起，或经有关部门批准之日起 30 日内，持原来的营业执照或有关证件，向税务机关提出书面申请，并附送有关证件、资料。　(　　)

3. 纳税人发生解散、破产、撤销以及其他情形依法终止纳税义务的，应当在向工商行政管理机关办理注销登记前，持有关证件向原税务登记机关申报办理注销税务登记；按照规定不需要在工商行政管理机关办理注销登记的，应当自有关机关批准或者宣告终止之日起 15 日内，办理注销税务登记。　(　　)

4. 当纳税人改变住所或经营地点时，需要到税务机关申报办理注销税务登记。　(　　)

5. 税务登记证件分为税务登记证正副本和注册税务登记证正副本。　(　　)

四、综合分析题

信达发展有限责任公司 2012 年 1 月成立，注册资本 100 万元，主要从事信息咨询服务和有关的培训业务，2014 年 1 月 1 日该公司变更为股份制企业，并更名为利达股份有限公司，增加注册资本 500 万元，公司决定改变经营策略，以生产股票操作软件为主，兼营咨询服务，聘请了 5 名财会专业人员，设置了有关账簿，预计年销售额可达 1 200 万元。根据上述资料，为该公司代理变更税务登记时应注意哪些操作要点，并说明代理该公司增值税一般纳税人认定登记操作要点。

第四章 发票领购的代理

第一节 发票领购代理实务

发票是指一切单位和个人在购销商品、提供或者接受劳务服务以及从事其他经营活动时，所提供给对方的收付款的书面证明。它是财务收支的法定凭证，是会计核算的原始凭据，也是税务检查的重要依据。加强发票管理，对于促使企业正确进行会计核算，加强财务监督，保障合法经营，维护市场经济的正常秩序，具有十分重要的意义。

注册税务师代理发票领购事宜，首先要了解发票的种类与适用范围，税务机关有关发票管理权限的划分，发票领购的管理制度等各项规定，根据纳税人适用的发票种类和领购发票的方式，办理发票领购事宜。

一、发票的种类与使用范围

根据《中华人民共和国发票管理办法》和国家税务总局的有关规定，发票的管理权限按流转税主体税种划分。增值税纳税人使用的发票由国家税务局管理，如增值税专用发票，工业、商业企业销货发票，加工修理发票等；营业税纳税人使用的发票由地方税务局管理，如建筑安装业、金融保险业等开具的结算营业收入的各种发票。有的发票对于增值税或营业税纳税人都适用，如临时经营发票用于临时经营单位销售货物，或提供营业税应税劳务时使用。因此，增值税企业发票领购到国税局办理，营业税企业发票领购到地税局办理。如果一个企业以增值税为主并兼有营业税的经营项目，就应该分别到国税和地税主管税务机关办理。

发票种类繁多，主要是按行业特点和纳税人的生产经营项目分类，每种发票都有特定的使用范围。

(一)增值税专用发票

增值税专用发票(以下简称专用发票)只限于增值税一般纳税人领购使用，增值税小规模纳税人和非增值税纳税人不得领购使用。从行业划分来讲，它是工业、商业企业用于结算销售货物和加工修理修配劳务使用的发票。但是，一般纳税人如有下列情形之一者，不得领购使用增值税专用发票：

1. 会计核算不健全，不能向税务机关准确提供增值税销项税额、进项税额和应纳税额数据及其有关增值税税务资料的。

2. 有《税收征管法》规定的税收违法行为，拒不接受税务机关处理的。

3. 有以下行为之一，经税务机关责令限期改正而仍未改正的：

(1)虚开增值税专用发票

(2)私自印制专用发票；

(3)向税务机关以外的单位和个人买取专用发票；

(4)借用他人专用发票；

(5)未按规定的要求开具专用发票；

(6)未按规定保管专用发票和专用设备；

(7)未按规定申请办理防伪税控系统变更发行；

(8)未按规定接受税务机关的检查。

4. 销售的货物全部属于免税项目者。

自1995年7月1日起，一般纳税人经营商业零售的烟、酒、食品、服装、鞋帽(不包括劳保专用的部分)、化妆品等消费品不得开具专用发票；一般纳税人生产经营机器、机车、汽车、轮船、锅炉等大型机械电子设备，凡直接销售给使用单位的，不再开具专用发票，而改用普通发票。

自2012年1月1日起，我国开始在部分地区和行业进行“营改增”试点。经国务院批准，自2013年8月1日起在全国范围内开展交通运输业和部分现代服务业的“营改增”试点。为保障改革试点的顺利实施，国家税务总局启用货物运输业增值税专用发票(国家税务总局2011年第74号公告)。试点地区货物运输业纳税人提供货物运输服务时，根据实际情况，开具货物运输业增值税专用发票和普通发票，不得开具公路内河货物运输业统一发票。

(二)普通发票

普通发票主要由营业税纳税人和增值税小规模纳税人使用，增值税一般纳税人在不能开具专用发票的情况下也可使用普通发票，所不同的是具体种类要按适用范围选择。如普通发票中的商业批发零售发票、加工修理修配发票是由增值税纳税人使用的，而属于结算服务收入、运输收入等普通发票主要由营业税纳税人使用。普通发票由行业发票和专用发票组成，前者适用于某个行业的经营业务，后者仅适用于某一经营项目，可以说是在行业发票划分的基础上再细分，其作用在于控制一些特定经营项目的税收征管和进行社会经济管理，除此以外其结算内容在票面设计上也有特殊要求，如广告费用结算发票、出售地下水专用发票、商品房销售发票等。

1. 增值税纳税人使用的普通发票

增值税纳税人使用的普通发票主要有：工业企业产品销售统一发票，工业企业材料销售统一发票，工业企业加工产品统一发票，工业加工修理统一发票，商业零售统一发票，商业批发统一发票，农林牧水产品收购统一发票，废旧物资收购发票，机动车专项修理专用发票，电业局电力销售专用发票，自来水公司水销售专用发票，公共事业联合收费处缴费专用发票，临时经营发票等。

2. 营业税纳税人使用的普通发票

营业税纳税人使用的普通发票主要有：建筑安装企业统一发票，旅店业统一发票，饮食业统一发票，广告业统一发票，社会服务业统一发票，代理购销业务统一发票，商品房销售专用发票，社会办医疗机构收费统一发票，产权交易专用发票，房屋出租专用发票，临时经营发票等。

(三)专业发票

专业发票是指国有金融、保险企业的存贷、汇兑、转账凭证，保险凭证；国有邮政、电信企业的邮票、邮单、话务、电报收据；国有铁路、民用航空企业和交通部门、国有公路、水上运输企业的客票、货票等。经国家税务总局或者省、市、自治区税务机关批准，专业发票可由政府主管部门自行管理，不套印税务机关的统一发票监制章，也可根据税收征管的需要纳入统一发票管理。

（四）网络发票

网络发票是指税务机关依托互联网和信息技术，免费为纳税人提供普通发票在线开具平台，纳税人办理税务登记并经主管税务机关批准，得到开票资格和开具何种发票的权限后，即可通过互联网平台实现对普通发票的开具、打印、查询、统计等，开具信息通过网络实时传送至税务机关。

二、发票领购管理规程

（一）发票领购的适用范围

1. 依法办理税务登记的单位和个人，在领取《税务登记证》后可以申请领购发票，属于法定的发票领购对象。

2. 依法不需要办理税务登记的单位，发生临时经营业务需要使用发票的，可以凭单位介绍信和其他有效证件，到税务机关代开发票。

3. 临时到本省、自治区、直辖市以外从事经营活动的单位和个人，凭所在地税务机关开具的《外出经营活动税收管理证明》，在办理纳税担保的前提下，可向经营地税务机关申请领购经营地的发票。

（二）发票领购手续

按照发票管理法规的规定，申请领购发票的单位和个人应当提出购票申请，提供经办人身份证明、税务登记证件及财务印章、发票专用章的印模等资料，经主管税务机关审核后发给《发票领购簿》。领购发票的单位和个人凭《发票领购簿》核准的种类、数量以及购票方式，向主管税务机关领购发票。需要临时使用发票的单位和个人，可以直接向税务机关申请办理发票的开具。

对于跨省、市、自治区从事临时经营活动的单位和个人申请领购发票，税务机关要求提供保证人，或者缴纳不超过1万元的保证金，并限期缴销发票。

三、代理领购发票操作要点

（一）代理自制发票审批程序与操作要点

《中华人民共和国发票管理办法实施细则》规定：凡有固定生产经营场所，财务核算和发票管理制度健全，发票使用量较大的单位，可以申请印制印有本单位名称的发票（即自制发票）。

如果统一发票式样不能满足业务需要，也可以自行设计本单位的发票式样，报经县（市）以上税务机关批准到指定的印刷厂印制。自制发票仅限于普通发票。

1. 要求用票单位根据业务特点和经营需要，设计发票式样，预计使用数量。

2. 代理填写《企业自制发票申请审批表》（见表4－1），写明所需发票的种类、名称、格式、联次和需求数量，连同发票式样一起提交主管税务机关审批。

表 4—1 **企业自制发票申请审批表**

纳税人识别号：□□□□□□□□□□□□□□□

纳税人编码：

纳税人名称(章)：

申请印制发票理由

生产经营地址		联系电话		邮政编码	

发票种类	发票代码	发票名称	本(份)数	份数/本	金额版	文字版	规格	联次	纸质	装订方式	起始号码	终止号码

(签章) 法定代表人：	发票经办人：	申请日期：　年　月　日

以下由税务机关填写						
主管税务机关意见	负责人：　经办人： 年　月　日					
分局发票管理中心审批意见	(公章) 主管局长：　负责人：　经办人： 年　月　日					
市局发票管理中心审批意见	交货日期	收款日期	销售单价	销售金额	印制单价	印制金额
	(公章) 主管局长：　负责人： 经办人：　年　月　日					

注：本表一式两份，一份主管税务机关发票管理环节留存，一份上级税务机关发票管理环节存查。

3. 取得税务机关核准的《发票印制通知书》后，到指定的印刷厂印制。发票印制完毕，注册税务师应指导用票单位建立发票领用存的管理制度，按季度向主管税务机关报送《发票领用存情况季报表》。

(二)代理统印发票领购操作要点

统印发票的领购方式主要有如下三种：

第一，批量供应。税务机关根据用票单位业务量对发票需求量的大小，确定一定时期内的合理领购数量，用量大的可以按月提供，用量不太大的可以按季领购，防止其积存较多发票而引起管理上的问题。这种方式主要适用于财务制度较健全、有一定经营规模的纳税人。

第二，交旧购新。用票单位交回旧的(即已填用过的)发票存根联，经主管税务机关审核后留存，才允许购领新发票。主管税务机关对旧发票存根联进行审核，主要看其存根联是否按顺序号完整保存，作废发票是否全份缴销，填开的内容是否真实、完整、规范等。

第三，验旧购新。这种方式与交旧购新基本相同，主要区别是税务机关审验旧发票存根后由用票单位自己保管。

后两种方式适用于财务制度不太健全、经营规模不大的单位和个体工商业户，以便于税务机关能及时检查并纠正其发票使用过程中出现的问题。

1. 注册税务师应根据用票单位适用的发票领购方式，办理发票领购手续。在初次办理统印发票的领购时，应填写《发票领购申请审批表》(见表 4－2)，经核准后，持《普通发票领购簿》、单位公章、经办人印章等到主管税务机关办理发票领购手续，按规定缴纳发票工本费，并取得收据。

表 4－2　　　　普通发票领购簿申请审批表

纳税人识别号：□□□□□□□□□□□□□□□

纳税人编码：

纳税人名称：

<table>
<tr><td colspan="3">发票名称</td><td>联次</td><td>金额版</td><td>文字版</td><td>数量</td><td>每月用量</td></tr>
<tr><td colspan="3"></td><td></td><td></td><td></td><td></td><td></td></tr>
<tr><td colspan="3"></td><td></td><td></td><td></td><td></td><td></td></tr>
<tr><td colspan="3"></td><td></td><td></td><td></td><td></td><td></td></tr>
<tr><td colspan="4">申请理由：
申请人(签章)
办税人员：
年　月　日</td><td>申请人财务专用章或发票专用章印模</td><td colspan="3"></td></tr>
<tr><td colspan="8">以下由税务机关填写</td></tr>
<tr><td>发票名称</td><td>规格</td><td>联次</td><td>金额版</td><td>文字版</td><td>数量</td><td colspan="2">每次限购数量</td></tr>
<tr><td></td><td></td><td></td><td></td><td></td><td></td><td colspan="2"></td></tr>
<tr><td></td><td></td><td></td><td></td><td></td><td></td><td colspan="2"></td></tr>
<tr><td></td><td></td><td></td><td></td><td></td><td></td><td colspan="2"></td></tr>
<tr><td>购票方式</td><td colspan="3"></td><td>保管方式</td><td></td><td colspan="2"></td></tr>
<tr><td>主管税务机关意见</td><td colspan="3">(公章)
负责人：
经办人：
年　月　日</td><td>分局审批意见</td><td colspan="3">(公章)
负责人：
经办人：
年　月　日</td></tr>
</table>

领取增值税专用发票领购簿申请书

________________：

我单位已于________年______月______日被认定为增值税一般纳税人，纳税人识别号为：________________，现申请购买增值税专用发票。

发票名称	发票代码	联次	每次领购最大数量	
			申请数(本/份)	核定数(木/份)

为做好专用发票的领购工作，我单位特指定____________(身份证号：　　　　　　　　)和____________(身份证号：　　　　　　　　)____________位同志为购票员。

我单位将建立健全专用发票管理制度，严格遵守有关专用发票领购、使用、保管的法律和法规。

法定代表人(负责人)(签章)　　　　　　　　申请单位(签章)

年　　月　　日

主管税务机关意见：

(公章)

负责人：　　　　　　　　经办人：

年　　月　　日

分局审批意见：

负责人：　　　　　　　　经办人：

年　　月　　日

---

2. 发票领购以后，注册税务师应将其与《发票领购簿》记载的种类、数量、字轨号码进行核对，确认无误后交给用票单位并履行签收手续。

3. 对于再次领购发票的用票单位，注册税务师应按税务机关发票保管与使用的规定，认真审查发票存根联的各项内容，对于发现的问题应提示用票单位予以纠正，再按用票单位适用的购票方式办理发票领购手续。

4. 对于用票单位已经发生的发票丢失、发票使用不符合规范等问题，注册税务师应指导用票单位向主管税务机关提交检查报告，并办理有关手续。

第二节　发票填开的要求及操作要点

注册税务师在代理建账建制、办理账务、开展税务咨询、受聘税务顾问等业务过程中，必然涉及企业在经济业务往来中如何开具和取得发票的问题。因此，对于发票的开具要求和填开的操作要点也是注册税务师必备的专业技术知识。

一、发票的开具要求

1. 发票开具使用的要求

(1)任何填开发票的单位和个人必须在发生经营业务并确认营业收入时才能开具发票，未发生经营业务一律不得开具发票。

(2)不得转借、转让或者代开发票。

(3)未经税务机关批准，不得拆本使用发票。

(4)不得自行扩大专用发票的使用范围，如将增值税专用发票用于非增值税一般纳税人。

(5)不得倒买或者倒卖发票(包括发票监制章和发票防伪专用品)。

(6)用票单位使用电子计算机开具发票，必须报经主管税务机关批准，并使用税务机关统一监制的机外发票，即经税务机关批准的在定点印制发票企业印制的供电子计算机开具的发票。同时，开具后的存根联应当按照顺序号装订成册，以备税务机关检查。

(7)单位和个人开具发票时发生错填、误填等情况需要重新开具发票的，可在原发票上注明“作废”字样后，重新开具发票；发票开具后，如果发生销货退回需开红字发票的，必须收回原发票并注明“作废”字样或者取得对方提供的有效凭证；发生销售折让的，在收回原发票并注明“作废”字样后，重新开具销售发票。

(8)开具发票应当使用中文。民族自治地方可以同时使用当地通用的一种民族文字。外商投资企业和外国企业可以同时使用一种外国文字。

2. 发票开具时限的要求

(1)采用预收货款、托收承付、委托银行收款结算方式的，为货物发出的当天。

(2)采用交款发货结算方式的，为收到货款的当天。

(3)采用赊销、分期付款结算方式的，为合同约定的收款日期的当天。

(4)将货物交给他人代销，为收到受托人送交的代销清单的当天。

(5)设有两个以上机构并实行统一核算的纳税人，将货物从一个机构移送其他机构用于销售，按照规定应当征收增值税的，为货物移送的当天。

(6)将货物作为投资提供给其他单位或者个体经营者，将货物分给股东或投资者的，均为货物移送的当天。

一般纳税人必须按照上述规定的时限开具增值税专用发票，不得提前或滞后。

3. 发票开具地点的要求

发票限于领购单位和个人在本省(直辖市、自治区)范围内开具，有些省(直辖市、自治区)级税务机关规定仅限于在本县、市内开具；有些省(直辖市、自治区)级税务机关虽然规定在本省(直辖市、自治区)跨县、市开具，但附有限定条件。任何单位和个人未经批准，不得跨规定的使用区域携带、邮寄或者运输发票，更不得携带、邮寄或者运输发票出入国境。

二、发票填开的操作要点

1. 发票的开具

任何单位和个人销售商品、提供服务以及从事经营活动时，对外发生经营业务收取款项，收款方应当向付款方开具发票。以下特殊情况下，由付款方向收款方开具发票：一是收购单位收购货物或者农副产品付款时，应当向收款人开具发票；二是扣缴义务人支付个人款项时，应当向收款人开具发票。有些省（直辖市、自治区）级税务机关规定，纳税人向消费者个人零售小额商品或者提供零星服务的，可以免予逐笔开具发票。例如，某百货商场向消费者个人零售小额商品收款时，可以不必开具发票，但消费者索取发票时，则应开具普通发票。

增值税一般纳税人除《增值税专用发票使用规定（试行）》第四条所列情形外，销售货物（包括视同销售货物）、应税劳务，根据《增值税暂行条例》实施细则规定应当征收增值税的非应税劳务（以下简称销售应税项目），必须向购买方开具专用发票。但有下列情形的，不得开具专用发票：向消费者销售应税项目；销售免税项目；销售报关出口的货物、在境外销售应税劳务；将货物用于非应税项目；将货物用于集体福利或个人消费；将货物无偿赠送他人；提供非应税劳务（应当征收增值税的除外）、转让无形资产或销售不动产。向小规模纳税人销售应税项目，可以不开具专用发票。

2. 发票的填写

开具发票应当按照规定的时限、顺序，逐栏、全部联次一次性如实填开，即必须做到按号码顺序填开，填写项目齐全，内容真实，字迹清楚，全部联次一次性复写或打印，内容完全一致，并在发票联或者抵扣联加盖单位财务印章或发票专用章。填写专用发票还要求：字迹不得涂改；票面品名与货物相符，票面金额与实际收取的金额相符；各项目内容正确无误，发票联和抵扣联盖财务专用章或发票专用章；按照《增值税专用发票使用规定（试行）》第六条所规定的时限开具专用发票；不得开具伪造的专用发票；不得拆本使用专用发票以及不得开具票样与国家税务总局统一制定的票样不相符的专用发票。

增值税专用发票必须按下列要求开填：

（1）字迹清楚；

（2）不得涂改，如填写有误，应另行开具发票，并在误填的专用发票上注明“误填作废”字样，如专用发票开具后因购货方不索取而成为废票的，也应按填写有误处理；

（3）项目填写齐全；

（4）票、物相符，票面金额与实际收取的金额相符；

（5）各项目内容正确无误；

（6）全部联次一次填开，上、下联的内容和金额一致；

（7）发票联和抵扣联加盖财务专用章或发票专用章；

（8）按照规定的时限开具专用发票；

（9）不得开具伪造的专用发票；

（10）不得开具票样与国家税务总局统一制定的票样不相符合的专用发票。

开具的专用发票有不符合上述要求者，不得作为扣税凭证，购买方有权拒收。

使用电子计算机开具专用发票，必须报经主管税务机关批准并使用由税务机关监制的机外发票。同时，填写发票应当使用中文；民族自治地方可以同时使用当地通用的一种民族文字；外商投资企业和外国企业可以同时使用一种外国文字。

3. 发票的取得

为了便于进行会计核算，任何单位和从事生产经营活动的个人在购买商品、接受服务以及从事其他经营活动中支付款项，应当向收款方索取发票。《发票管理办法》规定，在取得发票时，不得要求变更品名和金额。同时，不符合规定的发票，即应经而未经税务机关监制的发票，填写项目不齐全、内容不真实、字迹不清楚的发票，没有加盖财务印章或者发票专用章的发票，伪造、作废以及其他不符合税务机关规定的发票，一律不得作为财务报销凭证，任何单位和个人有权拒收。

4. 发票的作废

用票单位和个人开具发票发生错填、误填等需要重新开具发票的，可在原发票上注明“作废”字样后，重新开具发票；开具发票后，如果发生销货退回需开红字发票的，必须收回原发票并注明“作废”字样或者取得对方的有效凭证；发生销售折让的，在收回原发票并注明“作废”字样后，重新开具销售发票。《增值税专用发票使用规定(试行)》还要求，开具专用发票填写有误的，应当另行开具，并在误填的专用发票上注明“误填作废”字样；如专用发票开具后因购货方不索取而成为废票，也应按填写有误办理。

5. 发生销货退回、销售折让的处理

销售货物并向购买方开具专用发票后，如发生销货退回或销售折让，应按以下规定处理：

(1)购货方在未付货款并且没有做账务处理的情况下，必须将原发票联和抵扣联退还给销售方。销售方收到后，如果未将记账联做账务处理，应将购货方退还的发票联和抵扣联与自己手中的另外两联发票(存根联、记账联)放在一起，注明“作废”字样，并依次粘贴在存根联后面，该联发票作废即可。如果销售方已将记账联做账务处理，可开具相同内容的红字专用发票，将红字专用发票的记账联撕下作为扣减当期销项税额的凭证。红字专用发票的其余三联不得撕下，将从购货方收到的原发票联、抵扣联粘贴在红字专用发票后面，并在上面注明原发票记账联和红字专用发票记账联的存放地点，作为开具红字专用发票的依据。未收到购买方退还的专用发票前，销售方不得扣减当期销项税额。属于销售折让的，销售方应按折让后的货款重开专用发票。

(2)在购买方已付货款或者货款未付但已做账务处理、发票联及抵扣联无法退还的情况下，购买方必须取得当地主管税务机关开具的“进货退出或索取折让证明单”(以下简称证明单)送交销售方，作为销售方开具红字专用发票的合法依据。销售方在收到证明单以前，不得开具红字专用发票。销售方收到证明单后，根据退回货物的数量、价款或折让金额向购货方开具红字专用发票。红字专用发票的存根联、记账联作为销售方扣减当期销项税额的凭证，其发票联、抵扣联作为购买方扣减当期进项税额的凭证。

购买方收到红字专用发票后，应将红字专用发票所注明的税额从当期进项税额中扣减；如不扣减，造成不纳税或少纳税的，属于偷税行为。

第三节 发票审查代理实务

发票审查是税收检查的重要内容和发票管理的重要环节。注册税务师开展发票审查业务属于用票单位自查,可以有效地指导用票单位的发票管理,减少纳税风险。

一、代理发票审查的基本内容

代理发票审查一般不单独进行,而是注册税务师在计算填报纳税申报表和办理发票领购手续之前所做的准备工作。当然,在审查纳税情况时,代理发票审查也是不可缺少的环节。

注册税务师接受纳税人委托进行发票审查时,首先应明确发票审查的目的和要求以及审查的对象和范围,然后深入纳税人的生产经营场所进行实地审查。

(一)普通发票代理审查操作要点

对于从中国境外取得的发票如有疑问,可要求纳税人提供境外公证部门或注册会计师的确认证明。

(二)增值税专用发票代理审查操作要点

增值税专用发票是纳税人经济活动中的重要原始凭证,是兼记销货方纳税义务和购货方进项税额的合法证明,对增值税的计算和管理起着决定性的作用。因此,做好增值税专用发票的代理审查工作,对保证纳税人正确核算应纳税额是十分重要的。增值税专用发票的审查除上述审查普通发票的操作要点外,还应侧重以下几个方面:

1. 增值税专用发票开具的范围。审查发生销售免税项目、在境外销售应税劳务、向消费者销售应税项目时,用票单位是否有开具增值税专用发票的问题。

2. 增值税专用发票抵扣联的取得。对用票单位取得增值税专用发票的时间、内容、税额计算等方面进行详细审查。凡属于未按规定取得增值税专用发票的情况,应提示纳税人不得计算抵扣进项税额。

3. 增值税专用发票的缴销。为了保证增值税专用发票的安全使用,纳税人要按规定的期限缴销,如从开具第一张专用发票的时间算起至60天内要办理缴销手续。对于填开有误的专用发票要加盖"误填作废"的条形专用章后予以缴销。

二、代理发票审查的基本方法

注册税务师审查发票的方法可以因事而异,其目的是帮助纳税人严格按照发票管理制度的规定取得和开具发票,保证原始凭证的真实性与合法性。

(一)对照审查法

对照审查法是将用票单位发票使用的实际情况与《发票领购簿》及发票领、用、存的情况核对,审查是否有私印发票、丢失发票、转借发票、虚开发票、代开发票、使用作废发票和超经营范围填开发票等问题。

(二)票面逻辑推理法

这是根据发票各个栏目所列内容之间、发票与用票单位有关经济业务之间的关系进行分析审核,从中发现问题的一种审查方法。

1. 利用发票的各项内容之间的逻辑关系进行分析审核

发票所列各项内容之间，有其内在的逻辑关系或规律性，如果违背了这些规律，就说明发票使用存在问题。如增值税专用发票中购、销双方的名称与税务登记号有着直接的对应关系，根据销售货物或劳务的名称可以确定适用税率，根据计量单价、数量、单位、金额、税率和税额之间的逻辑关系可以推断金额和税额的计算有无错误等。

2. 利用发票和企业经济业务的关系进行分析审核

发票与企业的购销业务有着直接的联系，而购销业务与企业存货数量及货币资金(包括债权、债务)的增减变化有着一定的对应关系，利用这一逻辑关系就可以审查发票使用有无问题。

首先，取得发票的金额与存货、费用增加额，货币资金减少额，流动负债增加额呈同步变化趋势。

其次，填开发票的金额与存货减少额、货币资金或应收债权增加额呈同步变化趋势。

如果企业取得或填开的发票与购销业务之间的关系违背了上述规律，在数量、金额上的逻辑关系不符，就有可能存在问题，需进一步审查核实。

(三)发票真伪鉴别方法

在实际工作中，用票单位和个人往往遇到发票真伪的鉴别问题。因此，注册税务师学会鉴别发票真伪的方法，对于指导纳税人依法取得合法有效的结算凭证，保护自身的经济利益，是十分有益的。

1. 普通发票真伪鉴别方法

(1)发票监制章是识别发票真伪的法定标志之一。全国统一启用的新版发票的"发票监制章"，其形状为椭圆形，上环刻制"全国统一发票监制章"字样，下环刻制"税务局监制"字样，中间刻制国税、地税税务机关所在地的省、市全称或简称，字体为正楷，印色为大红色，套印在发票联的票头正中央。

(2)从发票联底纹、发票防伪专用纸等方面识别。这些防范措施也是识别发票真伪的重要依据。

(3)采用发票防伪鉴别仪器，识别是否为统一的防伪油墨。

2. 增值税专用发票真伪鉴别方法

为鉴别增值税专用发票的真伪，首先应了解其防伪措施，然后鉴别其真伪。采取特定的审查方法来鉴别其真伪。

其一，对照光线审查增值税专用发票的发票联和抵扣联，看是否为国家税务总局统定的带有水印图案的防伪专用纸印制。

其二，用紫外线灯和发票鉴别仪鉴别无色和有色荧光防伪标志。

本章回顾

1. 发票是一种非常重要的凭证，是会计核算的原始依据，也是税务稽查的重要依据。加强发票管理，对于促使企业正确进行会计核算，加强财务监督，保障合法经营，以及税务部门加强征管具有十分重要的意义。

2. 发票的种类繁多，为了更好地对其管理，需要对发票进行分类，并规定各自的适用范围。发票可分为普通发票、增值税专用发票和专业发票三大类。

3. 按照现行规定,凡有固定生产经营场所、财务核算和发票管理制度健全、发票使用量较大的单位,可以申请印制印有本单位名称的发票(即自制发票)。如果统一发票式样不能满足业务需要,用票单位也可以自行设计本单位的发票式样,但均需报经县(市)以上税务机关批准,到指定的印刷厂印刷。自制发票仅限于普通发票。纳税人自制发票需按照规定的程序办理。

4. 纳税人所使用的发票绝大多数是统印发票。并不是任何单位或个人都可以随意领购发票,必须满足一定的条件,才能成为发票的领购对象。

5. 由于用票单位的情况各异,发票领购的方式也不尽相同,主要有批量供应、验旧购新、交旧购新等几种方式。

6. 代理发票审查可以通过对照审查法、票面逻辑推理法、发票真伪鉴别方法等基本方法进行审查。

7. 增值税专用发票代理审查应侧重发票开具的范围、增值税专用发票抵扣联的取得、增值税专用发票的缴销几个方面。

复习思考题

1. 按行业特点和纳税人的生产经营项目,发票可以分为哪几类?各类发票的适用范围是什么?

2. 什么样的单位可以申请自制发票?

3. 发票领购方式有哪几种?分别适用于什么样的用票单位?

4. 代理初次领购发票的操作要点有哪些?

5. 现行法律对发票的开具有哪些基本要求?

6. 增值税专用发票代理审查的内容有哪些?

知识巩固与拓展训练

一、单项选择题

1. 根据有关规定,如果一个企业以增值税为主并兼有营业税的经营项目,就应该(　　)办理。

A. 到国税主管税务机关　　B. 分别到国税和地税主管税务机关

C. 到地税主管税务机关　　D. 由企业决定到国税或地税主管税务机关

2. 增值税一般纳税人(　　),经税务机关责令限期改正而仍未改正者,不得领购使用增值税专用发票。

A. 未按规定办理纳税申报　　B. 未按规定期限清缴欠税入库

C. 未按规定填开增值税专用发票　　D. 未按规定保管增值税专用发票

E. 未按规定期限将税款上解入库

3. 增值税纳税人使用的普通发票主要有(　　)。

A. 增值税专用发票　　B. 饮食业统一发票

C. 废旧物资收购发票　　D. 房屋出租专用发票

4. 专用发票是指(　　)。

A. 旅店业统一发票　　B. 国有邮政、电信企业的电报收据

C. 产权交易专用发票　　D. 企事业单位收款发票

5. 注册税务师代理自印发票审批业务时,应代理填写(　　),写明所需发票的种类、名称、格式、联次和用途及数量,连同发票式样一同提交税务机关,由发票主管部门审批。

A. 发票印制通知书　　B. 企业自制发票申请审批表

C. 承印发票完工报告表　　D. 发票领购申请审批表

二、多项选择题

1. 下列行为中,经税务机关责令限期改正而仍未改正者,不得领购使用增值税专用发票的有(　　)。

A. 不能向税务机关准确提供有关增值税计税资料者

B. 未按规定开具增值税专用发票

C. 未按规定接受税务机关检查的

D. 销售的货物全部属于免税项目的

E. 外购货物即用于生产应税货物又用于生产免税货物,无法分清各自耗用数额的

2. 用票单位申请自印发票的必须符合(　　)条件。

A. 企业发票使用量较大　　B. 有固定的生产经营场所

C. 发票管理制度健全　　D. 财务管理制度健全

3. 增值税一般纳税人发生下列结算方式中,不以发货当天作为销项税额确认时限的有(　　)。

A. 托收承付,已办妥托收手续　　B. 交款发货

C. 预收货款　　D. 分期收款

4. 下列关于发票填开的具体要求中,正确的有(　　)。

A. 填开发票的单位和个人在需要时可以拆本使用发票

B. 任何填开发票的单位和个人在未发生经济业务时一律不得开具发票

C. 任何单位和个人未经批准,不得跨规定的使用区域携带、邮寄或者运输发票

D. 用票单位使用电子计算机开具发票的,不需要再使用机外发票

5. 用票单位有(　　)情形时,不得开具增值税专业发票。

A. 将货物无偿赠送他人　　B. 销售报关出口的货物

C. 向认定为临时一般纳税人的企业销售货物　　D. 向消费者销售应税项目

三、判断题

1. 使用电子计算机开具增值税专用发票,无须报经主管税务机关批准,只要使用由税务机关监制的机外发票即可。　　(　　)

2. 任何填开发票的单位和个人必须在发生经营业务并确认营业收入时,才能开具发票,未发生经营业务一律不得开具发票。　　(　　)

3. 凡有固定生产经营场所，财务核算和发票管理制度健全，发票使用量较大的单位，可以自行印制印有本单位名称的发票(即自制发票)。 ( )

4. 增值税专用发票只限于增值税一般纳税人领购使用，增值税小规模纳税人和非增值税纳税人不得领购使用。 ( )

5. 跨省、市、自治区从事临时经营活动的单位和个人需要领购发票的，应向经营地税务机关提供《外出经营活动税收管理证明》，并提供纳税担保。 ( )

四、综合分析题

宏大酒店于2014年8月8日开业，主要开展下列业务：

(1)对外提供餐饮服务；

(2)为客人提供客房住宿；

(3)开展游泳、台球等娱乐服务项目。

根据上述资料编制代理领购发票工作底稿，说明该公司适用发票的种类及办理发票领购手续的主要程序。

第五章 建账建制的代理

第一节　代理建账建制的适用范围与基本要求

代理建账建制，是指税务代理人接受纳税人的委托，根据纳税人的生产经营情况建立相应的会计核算和财务管理制度。建账建制是与纳税问题紧密相关的，是帮助纳税人进行正确核算和严格履行纳税义务的必要条件，是国家加强对纳税人征管工作，贯彻依法治税、依率计征、核定应纳税款的重要基础，也是税务机关进行财务监督和税务检查不可缺少的基础。

建账建制、代理记账是税务中介、会计中介机构的一项业务，其主要的服务对象是财务核算制度不够健全、缺少合格会计人员的集体、私营中小企业，以及数量庞大的个体工商户。

一、代理建账建制的适用范围

根据国务院批转的国家税务总局《关于加强个体私营经济税收征管强化查账征收工作的意见》的要求，个体、私营业户可自行建账，也可以聘请社会中介机构代理建账，具体适用范围如下：

(1)有固定经营场所的个体、私营经济业户；

(2)名为国有或集体实为个体、私营经济业户；

(3)个人租赁、承包经营企业。

对于经营规模小、确无建账能力的业户，经县以上税务机关批准，可暂不建账或不设置账簿。在个体、私营业户中全面实行建账，采取查账征收的方法涉及面广、综合性强，单凭税务机关独立运作难以实现有效的控管，特别是大多数个体、私营业户存在着从业人员素质普遍偏低、财务人员短缺、自行建账困难的情况，由税务代理等社会中介机构介入这项工作是十分必要的。注册税务师应了解国家有关代理记账的管理制度，在代理建账建制的过程中，主动接受税务机关的监督与管理，区别不同的业户实施分类建账。对于达到一定经营规模的个体工商户，按定期定额征收的私营企业，各类名为国有、集体实为个体或私营的企业，个人租赁承包经营的企业要建立复式账，其他业户建立简易账。

二、代理建账建制的基本要求

代理建账建制的基本要求可归纳为表5－1。

表5－1 代理建账建制的基本要求

项　目	建立复式账的条件	建立简易账的条件
注册资金	200 000元以上	100 000～200 000万元
销售增值税应税劳务的纳税人或营业税纳税人月销售(营业)额	40 000元以上	15 000～40 000元
从事货物生产的增值税纳税人月销售额	60 000元以上	30 000～60 000元
从事货物批发或零售的增值税纳税人月销售额	80 000元以上	40 000～80 000元
省级税务机关确定应设置复式账的其他情形	可以建立	可以建立

第二节　代理建账建制的基本内容与操作规范

本节论及的代理建账建制的基本内容，主要针对按个体工商户会计制度、财务制度核算的纳税单位。个体工商户的会计制度与个人所得税计税办法，属于按经济性质设置会计与财务制度，虽然其核算的基本原则与方法趋同于现行财务、会计制度，但是具体会计科目的运用、税前成本费用列支的标准也是有一定差别的。具体如下：

一、代理建账建制的基本内容

(一)代理个体工商户建账建制会计制度

1. 代建个体工商户复式账会计制度

注册税务师为个体工商户建立复式账簿，应按个体工商户会计制度的规定，设置和使用会计科目，也可以根据实际情况自行增加、减少或合并某些会计科目，按月编制资产负债表、应税所得表和留存利润表，报送主管财税机关。

2. 代建个体工商户简易账会计制度

建立简易账簿的个体工商户，生产经营的特点是规模小、收入少，因而核算内容从会计科目的设置到编制会计报表都大大简化，主要是控制收支两方面的核算和反映盈亏。注册税务师代为建账建制除设置简易会计科目核算外，还要按月编制应税所得表，在办理当期纳税申报时向主管财政、税务机关报送。

(二)代理个体工商户建账建制财务制度

长期以来，个体、私营业户税款征收的基本方法是定期定额，查账征收所占比例比较小。改变所得税的计算方法实行查账征收，不仅要建立个体工商户的会计制度，还必须有规范的财务制度，这就是国家税务总局制定的《个体工商户个人所得税计税办法(试行)》。凡是按个体工商户进行税务登记管理的，均适用这一办法，即以每一纳税年度的收入总额减去成本、费用和损失后的余额为应纳税所得额，作为计算个人所得税的依据。

1. 收入确认是按权责发生制的原则，确认从事生产经营与此相关活动所取得的各项收入。

2. 成本列支范围是个体户从事生产经营所发生的各项直接支出和应计入成本的间接费

用，包括实际消耗的各种原材料、辅助材料、备品配件，外购半成品、燃料、动力、包装物等直接材料；实际发生的商品进价成本、运输费、装卸费、包装费；实际支出的折旧费、修理费、水电费、差旅费、租赁费（不包括融资租赁）、低值易耗品等；支付给生产经营从业人员的工资。

3. 费用列支范围是个体户从事生产经营过程中所发生的费用、管理费用和财务费用。

4. 损失列支范围包括固定资产盘亏、报废毁损和出售的净损失，自然灾害或者意外事故损失。另外，在营业外支出科目中核算的赔偿金、违约金、公益救济性捐赠等。

5. 下列税前不允许扣除的各项支出，要从成本费用中剔除：

(1)资本性支出，包括为购置和建造固定资产、无形资产以及其他资产的支出，对外投资的支出；

(2)被没收的财物支付的罚款；

(3)缴纳的个人所得税，以及各种税收的滞纳金、罚款；

(4)各种赞助支出；

(5)自然灾害或者意外事故损失有赔偿的部分；

(6)分配给投资者的股利；

(7)用于个人和家庭的支出；

(8)与生产经营无关的其他支出；

(9)国家税务总局规定不准扣除的其他支出。

二、代理记账操作规范

注册税务师代理记账，应购领统一格式的账簿凭证，启用账簿时送主管税务机关审验盖章。账簿和凭证要按发生的时间先后顺序填写、装订或粘贴，凭证和账簿不得涂改、销毁、挖补。对各种账簿、凭证、表格必须保存10年以上，销毁时须经主管税务机关审验和批准。

(一)代制会计凭证

会计凭证是记录经济业务、明确经济责任的书面证明，是登记账簿的依据。会计凭证按其填制的程序和用途不同，分为原始凭证和记账凭证两种。注册税务师代制会计凭证主要是在审核原始凭证的基础上代制记账凭证。

1. 审核原始凭证

原始凭证是进行会计核算的原始资料，它分为自制原始凭证和外来原始凭证两种。例如，个体户销售货物替税劳务所开具的发票，材料验收入库时填制的收料单，产品（商品）出库时填制的出库单等都属于原始凭证。注册税务师代理记账但不代客户制作原始凭证，仅是指导其正确填制或依法取得有效的原始凭证。为了保证记账凭证的真实合法性，应注意从以下几个方面审核原始凭证：

(1)原始凭证内容的真实性与完整性。原始凭证所记录的经济业务应与实际情况相符，各项内容应填写齐全。例如，开具或取得的发票，其客户名称、业务内容、单位价格、金额等栏目应真实完整地反映某项经济业务的来龙去脉，凡属名实不符或项目填列不全的发票，注册税务师应指导纳税单位加以改正。

(2)原始凭证取得的时效性与合法性。原始凭证入账的时间有一定的时限要求，其凭证上注明的时间应与会计核算期间相符，凭证的取得也应符合现行财务和税收征管法规的要求。

2. 代制记账凭证

记账凭证是根据合法的原始凭证或原始凭证汇总表编制的，它是登记账簿的依据。注册税务师应根据纳税单位原始凭证的多寡和繁简情况，按月或旬到户代制记账凭证。记账凭证可以根据每一张原始凭证单独填制，也可以按反映同类经济业务的若干原始凭证汇总填制。

(1)根据原始凭证简要概括业务内容，填入“摘要”栏内，可有助于登记账簿和日后查阅凭证。

(2)根据会计科目的内容正确编制会计分录，做到账户对应关系清晰。

(3)将记账凭证连续编排号码并附列原始凭证，按月装订成册。

会计凭证是重要的经济资料和会计档案，注册税务师完成记账凭证的编制后，应帮助纳税单位建立立卷归档制度，指定专人管理。

(二)代为编制会计账簿

注册税务师根据记账凭证所确定的会计分录，分别在日记账和分类账的有关账户中进行登记的工作，简称为过账。代理简易账的记账工作是以收支方式记录、反映生产情况并进行简易会计核算，在编制记账凭证后根据业务内容按时间顺序记入相关账户即可，实际上是俗称的流水账。而代记复式账的操作应根据会计账户的特点来进行。

1. 现金日记账和银行存款日记账，应由纳税单位的出纳人员登记，注册税务师审核有关凭证和登记内容，使其能逐日反映库存现金和银行存款收入的来源、支出与结存的情况，保证账实相符。

2. 总分类账一般采用借、贷、余额三栏式的订本账，直接根据各种记账凭证逐笔进行登记，也可先编制成汇总记账凭证或科目汇总表，再据以登记。每月应将当月已完成的经济业务全部登记入账，并于月份终了结出总账、各分类账户的本期发生额和期末余额，作为编制会计报表的主要依据。

3. 明细分类账是总分类账的明细科目，可分类连续地记录和反映个体户资产、负债、所有者权益、成本、费用、收入等明细情况，注册税务师应根据个体、私营业户所属经营行业的特点、经营项目的主要范围，设置明细分类账。明细分类账一般采用活页式账簿，其格式可选择三栏式、数量金额式或多栏式明细分类账。登记方法可根据原始凭证逐日定期汇总登记，或者逐笔登记。

注册税务师将上述账簿登记编制完毕，还要进行对账工作，进行账证核对、账账核对和账实核对。在会计期末即月份、季度和年度终了时进行结账，以确定本期收入成本、费用和应税所得，同时也为编制会计报表准备数据。

(三)代为编制会计报表

会计报表是提供会计资料的重要手段。个体工商户的会计报表比企业的要简单许多。设置复式账的个体工商户要编报资产负债表、应税所得表和留存利润表；设置简易账的个体工商户仅要求编报应税所得表，它除可以总括反映个体工商户的资产负债情况外，最重要的是为个人所得税的计算提供真实可靠的依据。代为编制会计报表的基本要求是：

1. 数字真实，内容完整

根据权责发生制的要求，会计报表应在全部经济业务都登记入账，进行对账、结账和试算平衡后，再根据账簿资料编制，应做到内容填报齐全、数字编报真实可靠。

2. 计算准确，报送及时

会计报表要以会计账簿各明细科目期末余额为依据，反映出表账之间、表表之间严密的数字逻辑关系，既不能漏报，也不可随意编报，并应在规定的时间内报送主管财税机关。

(四)代理纳税申报

对于纳税人、扣缴义务人而言，纳税申报是一项经常性的、定期的法定税务事宜，因此代理纳税申报也就成为税务代理的一项经常性的、定期的业务。注册税务师代理建账、记账过程中，对于客户的生产经营情况应有较为全面、深入的了解，在按月结账编制报表的同时，可以代理纳税申报事宜。

(五)代理纳税审查

代理纳税审查是指税务代理人接受委托，对纳税人、扣缴义务人执行国家税收法律、法规情况以及计算、缴纳税款情况进行的审查。代理纳税审查的作用是帮助个体工商户正确、完整地履行纳税义务，避免因不通晓税法或财务会计制度的规定而漏缴税款。代理纳税审查的目的是为了利用税务代理人独立、客观、公正性的优势，查清税务运行过程中与税款征纳有关的税务问题。

代理纳税审查的内容主要包括：

(1)纳税人应纳各税是否都已及时申报；

(2)扣缴义务人代扣代收各税是否都已及时申报；

(3)纳税人、扣缴义务人申报的计税依据是否真实准确；

(4)计算税款时所用的税率是否适当；

(5)纳税的计算是否正确无误；

(6)纳税人、扣缴义务人应缴纳的各种税款(包括代扣代收税款)是否及时足额解缴；

(7)纳税人有无被税务机关多征税款；

(8)扣缴义务人有无不扣、不收或多扣、多收纳税人的税款；

(9)扣缴义务人代扣代收税款时的手续是否齐备；

(10)纳税人办理退税时的证据是否合理合法；

(11)纳税人享受减免税待遇的手续是否完备。

第三节 建账建制代理的应用

一、代理个体工商户建立会计制度

1997 年 7 月 1 日 财政部、国家税务总局联合发布了《个体工商户会计制度》，该制度的目的是为了规范个体工商户生产经营活动的会计核算，根据《中华人民共和国会计法》、《国务院关于批转国家税务总局加强个体私营经济税收征管强化查账征收工作意见的通知》及《个体工商户个人所得税计税办法(试行)》等规定制定。

(一)个体工商户的会计核算制度

1. 核算期间

会计年度自公历 1 月 1 日起至 12 月 31 日，按年结算账目和编制会计报表。

2. 记账方法

应采用借贷记账法。

3. 账簿设置

为其设置日记账、总分类账和明细分类账三种主要账簿以及必要的辅助性账簿。各种账簿应当根据审核无误的原始凭证和记账凭证进行登记，做到登记及时、内容完整、数字准确、摘要清楚。

4. 会计科目

为其按相关制度的规定设置和使用会计科目，在不影响会计核算要求和正确计算个人所得税的前提下，可以根据实际情况自行增加、减少或合并某些会计科目。

5. 会计报表

为其编制资产负债表和应税所得表(执行《个体工商户简易会计制度》的个体户，可只编制应税所得表)，并按年报送当地财税机关。留存利润表由个体工商户参照本制度的规定自行编制。各地财税机关要求按季或按月报送会计报表的，可从其规定。年度会计报表应于年度终了后30天内报出。会计报表的填列以人民币“元”为金额单位，“元”以下填至“分”。

向外报出的会计报表应依次编定页数，加具封面，装订成册，加盖公章。封面应注明个体户名称、地址、开业年份、报表所属年度、送出日期等，并由业主和会计主管人员(或代理记账机构负责人)签名或盖章。

(二)个体工商户的会计科目设置制度

1. 个体工商户复式记账的会计科目(见表5—2)

表5—2　　个体工商户复式记账的会计科目

序号	编号	科目名称	序号	编号	科目名称
1	101	一、资产类 现金	12	201	二、负债类 借入款项
2	102	银行存款	13	211	应付款项
3	111	应收款项	14	212	应付工资
4	121	存货	15	213	应交税费
5	131	待摊费用	16	301	三、业主权益类 业主投资
6	141	待处理财产损溢	17	311	本年应税所得
7	151	固定资产	18	312	留存利润
8	152	累计折旧	19	401	四、成本类 生产成本
9	153	固定资产清理	20	501	五、损益类 营业收入
10	154	在建工程	21	502	营业成本
11	161	无形资产	22	503	营业税金
			23	504	营业费用
			24	511	营业外收支
			25	521	税后列支费用

个体工商户复式记账的会计科目使用说明如下：

第 101 号科目 现金

本科目核算个体户的库存现金。个体户收到现金，借记本科目，贷记有关科目；支出现金，借记有关科目，贷记本科目。个体户应设置“现金日记账”，由会计人员（或代理记账机构，下同）根据收款凭证和付款凭证，按照业务的发生顺序逐笔登记，每日计算出现金收入合计数、现金支出合计数和结余数，并应将结余数与实际库存数核对，做到账实相符。本科目的借方余额反映个体户的库存现金。

第 102 号科目 银行存款

本科目核算个体户存入银行或其他金融机构的各种款项。个体户将款项存入银行或其他金融机构，借记本科目，贷记“现金”等科目；提取现金或支出存款时，借记“现金”等科目，贷记本科目。个体户应设置“银行存款日记账”，由会计人员根据收款凭证和付款凭证，按照业务的发生顺序逐笔登记，每日结出余额。“银行存款日记账”应定期与“银行对账单”核对。年度终了，个体户账面余额与银行对账单余额之间如有差额，必须查明原因进行处理，并应编制“银行存款余额调节表”，调节相符。本科目的借方余额反映个体户在银行或其他金融机构的存款。

第 111 号科目 应收款项

本科目核算个体户因销售存货、提供劳务及其他原因应收和暂付其他单位或个人的款项。个体户向购货单位或接受劳务单位或个人预收的款项，也应在本科目核算。个体户发生应收款项时，借记本科目，贷记“营业收入”等科目，如需缴纳增值税的，还应按收取的增值税贷记“应交税金”科目；收到款项时，借记“现金”、“银行存款”科目，贷记本科目。对于确实不能收回的应收款项，可按规定确认为坏账，借记“营业费用”科目，贷记本科目。已确认并转销的坏账以后又收回时，借记“现金”、“银行存款”科目，贷记“营业费用”科目。个体户预收款项时，借记“现金”、“银行存款”科目，贷记本科目；收入实现时，按应收款项总额借记本科目，贷记“营业收入”科目；如需缴纳增值税的，还应按收取的增值税贷记“应交税金”科目。应收款项总额与预收款项相抵后的差额为尚未收到的款项。个体户生产经营中发生的外币债权或债务等外币业务，应将有关外币金额折合为人民币金额记账，并登记外币金额和折合汇率。外币账户（如外币应收款项、外币应付款项等）的增加或减少，一律按业务发生当日的市场汇价（原则上采用中间价，下同）或当年年初的市场汇价作为折合汇率。

年度终了，个体户应将外币账户余额按照年末市场汇价折合为人民币，作为外币账户的年末人民币余额，按照年末市场汇价折合的人民币金额与原账面人民币金额之间的差额，作为汇兑损益，记入“营业费用”科目。本科目应按债务人设置明细账进行明细核算。

第 121 号科目 存货

本科目核算个体户各种库存存货的实际成本。存货包括个体户库存的各种材料、商品、产成品、半成品、低值易耗品以及用于设备维修、劳动保护、办公等方面的材料物品。购入存货，如按规定不能抵扣销项税额的，按全部成本（专用发票上注明的增值税额也应计入采购成本）借记本科目，贷记“现金”、“银行存款”、“应付款项”科目；如按规定可以抵扣销项税额的，应按专用发票上注明的增值税额，借记“应交税费——应交增值税（进项税额）”科目，按专用发票上注明的应计入采购成本的金额，借记本科目，按应支付的或实际支付的金额，贷记“现金”、“银行存款”、“应付款项”科目。业主投入的存货，应按确认的价值，借记本科目，贷记“业主投资”

科目。个体户如有委托外单位加工各种存货的，应在本科目下单设“委托加工存货”明细科目进行核算。

个体户发给外单位加工的存货，按实际成本，借记本科目(委托加工存货)，贷记本科目(××存货)；支付加工费用和应负担的运杂费等，借记本科目(委托加工存货)，贷记“银行存款”等科目；加工完成验收入库的存货以及剩余的存货，应按加工收回存货的实际成本和剩余材料的实际成本，借记本科目(××存货)，贷记本科目(委托加工存货)。个体户生产经营中领用存货，借记“生产成本”、“营业成本”、“营业费用”等科目，贷记本科目；因出售存货而结转存货的实际成本，借记“营业成本”科目，贷记本科目。发出存货的实际成本，原则上应按加权平均法计算确定。个体户可在本科目下单设“低值易耗品”明细科目，核算个体户的低值易耗品的实际成本。

生产经营活动领用的低值易耗品可采用一次或分次摊销的方法进行核算。一次摊销的低值易耗品，领用时，应将其全部价值摊入有关的成本费用科目，借记“生产成本”、“营业费用”科目，贷记本科目(低值易耗品)；报废时，将报废低值易耗品的残料价值作为当期低值易耗品摊销额的减少，借记本科目(××存货)，贷记“生产成本”、“营业费用”科目。分次摊销的低值易耗品，领用时，借记“待摊费用”科目，贷记本科目(低值易耗品)；分次摊入有关成本费用时，借记“生产成本”、“营业费用”科目，贷记“待摊费用”科目；报废时，将收回的残料价值作为当期低值易耗品摊销额的减少，借记本科目(××存货)，贷记“生产成本”、“营业费用”科目。个体户应加强对在用低值易耗品的实物管理，并在备查簿上进行登记。个体户的各种存货应定期清查盘点，发现盘盈、盘亏、毁损的，应查明原因，核实处理。盘盈的存货，应借记本科目，贷记“营业费用”科目；盘亏或毁损的存货，借记“待处理财产损失——待处理存货损失”科目，贷记本科目。本科目可按照存货的保管地点(仓库)、类别、品种和规格设置明细账进行明细核算。

第 131 号科目　待摊费用

本科目核算个体户已经发生但应由本期和以后各期分别负担的各项费用，如开办费、低值易耗品摊销、预付保险费、租入固定资产改良支出、固定资产修理支出等。个体户发生的各项待摊费用，借记本科目，贷记“现金”、“银行存款”、“存货”等科目。待摊费用应在规定的期限内分期平均摊销，摊销时，借记“生产成本”、“营业费用”科目，贷记本科目。本科目应按费用的种类设置明细账进行明细核算。

第 141 号科目　待处理财产损溢

本科目核算个体户在财产清查中查明的未经过主管税务机关批准的存货盘亏、毁损损失和固定资产盘亏损失。本科目应设置以下两个明细科目：待处理存货损失和待处理固定资产损失。发生存货盘亏或毁损时，借记本科目(待处理存货损失)，贷记“存货”科目，并分别下列情况进行处理：

(1)送交入库的残料，按估计价值借记“存货”科目，贷记本科目(待处理存货损失)。

(2)应由过失人或保险公司等赔偿的款项，借记“应收款项”等科目，贷记本科目(待处理存货损失)科目。

(3)扣除残料、赔偿款后的净损失经主管税务机关审核批准后，如属于经营损失，借记“营业费用”科目，贷记本科目(待处理存货损失)；如属于非常损失，借记“营业外收支”科目，贷记本科目(待处理存货损失)科目。发生固定资产盘亏时，按照盘亏固定资产的净值，借记本科目

(待处理固定资产损失),按照已提折旧,借记"累计折旧"科目,按照盘亏固定资产的原价,贷记"固定资产"科目。对于应由过失人或保险机构赔偿的款项,借记"应收款项"等科目,贷记本科目(待处理固定资产损失)。经过主管税务机关审核批准后,将盘亏固定资产的净损失列入"营业外收支"科目,借记"营业外收支"科目,贷记本科目(待处理固定资产损失)。本科目的年末余额反映个体户在年末因未经主管税务机关审核批准而未能处理的财产损失。

第 151 号科目　固定资产

本科目核算个体户生产经营活动中使用的固定资产的原价。个体户应根据《个体工商户个人所得税计税办法(试行)》(以下简称《计税办法》)规定的固定资产标准,结合具体情况制定固定资产目录,作为核算依据。个体户增加的固定资产,应分别下列情况进行处理:

(1)购入的固定资产,按照买价和实际支付的运输费、保险费、包装费、安装成本和缴纳的税金等实际支出数,借记本科目,贷记"银行存款"等科目。

(2)业主投入的固定资产,按确认的价值,借记本科目,贷记"业主投资"科目。

(3)自行建造的固定资产,在工程完工后,按建造过程中发生的全部支出(包括个体户以借款方式建造固定资产在交付使用前的利息支出),借记本科目,贷记"在建工程"科目。

(4)改扩建的固定资产,在工程完工后,按原有固定资产的账面原价加上改扩建支出减去发生的变价收入后的余额,借记本科目,贷记"在建工程"科目。

个体户因出售、报废和毁损等原因减少的固定资产,按减少的固定资产净值,借记"固定资产清理"科目,按已提折旧,借记"累计折旧"科目,按固定资产原价贷记本科目。盘盈的固定资产,应按照同类固定资产的重置完全价值,借记本科目,按照估计的累计折旧,贷记"累计折旧"科目,按照两者之间的差额,贷记"营业外收支"科目。盘亏的固定资产,按盘亏固定资产的净值,借记"待处理财产损失——待处理固定资产损失"科目,按已提折旧,借记"累计折旧"科目,按固定资产原价贷记本科目。个体户以融资租赁方式租入的固定资产,应在本科目下单设"融资租入固定资产"明细科目进行核算。租入时按租赁协议或者合同确定的租赁费加运输费、保险费、安装调试费等,借记本科目,按租赁费贷记"应付款项"科目,按支付的运输等费用,贷记"银行存款"等科目。租赁期满,按合同规定将固定资产所有权转归个体户时,应将租入的固定资产自"融资租入固定资产"明细科目转入有关明细科目。个体户应设置"固定资产登记簿"和"固定资产卡片",按照固定资产类别、使用场所和每项固定资产进行明细核算。对以经营租赁方式租入的固定资产,应另设备查簿进行登记,不在本科目核算。

第 152 号科目　累计折旧

本科目核算个体户固定资产的累计折旧。个体户应根据生产经营的特点,经过批准后使用平均年限法或工作量法按月计提折旧,并按固定资产的不同用途,分别借记"生产成本"、"营业费用"科目,贷记本科目。按照平均年限法计算折旧的固定资产的折旧额,应根据固定资产原价和折旧率确定;按照工作量法计算折旧的固定资产的折旧额,应根据固定资产的本期内的工作量和单位折旧额确定。固定资产的折旧率或单位折旧额,应根据"计税办法"的规定计算确定。房屋、建筑物以外的未使用或不需用的固定资产、以经营租赁方式租入的固定资产及已经提足折旧但仍继续使用的固定资产,不再计提折旧;提前报废的固定资产不再补提折旧。固定资产因改扩建而增加原价的,应按调增后的原价减去已提折旧和估计残值后的金额,除以相应延长后的尚可使用年限,重新计算年折旧额和相应的折旧率;如增值后的固定资产不能延长使用年限的,则应按原尚可使用年限计算。本科目只进行总分类核算,不进行明细分类核算。需要查明某项固定资产的已提折旧,可以根据固定资产卡片上所记载的该项固定资产原价、折旧率和实际使用年数等资料进行计算。

第 153 号科目　固定资产清理

本科目核算个体户因出售、报废和毁损等原因转入清理的固定资产净值及其在清理过程中发生的清理费用和清理收入。出售、报废和毁损的固定资产转入清理时,按减少的固定资产净值,借记本科目,按已提折旧,借记“累计折旧”科目,按固定资产原价,贷记“固定资产”科目。清理过程中发生的费用,借记本科目,贷记“银行存款”等科目;收回出售固定资产的价款、残料价值和变价收入等,借记“银行存款”、“存货”等科目,贷记本科目;应由保险公司或过失人赔偿的损失,借记“银行存款”、“应收款项”等科目,贷记本科目。固定资产清理后的净收益,借记本科目,贷记“营业外收支”科目;固定资产清理后的净损失,经主管税务机关审核批准后,借记“营业外收支”科目,贷记本科目。本科目应按清理的固定资产设置明细账进行核算。

第 154 号科目　在建工程

本科目核算个体户自行建造准备在生产经营中使用的固定资产的实际成本,如新建固定资产、改扩建固定资产等。个体户承建的其他单位或个人的工程成本,应在“生产成本”科目核算,不应记入本科目。建造过程中实际发生支出时,借记本科目,贷记“现金”、“银行存款”、“应付工资”等科目。工程完工后,按建造过程中发生的全部支出(包括个体户以借款方式建造固定资产在交付使用前的利息支出),借记“固定资产”科目,贷记“在建工程”科目。在原有固定资产基础上进行改扩建的,应将改扩建的固定资产的原价转入本科目,借记本科目,贷记“固定资产”科目。改扩建中发生的有关支出,借记本科目,贷记“现金”、“银行存款”、“应付工资”等科目;按改扩建过程中发生的残料等变价收入,借记“存货”等科目,贷记本科目。工程完工,借记“固定资产”科目,贷记本科目。

第 161 号科目　无形资产

本科目核算个体户购入或投入的专利权、非专利技术、商标权、著作权、土地使用权、商誉等各种无形资产的价值。个体户购入的各种无形资产,应按购买的实际支出,借记本科目,贷记“银行存款”等科目。业主投入的无形资产,应按确认的价值,借记本科目,贷记“业主投资”科目。个体户生产经营中使用的各种无形资产,应自开始受益之日起分期平均摊销。法律或有关合同规定了使用期限的,应按法律或合同规定的使用期限摊销;没有法律或合同规定使用期限的,按不短于 10 年的期限摊销。摊销时,借记“营业费用”科目,贷记本科目。个体户出售已入账的无形资产,按照出售收入,借记“银行存款”等科目,贷记“营业收入”科目;结转出售所售无形资产的成本,借记“营业费用”科目,贷记本科目。本科目应按无形资产类别设置明细账进行明细核算。

第 201 号科目　借入款项

本科目核算个体户向业主以外的机构或个人借入的各种款项。业主增加投入的资金,应通过“业主投资”科目核算,不记入本科目。完全用于业主个人或家庭、与生产经营无关的借款,不应记入个体户账内。个体户从业主以外的机构或个人借入款项时,借记“现金”、“银行存款”科目,贷记本科目;归还借款时,借记本科目,贷记“现金”、“银行存款”科目。发生的借款利息,借记“营业费用”、“固定资产”、“税后列支费用”科目,贷记本科目;实际支付时,借记本科目，贷记“现金”、“银行存款”科目。本科目应按债权人设置明细账进行明细核算。

第 211 号科目　应付款项

本科目核算个体户因购买存货、接受劳务供应及其他原因应付和暂收其他单位或个人的款项。个体户预付的款项也在本科目核算。因购入存货和接受劳务等发生的应付款项，借记“存货”等科目，贷记本科目；实际支付款项时，借记本科目，贷记“现金”、“银行存款”科目。个体户预付款项时，借记本科目，贷记“现金”、“银行存款”科目。存货或劳务验收后，按照应付款项总额，借记“存货”等科目，贷记本科目。应付款项总额与预付款项相抵后的差额为尚未支付的款项。个体户发生的财产保险、运输保险及从业人员的养老、医疗等项保险以及缴纳的工商管理费、摊位费等，借记“营业费用”、“税后列支费用”科目，贷记本科目；实际支付时，借记本科目，贷记“现金”、“银行存款”科目。个体户收到从业人员暂时存入个体户账上的现金或存款时，借记“现金”、“银行存款”科目，贷记本科目。个体户发生应付、暂收其他单位或个人的款项，如经营租赁固定资产应付款、存入保证金等，借记“生产成本”、“营业费用”、“现金”、“银行存款”科目，贷记本科目；支付时，借记本科目，贷记“现金”、“银行存款”科目。融资租入固定资产，按应支付的融资租赁费总额，借记“固定资产”科目，贷记本科目；以后每期支付融资租赁费时，借记本科目，贷记“银行存款”等科目。本科目应按债权人设置明细账进行明细核算。

第 212 号科目　应付工资

本科目核算个体户应付给从业人员的工资等报酬总额，包括各种工资、奖金和津贴等，不论是否在当期支付，都应通过本科目核算。个体户应正确计算确定准备发放的工资、奖金和津贴等。实际发放工资时，借记本科目，贷记“现金”等科目。期末，应对本期应发放的工资等项费用进行分配：对于按照“计税办法”规定可以在税前列支的工资费用，按照从业人员的工作性质，借记“生产成本”、“营业费用”科目，贷记本科目；对于不能在税前列支的工资等项费用，借记“税后列支费用”科目，贷记本科目。由个体户代扣代交的从业人员个人所得税，由本科目转入“应交税费——代扣个人所得税”科目，借记本科目，贷记“应交税费——代扣个人所得税”科目。本科目应按从业人员类别设置明细账进行明细核算。

第 213 号科目　应交税费

本科目核算个体户应缴纳的各项税费，如增值税、营业税、消费税、城市维护建设税、资源税、房产税、车船使用税、土地使用税、固定资产投资方向调节税、个人所得税、教育费附加等。个体户代扣代交的从业人员个人所得税，也在本科目核算。作为增值税小规模纳税人的个体户，按照销售中实际收取或应收取的款项借记“现金”、“银行存款”、“应收款项”科目，按照收取的增值税额，贷记本科目（应交增值税），按照不含税的销售收入金额，贷记“营业收入”科目；实际缴纳时，借记本科目（应交增值税），贷记“现金”、“银行存款”科目。作为增值税一般纳税人的个体户，应按下列规定进行会计处理：

（1）个体户应在本科目下设置“应交增值税”和“未交增值税”两个明细科目，并在“应交增值税”明细科目中设置“进项税额”、“已交税费”、“转出未交增值税”、“销项税额”、“进项税额转出”、“转出多交增值税”等专栏。

（2）个体户购入存货或接受应税劳务并取得了增值税专用发票，应按专用发票上记载的增值税额，并借记本科目（应交增值税——进项税额），贷记“现金”、“银行存款”等科目。购入的免税农产品，按购入农产品的买价和规定的扣除率计算进项税额，并借记本科目（应交增值税——进项税额),贷记“现金”、“银行存款”等科目。

(3)购进的存货和接受的应税劳务直接用于非应税项目或业主和从业人员福利消费的,其专用发票上注明的增值税额应计入所购存货或劳务的成本,借记“存货”、“税后列支费用”等科目,贷记“现金”、“银行存款”等科目。

(4)个体户销售存货和提供应税劳务,按实现的销售收入和按规定收取的增值税额,借记“现金”、“银行存款”、“应收款项”科目,按收取的增值税,贷记本科目(应交增值税——销项税额),按实现的销售收入,贷记“营业收入”科目。

(5)个体户购进的货物或以购进货物生产的在产品、产成品发生非正常损失,以及购进的货物改用于非应税项目,其进项税额应相应转入有关科目,借记“待处理财产损失”、“在建工程”等科目,贷记本科目(应交增值税——进项税额转出)。

(6)个体户实际缴纳本月增值税时,借记本科目(应交增值税——已交税费),贷记“现金”、“银行存款”科目。

(7)月份终了,个体户应将当月发生的应交未交或多交的增值税自“应交增值税”明细科目转入“未交增值税”明细科目,如为应交未交增值税,借记本科目(应交增值税——转出未交增值税),贷记本科目(未交增值税);如为多交增值税,借记本科目(未交增值税),贷记本科目(应交增值税——转出多交增值税)。实际缴纳以前月份欠交的增值税时,借记本科目(未交增值税),贷记“现金”、“银行存款”科目。

个体户计算出应缴纳的营业税、消费税、城市维护建设税、资源税和教育费附加,借记“营业税金”等科目,贷记本科目;计算出应交的房产税、车船使用税和土地使用税,借记“营业费用”科目,贷记本科目;计算出应缴纳的固定资产投资方向调节税,借记“在建工程”科目,贷记本科目。个体户实际缴纳上述税款时,借记本科目,贷记“现金”、“银行存款”科目。根据税法规定,个体户的个人所得税按年计算,分月预交,年度终了后汇算清交。个体户按月预交个人所得税时,借记本科目(应交个人所得税),贷记“现金”、“银行存款”科目。年度终了,个体户按照“计税办法”的规定,计算出全年应交的个人所得税额,借记“留存利润”科目,贷记本科目(应交个人所得税)。如应交数大于预交数,表示少交的个人所得税,应于上交时,借记本科目(应交个人所得税),贷记“现金”、“银行存款”科目;如应交数小于预交数,表示多交的个人所得税,按规定给予退税时,借记“现金”、“银行存款”科目,贷记本科目(应交个人所得税)。计算出由个体户代扣代交的从业人员个人所得税,借记“应付工资”科目,贷记本科目(代扣个人所得税);实际上交时,借记本科目(代扣个人所得税),贷记“现金”、“银行存款”科目。个体户对于不需要预计应交数的印花税、耕地占用税等项税金,不通过本科目核算。实际缴纳时,借记“营业费用”等科目,贷记“现金”、“银行存款”科目。本科目借方余额为多交的税款,贷方余额为应交的税款。

第 301 号科目　业主投资

本科目核算业主投入生产经营的资金。业主投入供生产经营中使用的货币资金、实物、无形资产等,借记“现金”、“银行存款”、“存货”、“固定资产”、“无形资产”科目,贷记本科目。业主借出生产经营资金,借记本科目,贷记“现金”、“银行存款”等科目;业主归还时,借记“现金”、“银行存款”等科目,贷记本科目。业主通过购买股票债券、与他人合资办企业等方式进行对外投资,应作为业主借出生产经营资金处理,在本科目核算。对外投资取得的收益,作为业主个人收入处理，不记入个体户账内。由个体户账内款项代为支付的业主个人或家庭支出，应视同业主提款，借记本科目，贷记“现金”、“银行存款”等科目。业主减少投资，按减资金额，借记本科目，贷记“现金”、“银行存款”等科目。本科目的年末余额为年末时业主投入生产经营的资金。

第 311 号科目　本年应税所得

本科目核算个体户本年生产经营活动的应纳税所得（或应弥补的亏损）。本科目应设置以下两个明细科目：本年经营所得和应弥补的亏损。年末，个体户应结转收入、成本和费用，计算确定本年经营所得。结转时，应将“营业收入”科目的余额转入本科目，借记“营业收入”科目，贷记本科目（本年经营所得）；将“营业成本”、“营业费用”、“营业税金”科目的余额转入本科目，借记本科目（本年经营所得），贷记“营业成本”、“营业费用”、“营业税金”科目；将“营业外收支”科目的余额转入本科目，“营业外收支”科目如为借方余额，借记本科目（本年经营所得），贷记“营业外收支”科目；如为贷方余额，借记“营业外收支”科目，贷记本科目（本年经营所得）。

计算出的本年经营所得，如按“计税办法”规定，个体户不存在需要税前弥补的以前年度亏损，本年经营所得即为本年应税所得，转入“留存利润”科目，借记本科目（本年经营所得），贷记“留存利润”科目；如按“计税办法”规定，可在税前弥补以前年度亏损的，应按弥补金额，借记本科目（本年经营所得），贷记本科目（应弥补的亏损——××年度）；本年经营所得减去弥补以前年度亏损后如有余额的，为本年应纳税所得，应转入“留存利润”科目，借记本科目（本年经营所得），贷记“留存利润”科目。计算出的本年经营亏损，应转入“应弥补的亏损”明细科目，借记本科目（应弥补的亏损——××年度），贷记本科目（本年经营所得）。按照“计税办法”规定，从发生亏损的下一年度起，超过 5 年弥补期限的以前年度亏损，不再以经营所得税前弥补，应将不能再以经营所得税前弥补的亏损余额从本科目中的“应弥补的亏损”明细科目转到“留存利润”科目，借记“留存利润”科目，贷记本科目（应弥补的亏损——××年度）。本科目年末如有余额，反映个体户至本年末尚可以用经营所得税前弥补的亏损。

第 312 号科目　留存利润

本科目核算个体户本年生产经营活动实现的利润和以前年度利润（或不能以经营所得弥补的亏损）的结存情况。个体户将计算出的本年应税所得，在按“计税办法”的规定弥补以前年度亏损后如有余额的，应转入本科目，借记“本年应税所得”科目，贷记本科目。年度终了，个体户根据“计税办法”的规定计算出当年应缴纳的个人所得税。借记本科目，贷记“应交税费——应交个人所得税”科目。将本年发生的税后列支费用转入本科目，借记本科目，贷记“税后列支费用”科目。将按照“计税办法”规定，超过弥补期限的以前年度亏损由“本年应税所得”科目转入本科目，借记本科目，贷记“本年应税所得——应弥补的亏损（××年度）”科目。本科目年末余额为个体户在年末时的留存利润（或不能以经营所得弥补的亏损）。

第 401 号科目　生产成本

本科目核算个体户在生产过程中发生的各项生产费用。本科目设置以下两个明细科目即：直接费用和间接费用。个体户发生的生产费用，应按成本核算对象和成本项目分别归集。属于原材料、燃料动力、直接生产现场从业人员工资（可税前列支部分）等可以直接归属于各成本核算对象的生产费用，直接计入有关产品或工程项目的成本，借记本科目（直接费用），贷记“现金”、“银行存款”、“存货”、“应付款项”、“应付工资”等科目。属于生产过程中使用的固定资产折旧、低值易耗品摊销等需要分配计入各成本核算对象的费用，发生时先记入间接费用明细科目，期末，再按一定的分配标准计入有关产品或工程项目的成本。间接费用发生时，借记本科目(间接费用)，贷记“待摊费用”、“累计折旧”等科目；期末，分配记入有关产成品或工程项目的成本，借记本科目(直接费用)，贷记本科目(间接费用)。已经完成并已验收入库的产品，按照实际成本，借记“存货”科目，贷记本科目。对于已经完成并交委托加工单位的工业性劳务(代制代修品)，应按其实际成本，借记“营业成本”科目，贷记本科目。从事施工业务的个体户，对于合同规定了结算方法的，应按合同规定的结算方法，相应确定各年度的已完工程成本；合同没有规定结算方法的，可以按照完工百分比法确定各年度的已完工程成本。结转已完工程成本，借记“营业成本”科目，贷记本科目。本科目的期末余额为尚未完工的各项在产品或未完工程项目的实际成本。本科目按照成本核算对象设置明细账，并按成本项目进行明细核算。

第 501 号科目　营业收入

本科目核算个体户直接从事各种生产经营活动所取得的各项收入，包括存货销售和提供劳务取得的收入、财产出租或转让收入和其他业务收入。个体户销售商品等存货，应于所售存货的所有权自卖方转给了买方、收取了货款或取得了收取货款的凭据时，确认营业收入。个体户对外提供劳务，对于合同已经规定了结算方法的，应按合同规定的结算方法确定营业收入；对于合同没有规定结算方法的，可以按照完工百分比法确定营业收入。个体户出租或转让财产，应按合同规定的收款日期和金额确定营业收入。个体户确认营业收入时，应分别下列情况确定记账金额：

(1)不需要缴纳增值税的，应按实际价款，借记“现金”、“银行存款”、“应收款项”科目，贷记本科目。

(2)需要缴纳增值税的，应按不含增值税的售价和增值税额的合计数，借记“现金”、“银行存款”、“应收款项”科目，按照不含税的售价贷记本科目，按照增值税额贷记“应交税费”科目。

本年发生的销售退回，不论是属于本年度还是以前年度的，都应冲减本年的营业收入，借记本科目，贷记“银行存款”等科目。年末应将本科目的余额转入“本年应税所得”科目，结转后本科目应无余额。

第 502 号科目　营业成本

本科目核算个体户本期已销售产品、商品或劳务的实际成本。期末，应根据本期销售的各种存货、劳务等的实际成本结转营业成本，借记本科目，贷记“存货”、“生产成本”等科目。已售出的存货发生销售退回时，可以直接从退回当期的销售数量中减去，也可以单独计算本期销售退回的存货成本，借记“存货”科目，贷记本科目。个体户原则上应采用加权平均法确定销售存货的实际成本。年末应将本科目的余额转入“本年应税所得”科目，结转后本科目应无余额。

第 503 号科目　营业税金

本科目核算个体户生产经营活动应缴纳的营业税、消费税、资源税、城市维护建设税等项税金及教育费附加。个体户计算出应缴纳的各项营业税金及附加，借记本科目，贷记“应交税金”科目。年末应将本科目的余额转入“本年应税所得”科目，结转后本科目应无余额。

第 504 号科目　营业费用

本科目核算个体户在生产经营活动中发生的可以在税前列支的管理费用、销售费用、财务费用以及其他营业费用。从事商品流通业的个体户还应包括进货费用。个体户发生的不能在税前列支的各项费用或虽然可以列支但超过了主管税务机关核定标准的部分，应在“税后列支费用”科目核算。管理费用包括个体户为组织和管理生产经营活动而发生的各项费用，如摊销的开办费、保险费、咨询费、技术开发费、科研设备购置费、差旅费、上交的各项规费、审计费、诉讼费、业务招待费、无形资产摊销、低值易耗品摊销、坏账损失、房产税、车船使用税、印花税、技术转让费、流动资产的盘亏净损失等。销售费用包括个体户为销售商品、提供劳务等而发生的各项费用，如运输费、委托代销手续费、包装费、展览费、广告费以及销售服务费用等。财务费用包括利息支出(减利息收入)、汇兑损失(减汇兑收益)以及金融机构手续费等。个体户发生的借款利息支出超过按中国人民银行规定的同类、同期贷款利率计算的数额部分，应直接记入“税后列支费用”科目，不作为财务费用。对于与自行建造固定资产有关的交付使用前发生的利息支出，应计入固定资产价值，借记“在建工程”科目，贷记“应付款项”科目。商品流通业个体户的进货费用包括其在进货过程中发生的应由其负担的运输费、包装费、保险费、途中的合理损耗及入库前的整理费用等。个体户发生的各项营业费用，借记本科目，贷记“现金”、“银行存款”、“应付工资”、“存货”等科目。年末应将本科目的余额转入“本年应税所得”科目，结转后本科目应无余额。

第 511 号科目　营业外收支

本科目核算个体户取得的各项营业外收入以及可以税前列支的各项营业外支出，如固定资产盘盈、处理固定资产净收益、罚款收入、确实无法支付的应付款项、固定资产盘亏、报废的净损失、自然灾害或意外事故的净损失、“计税办法”规定的可以税前列支的捐赠支出、赔偿款、以前年度损益调整等。个体户取得各项营业外收入，借记“现金”、“银行存款”、“应收款项”、“存货”、“固定资产”、“固定资产清理”、“应付款项”等科目，贷记本科目；发生各项营业外支出，借记本科目，贷记“现金”、“银行存款”、“待处理财产损失”、“固定资产清理”等科目。个体户在年终结账后发现的涉及以前年度的会计错误，应在本年度账户中进行调整。其中，如为以前年度少计收益、多计费用的，借记有关科目，贷记本科目(以前年度损益调整)，需要补交流转税的，还应同时按应补交的流转税金额，贷记“应交税费”科目；如为以前年度多计收益、少计费用的，借记本科目(以前年度损益调整)，贷记有关科目。如果主管税务机关要求个体户立即补交以前年度损益调整事项的个人所得税，应视同本年预交个人所得税，按补交金额，借记“应交税费——应交个人所得税”科目，贷记“现金”、“银行存款”科目。已补交的个人所得税金额应在年终汇算清交时一并调整。年末本科目的余额应转入“本年应税所得”科目，结转后本科目应无余额。

第 521 号科目　税后列支费用

本科目核算个体户生产经营活动中已经发生但“计税办法”不允许在税前列支的各项费用支出，或“计税办法”允许税前列支但超过了主管税务机关允许列支标准的费用支出。业主个人发生的与生产经营活动无关的各项支出，不应记入个体户账内；用个体户账内款项为业主个人或其家庭代为支付的款项，应视同业主提款，通过“业主投资”科目核算。个体户生产经营活动中发生的，按照“计税办法”规定不能税前列支的各项费用支出，如支付各种税收的滞纳金、罚金、罚款、各种赞助支出、被没收的财物等，于实际发生时，借记本科目，贷记“现金”、“银行存款”、“存货”、“应付款项”等科目。超过主管税务机关核定标准的从业人员工资，应于期末分配工资费用时记入本科目，借记本科目，贷记“应付工资”科目。个体户生产经营活动中发生的，在发生时并不能确定是否可以税前列支的费用支出，如业务招待费、捐赠支出等，应于发生时分别记入“营业费用”、“营业外收支”等科目。年度终了时，按照主管税务机关核定的准于税前列支的金额与个体户已记入账内的费用支出金额间的差额，借记本科目，贷记“营业费用”、“营业外收支”等科目。年度终了时，如果主管税务机关允许按一定的标准扣除业主费用，应按允许扣除金额，借记“营业费用”科目，贷记本科目。年末应将本科目的余额转入“留存利润”科目，结转后本科目应无余额。

2. 个体工商户简易账会计科目(见表5－3)

表5－3　　个体工商户简易账会计科目

顺序号	编号	科目名称
1	01	现金及存款
2	02	应收款项
3	03	存货
4	06	长期资产
5	10	应付款项
6	11	应交税费
7	21	业主资金
8	22	本年应税所得
9	31	营业收入
10	32	营业费用

个体工商户简易账会计科目使用说明如下：

第01号科目　现金及存款

本科目核算个体户的库存现金以及个体户存入银行或其他金融机构的款项。个体户收到现金或存入款项时，借记本科目，贷记有关科目；支出现金或银行存款时，借记有关科目，贷记本科目。本科目的借方余额反映个体户的库存现金和存款余额。

第02号科目　应收款项

本科目核算个体户因从事生产经营活动而发生的应收和暂付其他单位或个人的款项。个体户向购货单位或接受劳务单位或个人预收的款项也应在本科目核算。个体户发生应收款项时，借记本科目，贷记“营业收入”等科目，如需缴纳增值税的，还应按收取的增值税贷记“应交税费”科目；收到款项时，借记“现金及存款”科目，贷记本科目。对于确实不能收回的应收款项，可按规定确认为坏账，借记“营业费用”科目，贷记本科目。已确认并转销的坏账以后又收回时，借记“现金及存款”科目，贷记“营业费用”科目。个体户预收款项时，借记“现金及存款”科目，贷记本科目；收入实现时，按应收款项总额借记本科目，贷记“营业收入”科目，如需缴纳增值税的，还应按收取的增值税贷记“应交税费”科目。应收款项总额与预收款项相抵后的差额为尚未收到的款项。本科目应按债务人设置明细账进行明细核算。

第03号科目　存货

本科目核算个体户各种库存存货的实际成本。存货包括个体户的各种材料、商品、产成品、半成品、低值易耗品以及用于设备维修、劳动保护、办公等方面的材料物品。外购存货的实际成本包括买价、运杂费、合理损耗及应计入存货成本的税金等。商品流通业个体户购入存货过程中发生的进货费用，应直接作为营业费用，不计入存货成本。个体户购入存货，借记本科目，贷记“现金及存款”、“应付款项”科目。业主投入的存货，应按确认的价值，借记本科目，贷记“业主资金”科目。个体户因出售存货而结转存货的实际成本，借记“营业费用”科目，贷记本科目。发出存货的实际成本，原则上应按加权平均法计算确定。个体户的各种存货应定期清查盘点，发现盘盈、盘亏、毁损的，应查明原因，核实处理。盘盈的存货，应借记本科目，贷记“营业费用”科目；盘亏或毁损的存货，报经主管税务机关批准后，借记“营业费用”科目，贷记本科目。

第 06 号科目　长期资产

本科目核算个体户在生产经营中使用的固定资产、无形资产等的净值。个体户拥有符合“计税办法”规定标准的固定资产，应设置“固定资产卡片”进行明细核算。增加固定资产，借记本科目，贷记“现金及存款”、“业主资金”等科目；计提固定资产折旧，借记“营业费用”科目，贷记本科目。因出售等原因减少固定资产，按照售价，借记“现金及存款”等科目，按照固定资产净值，贷记本科目，如售价大于净值，按两者的差额贷记“营业费用”科目；如售价小于净值，按两者的差额借记“营业费用”科目。个体户取得符合“计税办法”规定标准的无形资产，借记本科目，贷记“现金及存款”、“业主资金”等科目；按期摊销时，借记“营业费用”科目，贷记本科目。

第 10 号科目　应付款项

本科目核算个体户生产经营活动中借入和应付的款项。个体户借入款项时，借记“现金及存款”科目，贷记本科目；归还借款时，借记本科目，贷记“现金及存款”科目。按照中国人民银行规定的同类同期贷款利率计算的借款利息，借记“营业费用”科目，贷记本科目；实际支付时，借记本科目，贷记“现金及存款”科目。个体户发生应付款项，借记“存货”等科目，贷记本科目；支付款项时，借记本科目，贷记“现金及存款”科目。本科目应按债权人设置明细账进行明细核算。

第 11 号科目　应交税费

本科目核算个体户应缴纳的各项税费及附加，如增值税、营业税、消费税、城市维护建设税、资源税、房产税、车船使用税、土地使用税、固定资产投资方向调节税、个人所得税、教育费附加等。个体户代扣代交的从业人员个人所得税，也在本科目核算。个体户计算出上述个人所得税和增值税以外的各项应交税费和教育费附加，借记“营业费用”科目，贷记本科目；实际缴纳时，借记本科目，贷记“现金及存款”科目。作为增值税小规模纳税人的个体户，按照销售中实际收取的或应收取的款项，借记“现金及存款”、“应收款项”科目，按照应缴纳的增值税额，贷记本科目，按照不含税的销售收入金额，贷记“营业收入”科目；实际缴纳时，借记本科目，贷记“现金及存款”科目。如为增值税一般纳税人，参照《个体工商户会计制度》有关规定执行。根据税法规定，个体户的个人所得税按年计算，分月预交，年度终了后汇算清交。个体户按月预交个人所得税时，借记本科目，贷记“现金及存款”科目。年度终了，个体户按照“计税办法”的规定，计算出全年应交的个人所得税额，借记“业主资金”科目，贷记本科目。如应交数大于预交数，表示欠交的个人所得税，应于上交时借记本科目，贷记“现金及存款”科目；如应交数小于预交数，表示多交的个人所得税，按照规定给予退税时，借记“现金及存款”科目，贷记本科目。计算出由个体户代扣代交的从业人员个人所得税，借记“应付款项”等科目，贷记本科目；实际上交时，借记本科目，贷记“现金及存款”科目。个体户对于不需要预计应交数的印花税、耕地占用税等项税金，不通过本科目核算。实际缴纳时，借记“营业费用”科目，贷记“现金及存款”科目。本科目借方余额为多交的税款，贷方余额为欠交的税款。

第21号科目　业主资金

本科目核算业主投入生产经营活动的资金，以及本年生产经营活动实现的利润和以前年度利润（或不能以经营所得税前弥补的亏损）的结存情况。业主投入的供生产经营中使用的货币资金、实物等，借记“现金及存款”、“存货”、“长期资产”科目，贷记本科目。业主借出或减少生产经营资金，借记本科目，贷记“现金及存款”等科目；业主归还或增加资金，借记“现金及存款”等科目，贷记本科目。业主通过购买股票债券、与他人合资办企业等方式进行对外投资，应作为业主借出生产经营资金处理。对外投资取得的收益，作为业主个人收入处理，不记入个体户账内。本年发生的按“计税办法”规定不得在所得税前列支的费用，借记本科目，贷记“现金及存款”、“存货”等科目；年终经过主管税务机关核定不能在所得税前列支的费用，由“营业费用”科目转入本科目，借记本科目，贷记“营业费用”科目。从个体户账内代为支付的业主个人或其家庭支出，应视同业主提款，借记本科目，贷记“现金及存款”等科目。年度终了时，如果主管税务机关允许按照一定的标准扣除业主费用，应按允许扣除金额，借记“营业费用”科目，贷记本科目。个体户将计算出的本年应税所得，按照“计税办法”的规定弥补以前年度亏损后如有余额的，应转入本科目，借记“本年应税所得”科目，贷记本科目。年度终了，个体户应根据“计税办法”的规定计算出全年应交的个人所得税，借记本科目，贷记“应交税费”科目。将按照“计税办法”规定，超过弥补期限的以前年度亏损，由“本年应税所得”科目转入本科目，借记本科目，贷记“本年应税所得——应弥补的亏损（××年度）”科目。

第22号科目　本年应税所得

本科目核算个体户本年生产经营活动的应纳税所得。应由经营所得税前弥补的亏损，也通过本科目核算。本科目应设置以下两个明细科目：本年经营所得和应弥补的亏损。年末，个体户应结转营业收入和营业费用，计算确定本年经营所得。结转时，应将“营业收入”科目的余额转入本科目，借记“营业收入”科目，贷记本科目（本年经营所得）；将“营业费用”科目的余额转入本科目，借记本科目（本年经营所得），贷记“营业费用”科目。营业收入减营业费用的差额如为正数，即为本年经营所得；反之，为经营亏损。计算出的本年经营所得，一般为本年应税所得，应转入“业主资金”科目，借记本科目（本年经营所得），贷记“业主资金”科目，并按“计税办法”规定缴纳所得税；如按“计税办法”规定，可在税前弥补以前年度亏损的，应按弥补金额，借记本科目（本年经营所得），贷记本科目（应弥补的亏损——××年度）；本年经营所得减去弥补以前年度亏损后如有余额的，为本年应税所得，应转入“业主资金”科目，借记本科目（本年经营所得），贷记“业主资金”科目。计算出的本年经营亏损，应转入“应弥补的亏损”明细科目，借记本科目（应弥补的亏损——××年度），贷记本科目（本年经营所得）。按照“计税办法”规定，从发生亏损的下一年度起，超过5年弥补期限的以前年度亏损，不再以经营所得税前弥补，应将不能再以经营所得税前弥补的亏损余额从“应弥补的亏损”明细科目转到“业主资金”科目，借记“业主资金”科目，贷记本科目（应弥补的亏损——××年度）。本科目年末如有余额，反映个体户至本年末尚可用经营所得税前弥补的亏损。

第 31 号科目　营业收入

本科目核算个体户从事各种生产经营活动所取得的各项收入，包括存货销售和提供劳务取得的收入、财产出租或转让收入、资产盘盈、处理长期资产净收益、罚款收入及其他各项应税营业收入。个体户取得各项营业收入，借记“现金及存款”、“应收款项”等科目，贷记本科目，需要缴纳增值税的，还应按增值税额贷记“应交税费”科目。本年发生的销售退回，不论是属于本年还是以前年度的，都应冲减本年的营业收入，借记本科目，贷记“现金及存款”等科目。年末应将本科目的余额转入“本年应税所得”科目，结转后本科目应无余额。

第 32 号科目　营业费用

本科目核算个体户已销售存货、劳务或出售长期资产的实际成本，以及各项可以在所得税前列支的销售费用、管理费用、财务费用、税费等其他各项支出。期末，应根据本期销售的各种存货、劳务和长期资产等的实际成本结转营业成本，借记本科目，贷记“存货”、“长期资产”等科目。个体户原则上应采用加权平均法确定销售存货的实际成本。已售出的存货发生销售退回时，可以直接从退回当期的销售数量中减去，也可以单独计算本期销售退回的存货成本，借记“存货”科目，贷记本科目。个体户发生的不能在税前列支的各项费用或虽然可以列支但超过了主管税务机关核定标准的部分，应在“业主资金”科目核算，借记“业主资金”科目，贷记“现金及存款”等科目；但对于在发生时并不能确定是否可以税前列支的费用支出，如业务招待费、捐赠支出等，应于发生时记入本科目，借记本科目，贷记“现金及存款”等科目。年度终了时，按照主管税务机关核定的不得在所得税前列支的金额从本科目转入“业主资金”科目，借记“业主资金”科目，贷记本科目。个体户在年终结账后发现的涉及以前年度的会计错误，应在本年度账户中进行调整。其中，如为以前年度少计收益、多计费用的，借记有关科目，贷记本科目，需要补交流转税的，还应同时按应补交的流转税金额贷记“应交税费”科目；如为以前年度多计收益、少计费用的，借记本科目，贷记有关科目。如果主管税务机关要求个体户立即补交以前年度损益调整事项的个人所得税，应视同本年预交个人所得税，按补交金额，借记“应交税费”科目，贷记“现金及存款”科目。已补交的个人所得税金额应在年终汇算清交时一并调整。年末应将本科目的余额转入“本年应税所得”科目，结转后本科目应无余额。

二、代理个体工商户编制会计账簿

2007 年 1 月 1 日国家税务总局发布的《个体工商户建账管理暂行办法》开始施行。为了规范和加强个体工商户税收征收管理，促进个体工商户加强经济核算，该办法根据《中华人民共和国税收征收管理法》(简称《税收征管法》)及其实施细则和《国务院关于批转国家税务总局加强个体私营经济税收征管强化查账征收工作意见的通知》制定。

凡从事生产、经营并有固定生产、经营场所的个体工商户，都应当按照法律、行政法规和本办法的规定设置、使用和保管账簿及凭证，并根据合法、有效凭证记账核算。税务机关应同时采取有效措施，巩固已有建账成果，积极引导个体工商户建立健全账簿，正确进行核算，如实申报纳税。

(一)设置复式账的个体工商户

1. 符合下列情形之一的个体工商户应当采用复式账：

(1)注册资金在 20 万元以上的。

(2)销售增值税应税劳务的纳税人或营业税纳税人月销售(营业)额在 40 000 元以上;从事货物生产的增值税纳税人月销售额在 60 000 元以上;从事货物批发或零售的增值税纳税人月销售额在 80 000 元以上的。

(3)省级税务机关确定应设置复式账的其他情形。

2. 设置复式账的个体工商户应按《个体工商户会计制度(试行)》的规定设置总分类账、明细分类账、日记账等,进行财务会计核算,如实记载财务收支情况,成本、费用列支和其他财务核算规定按照《个体工商户个人所得税计税办法(试行)》执行。

(二)设置简易账的个体工商户

1. 符合下列情形之一的个体工商户应当设置简易账:

(1)注册资金在 10 万元以上 20 万元以下的。

(2)销售增值税应税劳务的纳税人或营业税纳税人月销售(营业)额在 15 000~40 000 元;从事货物生产的增值税纳税人月销售额在 30 000~60 000 元;从事货物批发或零售的增值税纳税人月销售额在 40 000~80 000 元的。

(3)省级税务机关确定应当设置简易账的其他情形。

上述所称纳税人月销售额或月营业额,是指个体工商户上一个纳税年度月平均销售额或营业额;新办的个体工商户为业户预估的当年度经营期月平均销售额或营业额。

2. 设置简易账的个体工商户应当设置经营收入账、经营费用账、商品(材料)购进账、库存商品(材料)盘点表和利润表,以收支方式记录、反映生产、经营情况并进行简易会计核算。

(三)代理个体工商户编制会计账簿的要求

1. 达到建账标准的个体工商户,应当根据自身生产、经营情况和本办法规定的设置账簿条件,对照选择设置复式账或简易账,并报主管税务机关备案。账簿方式一经确定,在一个纳税年度内不得进行变更。达到建账标准的个体工商户,应当自领取营业执照或者发生纳税义务之日起 15 日内,按照法律、行政法规和本办法的有关规定设置账簿并办理账务,不得伪造、变造或者擅自损毁账簿、记账凭证、完税凭证和其他有关资料。

2. 复式账簿中现金日记账、银行存款日记账和总分类账必须使用订本式,其他账簿可以根据业务的实际发生情况选用活页账簿。简易账簿均应采用订本式。

3. 账簿和凭证应当按照发生的时间顺序填写、装订或者粘贴。

4. 建账户对各种账簿、记账凭证、报表、完税凭证和其他有关涉税资料应当保存 10 年。

5. 设置复式账的个体工商户在办理纳税申报时,应当按照规定向当地主管税务机关报送财务会计报表和有关纳税资料。月度会计报表应当于月份终了后 10 日内报出,年度会计报表应当在年度终了后 30 日内报出。

6. 个体工商户可以聘请经批准从事会计代理记账业务的专业机构或者具备资质的财会人员代为建账和办理账务。

7. 按照税务机关规定的要求使用税控收款机的个体工商户,其税控收款机输出的完整的书面记录可以视同经营收入账。

8. 税务机关对建账户采用查账征收方式征收税款。建账初期,也可以采用查账征收与定期定额征收相结合的方式征收税款。

9. 按照建账户流转税征收权的归属划分建账管辖权,即以缴纳增值税、消费税为主的个体工商户，由国家税务局负责督促建账和管理；以缴纳营业税为主的个体工商户，由地方税务局负责督促建账和管理。

10. 达不到上述建账标准的个体工商户，经县以上税务机关批准，可按照税收征管法的规定，建立收支凭证粘贴簿、进货销货登记簿或者使用税控装置。

三、代理个体工商户编制会计报表

(一)个体工商户复式账编制会计报表

1. 资产负债表

本表反映个体工商户在年末从事生产经营活动的资产、负债和业主权益的情况。资产总额等于负债及业主权益总额。本表各项目的内容及填列方法如下：

(1)“现金”项目，反映个体户库存现金的年末余额，应根据“现金”科目的年末余额填列。

(2)“银行存款”项目，反映个体户各种银行存款的年末余额，应根据“银行存款”科目的年末余额填列。

(3)“应收款项”项目，反映个体户本年末止各种应收未收的款项金额，应根据“应收款项”科目的年末余额填列。个体户如有预收款项的，则作为应收款项的减少数。如“应收款项”科目年末为贷方余额，本项目数字以“－”号表示。

(4)“存货”项目，反映个体户生产经营中使用的各种存货的年末余额，应根据“存货”科目的年末余额填列。

(5)“待摊费用”项目，反映个体户待摊费用的年末摊余价值，应根据“待摊费用”科目的年末余额填列。

(6)“待处理财产损失”项目，反映个体户发生的存货盘亏、毁损损失及固定资产盘亏损失在本年末尚未处理的余额，应根据“待处理财产损失”科目的年末余额填列。

(7)“固定资产原价”项目，反映个体户生产经营中使用的固定资产原价的年末余额，应根据“固定资产”科目的年末余额填列。

(8)“累计折旧”项目，反映个体户按“计税办法”规定，提取的固定资产折旧的年末余额，应根据“累计折旧”科目的年末余额填列。

(9)“固定资产净值”项目，反映个体户生产经营中使用的固定资产的年末净值，应根据“固定资产原价”项目金额减去“累计折旧”项目金额后的差额填列。

(10)“固定资产清理”项目，反映个体户因出售、报废、毁损等原因转入清理但尚未清理完毕的固定资产，应根据“固定资产清理”科目的年末余额填列。如为贷方余额，本项目数字以“－”号表示。

(11)“在建工程”项目，反映个体户年末尚未完工的自建固定资产的实际成本，应根据“在建工程”科目的年末余额填列。

(12)“无形资产”项目，反映个体户生产经营中使用的无形资产的年末摊余价值，应根据“无形资产”科目的年末余额填列。

(13)“借入款项”项目，反映个体户借入的各种款项，应根据“借入款项”科目的年末余额填列。

(14)“应付款项”项目，反映个体户本年末止应付未付的款项，应根据“应付款项”科目的年末余额填列。个体户如有预付款项的,则作为应付款项的减少数。“应付款项”科目年末如为借方余额,本项目数字以“—”号表示。

(15)“应付工资”项目,反映个体户本年末止应付未付的从业人员工资,应根据“应付工资”科目的年末余额填列。

(16)“应交税费”项目,反映个体户年末应交未交的各项税金及教育费附加,应根据“应交税费”科目的年末余额填列。“应交税费”科目年末如为借方余额,本项目数字以“—”号表示。

(17)“业主投资”项目,反映业主实际投入的供生产经营活动中使用的资金的年末余额。本项目应根据“业主投资”科目的年末贷方余额填列。年末,“业主投资”科目如为借方余额,表明业主抽调出的资金大于其投入的资金,本项目数字以“—”号表示。

(18)“应弥补的亏损”项目,反映个体户至年末可由以后年度经营所得税前弥补的累计经营亏损。如本年“应税所得表”中“本年应税所得”项目为负数,本项目应根据该项目数字填列;如“本年应税所得”项目为正数(或零),本项目应空置不填。

(19)“留存收益”项目,反映个体户在年末时的留存利润(或不能由经营所得弥补的亏损)。应与“留存利润表”中“年末留存利润”项目的数字相等。如为亏损,本项目数字以“—”号表示(见表5—4)。

表5—4　　资产负债表

编制单位:×××　　××××年××月××日　　单位:元

资　产	金　额	负责及业主权益	金　额
资产:		负债:	
现金		借入款项	
银行存款		应付款项	
应收款项		应付工资	
存货		应交税费	
待摊费用		负债合计	
待处理财产损失			
固定资产原价			
减:累计折旧		业主权益:	
固定资产净值		业主投资	
固定资产清理		减:应弥补的亏损	
在建工程		留存收益	
无形资产		业主权益合计	
资产总计		负债及业主权益合计	

2. 应税所得表

本表反映个体户在本年内从事生产经营活动实现的应税所得(或经营亏损)。本表各项目的内容及其填列方法如下:

(1)“营业收入”项目,反映个体户直接从事生产经营活动所取得的各项收入,如存货销售收入、劳务收入等。本项目应根据“营业收入”科目中转入“本年应税所得”科目的数字填列。

(2)“营业税金及附加”项目,反映个体户发生的应由本年营业收入负担的各项税费。应根据“营业税金”科目中转入“本年应税所得”科目的数字填列。

(3)“营业成本”项目,反映个体户本年已销售存货或劳务等的实际成本。本项目应根据“营业成本”科目中转入“本年应税所得”科目的数字填列。

(4)“营业费用”项目,反映个体户在生产经营过程中发生的各项销售、管理、财务、进货等项费用。本项目应根据“营业费用”科目中转入“本年应税所得”科目的数字填列。

(5)“营业外收支”项目,反映个体户取得的除直接经营活动收入以外的各项营业外收入和可以税前列支的各项营业外支出。本项目应根据“营业外收支”科目期末余额填列,如为贷方余额,本项目数字以本项目数字“－”号表示。

(6)“本年经营所得”项目,反映个体户本年实现的经营所得,如为经营亏损,以“－”号表示。

(7)“应弥补的以前年度亏损”项目,反映个体户按照“计税办法”的规定,可以用本年经营所得弥补的以前年度亏损的数额。本项目应根据“本年应税所得——应弥补的亏损”明细科目中的借方余额分析填列。

(8)“本年应税所得(如为亏损以‘－’号表示)”项目,反映个体户本年度据以计算个人所得税的应纳税所得额或应由以后年度经营所得税前弥补的亏损金额(见表5—5)。

表5—5　　**应税所得表**

编制单位:××××　　××××年　　单位:元

项　目	行　次	金　额
营业收入		
减:营业税金及附加		
营业成本		
营业费用		
营业外收支(净收益以“－”号表示)		
本年经营所得(如为经营亏损以“－”号表示)		
减:应弥补的以前年度亏损		
本年应税所得(如为亏损以“－”号表示)		

3. 留存利润表

本表反映个体户利润(或亏损)的实现情况及年末留存利润的结存情况。本表各项目的填列方法如下:

(1)“本年应税所得”项目,反映个体户本年度据以计算个人所得税的应纳税所得额。本年“应税所得表”中“本年应税所得(如为亏损以‘－’号表示)”项目如为正数(或零),本项目数字应与其一致;如为负数,本项目应空置不填。

(2)“个人所得税”项目,反映个体户按照“计税办法”规定计算确定的本年应缴纳的个人所得税。如本年应税所得为正数,本项目的数字＝本年应税所得×税率;如本年应纳税所得为负数，所得税为零。

(3)“税后列支费用”项目，反映个体户在生产经营活动中发生的，按照“计税办法”的规定不允许在税前列支的各项费用支出，或者“计税办法”规定允许税前列支但超过了主管税务机关允许列支标准的费用支出。本项目应根据“税后列支费用”科目中转入“留存利润”科目的数字填列。

(4)“年初留存利润”项目，反映个体户至上年末的留存利润，如为亏损，本项目数字以“－”号表示。本项目数字应与上年本表“年末留存利润”项目的数字一致。

(5)“转入逾期亏损”项目，反映个体户按“计税办法”规定，将至本年末止、弥补期已经超过5年、不能再用以后年度经营所得税前弥补的以前年度亏损转入“留存利润”的数额。本项目应根据“留存利润”科目中有关数字分析填列。

(6)“年末留存利润”项目，反映个体户至本年末的留存利润。如为亏损，本项目的数字以“－”号表示(见表5－6)。

表5－6　　　　留存收益表

编制单位：××××　　　　××××年　　　　单位：元

项　目	行　次	金　额
本年应税所得 减：个人所得税 　　税后列支费用 　　转入逾期亏损 加：年初留存利润		
年末留存利润		

(二)个体工商户简易账编制会计报表(见表5－7)

表5－7　　　　应税所得表

编制单位：××××　　　　××××年　　　　单位：元

项　目	行　次	金　额
营业收入		
减：营业费用		
本年经营所得(如为经营亏损以“－”号表示)		
减：应弥补的以前年度亏损		
本年应税所得(如为亏损以“－”号表示)		
补充资料：1. 年末资产合计________元；		
年末负债合计________元；		
年末业主权益合计________元；		
2. 本年应交所得税(本年应税所得×税率)________元；		
累计欠交所得税________元。		

个体工商户简易账会计报表编制说明如下：

本表反映个体户在本年内生产经营活动实现的应纳税所得(或经营亏损)。本表各项目的内容及其填列方法如下：

(1)“营业收入”项目，反映个体户从事生产经营活动所取得的各项收入，如存货销售收入、劳务收入等。本项目应根据“营业收入”科目中转入“本年应税所得”科目的金额填列。

(2)“营业费用”项目，反映个体户本年已销售产品、商品、劳务、长期资产等的实际成本，以及可以在所得税前列支的销售费用、管理费用、财务费用、税金等其他各项支出。本项目应根据“营业费用”科目中转入“本年应税所得”科目的金额填列。

(3)“本年经营所得”项目，反映个体户本年实现的经营所得，如为经营亏损以“－”号表示。

(4)“应弥补的以前年度亏损”项目，反映个体户按照“计税办法”的规定，可以用本年经营所得弥补的以前年度亏损的数额。本项目应根据“本年应税所得——应弥补的亏损”明细科目中借方余额分析填列。

(5)“本年应税所得(如为亏损以‘－’号表示)”项目，反映个体户本年度据以计算个人所得税的应纳税所得额或应由以后年度经营所得税前弥补的亏损金额。如为负数，表示亏损，不需要缴纳所得税。

(6)“年末资产合计”项目，反映个体户在年末时拥有资产的账面净值的合计数。本项目应根据“现金及存款”、“应收款项”、“存货”和“长期资产”等资产类科目的年末余额的合计数填列。

(7)“年末负债合计”项目，反映个体户在年末时的负债的合计数。本项目应根据“应付款项”和“应交税费”等负债类科目的年末余额的合计数填列。

(8)“年末业主权益合计”项目，反映个体户在年末时业主权益的金额，应根据“业主资金”、“本年应税所得”等权益类科目的年末余额的合计数填列。本项目的数字＝“年末资产合计”－“年末负债合计”。

(9)“本年应交所得税”项目，反映个体户按照“计税办法”规定，计算确定的个体户本年应缴纳的所得税，本项目的数字＝本年应税所得×税率。本年应税所得如为负数，本项目空置不填。

(10)“累计欠交所得税”项目，反映个体户至本年末累计欠交的所得税。本项目应根据“应交税费”科目中有关明细科目的贷方余额分析填列。

本章回顾

1. 代理建账建制的具体范围是：有固定经营场所的个体、私营经济业户；名为国有或集体实为个体、私营经济业户；个人租赁、承包经营企业。

2. 个体工商户注册资金在20万元以上的或者销售增值税应税劳务的纳税人或营业税纳税人月销售(营业)额在40 000元以上；从事货物生产的增值税纳税人月销售额在60 000元以上；从事货物批发或零售的增值税纳税人月销售额在80 000元以上的，应当采用复式账。

3. 代理建账建制的基本内容包括代理个体工商户建账建制会计制度和代理个体工商户建账建制财务制度。其中代理个体工商户建账建制会计制度包括代建个体工商户复式账会计制度和代建个体工商户简易账会计制度。代理个体工商户建账建制财务制度主要包括收入确认的原则,成本列支的范围,费用列支的范围,损失的列支范围以及在营业外支出科目中核算的赔偿金、违约金、公益救济性捐赠等。

4. 注册税务师代制会计凭证主要是在审核原始凭证的基础上代制记账凭证;注册税务师应根据纳税单位原始凭证的多寡和繁简情况,按月或旬到户代制记账凭证;注册税务师根据记账凭证所确定的会计分录,分别在日记账和分类账的有关账户中进行登记;注册税务师将上述账簿登记编制完毕,还要进行对账工作,进行账证核对、账账核对和账实核对,在会计期末即月份、季度和年度终了时进行结账,以确定本期收入成本、费用和应税所得,同时也为编制会计报表准备数据。

复习思考题

1. 代理建账建制的适用范围与基本要求有哪些?
2. 代理建账建制的基本内容是什么?
3. 简述代理记账操作的规范。
4. 简述涉税会计账务代理的基本内容。

知识巩固与拓展训练

一、单项选择题

1. 税务机关对个体工商户税款征收的基本方法是(　　)。

A. 代扣代缴　B. 定期定额　C. 查定征收　D. 查账征收

2. 建立复式账的个体工商业户,成本费用的列支标准要依照(　　)规定执行。

A. 个人所得税法　B. 企业所得税法

C. 个体工商户个人所得税计税办法(试行)　D. 个体工商户会计制度

3. 个体工商户用于家庭和个人的支出应该在(　　)列支。

A. 管理费用　B. 生产成本　C. 营业外支出　D. 税后

4. 建立个体工商户财务制度,关于应税所得与会计所得,以下说法中正确的是(　　)。

A. 以核算应税所得为核心　B. 以核算会计所得为核心

C. 以核算会计财务为核心　D. 要在核算会计所得的基础上进行调整

5. 个体工商户留存利润表中,列入的税金为(　　)。

A. 增值税　B. 营业税　C. 个人所得税　D. 所得税

6. 个体工商户的各种账簿、报表、表格必须保存(　　)年以上 。

A. 10　B. 8　C. 5　D. 3

7. 关于个体工商户的所得税,应单独填报《个体工商户所得税年度申请表》,依据应税所得表按月填报并附送有关财务报表,在年度终了后(　　)内汇算清缴,实行多退少补。

A. 1 个月　B. 2 个月　C. 3 个月　D. 半年

8. 个体工商户的所得税,应依据应税所得表填报《个体工商户所得税年度申报表》并附有关财务报表,在年度终了后(　　)内汇算清缴。

A. 30 日　　B. 45 日　　C. 2 个月　　D. 3 个月

9. 根据个体工商户财务制度规定，下列费用不能计入成本核算中的有（　　）。

A. 运输费　　B. 包装费　　C. 差旅费　　D. 销售费用

10. 根据个体工商户财务制度规定，下列支出中允许在个体工商户税前列支的有（　　）。

A. 对外投资的支出　　B. 分配给投资人的股利

C. 实际发生的折旧费　　D. 用于个人和家庭的支出

11. 个体工商户的各种账簿、凭证、表格按规定必须保存（　　）年以上，销毁时必须经主管税务机关审验和批准。

A. 5　　B. 10　　C. 8　　D. 20

12. 下列各项中，对于设置复式账的个体工商户来说，不需要编报的会计报表有（　　）。

A. 现金流量表　　B. 资产负债表　　C. 应税所得表　　D. 留存利润表

13. 建立个体工商户财务制度的中心点是正确核算（　　）。

A. 营业收入　　B. 应纳税额　　C. 应纳税所得额　　D. 经营利润

14. 税务代理人可代编会计账簿，下列不属于明细分类账可选用格式的是（　　）。

A. 三栏式　　B. 数量式　　C. 借贷式　　D. 多栏式

15. 税务代理人代编会计账簿、现金日记账和银行存款日记账，应由（　　）登记。

A. 纳税单位的会计人员　　B. 纳税单位的出纳人员

C. 税务代理人　　D. 纳税单位的财务人员

二、多项选择题

1. 注册税务师代理记账的基本内容包括（　　）。

A. 代制原始凭证　　B. 代制会计凭证

C. 代理编制会计科目　　D. 代理编制会计报表

2. 按个体工商户财务制度规定，下列支出中属于损失列支范围的有（　　）。

A. 低值易耗品　　B. 固定资产盘亏

C. 自然灾害造成的损失　　D. 意外事故损失

3. 下列各项中，不得税前从成本费用中扣除的支出有（　　）。

A. 缴纳的个人所得税　　B. 用于个人和家庭的支出

C. 各种赞助支出　　D. 对外投资的支出

4. 下列个体工商户中，应设立复式账的有（　　）。

A. 请帮工在 5 人（含 5 人）以上

B. 月销售收入 25 000 元

C. 从事应税劳务月营业额 15 000 元以上

D. 2 人以上合伙经营且注册资金达到 10 万元以上

5. 根据规定，个体、私营业户可自行建账，也可以聘请社会中介机构代理建账，具体范围包括（　　）。

A. 有固定生产经营场所的个体、私营经济业户

B. 名为国有或集体实为个体、私营经济业户

C. 个体租赁、承包经营企业

D. 经营规模小、确无建账能力的业户

6. 个体工商户的简易账应建立(　　)。

A. 经营收入账　B. 经营费用账　C. 缴纳税款账　D. 利润表

7. 对账工作包括(　　)。

A. 账实核对　B. 账账核对　C. 账证核对　D. 证证核对

8. 建账建制的个体工商户应该编制(　　)。

A. 资产负债表　B. 利润表　C. 利润分配表　D. 应税所得表

E. 留存利润表

9. 个体工商户的(　　)可以从成本费用中列支。

A. 运输费　B. 借款利息　C. 个人所得税　D. 对外投资的支出

E. 分配给投资者的股利

10. 对原始凭证的审核应该从(　　)几个方面进行。

A. 真实性　B. 合法性　C. 完整性　D. 一贯性

E. 时效性

11. 明细账的格式可以采用(　　)的格式。

A. 三栏式　B. 数量金额式　C. 多栏式　D. 余额式

E. 定本式

三、判断题

1. 个体户生产经营中发生的外币债权或债务等外币业务,应将有关外币金额折合为人民币金额记账,并登记外币金额和折合汇率。(　　)

2. 生产经营活动领用的低值易耗品只能采用一次摊销方法进行核算。(　　)

3. 租入固定资产时按租赁协议或者合同确定的租赁费加运输费、保险费、安装调试费等,借记“固定资产”;按租赁费,贷记“应付款项”科目;按支付的运输等费用,贷记“银行存款”等科目。(　　)

4. 出售、报废和毁损的固定资产转入清理时,按减少的固定资产净值,借记“固定资产清理”;按已提折旧,借记“累计折旧”科目;按固定资产原价,贷记“固定资产”科目。(　　)

5. 固定资产清理后的净收益,借记“固定资产清理”,贷记“营业外收支”科目;固定资产清理后的净损失,经主管税务机关审核批准后,借记“营业外收支”科目,贷记“固定资产清理”。(　　)

四、综合分析题

某皮鞋加工厂是个体经营企业,属于小规模纳税人,委托某税务师事务所代理记账,2010全年经济业务发生情况如下:

1. 2010 年年初会计科目余额见下表:

单位:元

科目名称	借方余额	科目名称	贷方余额
现金	150	借入款项	75 000
银行存款	62 500	应付账款	12 500
应收款项	17 500	应付工资	1 650
存货	22 500	应交税费	3 000
(材料 10 000,产成品 12 500)业主投资	60 000	待摊费用	2 500
留存利润	8 000	固定资产	75 000
减:累计折旧	30 000	无形资产	10 000
合　计	160 150	合　计	160 150

2. 2010 年经济业务资料:

(1)购入皮革一批,价款 5 000 元,用银行存款支付,材料已验收入库;

(2)销售皮鞋产品价税合计 17 550 元,款已收到并存入银行账户,该批产品的实际成本为 10 000 元;

(3)购入工程物资(建厂房用)价款 7 500 元,已用银行存款支付;

(4)基建工程应付甲工程队工程款 10 000 元,现已完工交付使用并办理了竣工手续,固定资产价值 17 500 元;

(5)车间一台机床报废,原值 10 000 元,已计提折旧 9 000 元,清理费用 250 元,残值收入 400 元,已用银行存款提支,该项固定资产清理完毕;

(6)提取现金 2 500 元,支付上年应付工资 1 650 元;

(7)本期生产车间领用原材料 7 500 元;

(8)计提本期工资、奖金、津贴合计 2 500 元,其中:应在税后列支 500 元,从业人员黄某应缴个人所得税 25 元,予以代扣;

(9)收到存款利息 250 元,存入银行;

(10)以现金支付差旅费、业务招待费等 500 元;

(11)以银行存款支付保险费 1 000 元;

(12)计提固定资产折旧 9 000 元;

(13)摊销无形资产 1 000 元;

(14)计算并结转本期完工产品成本、产品全部入库 18 500 元;

(15)计算本期应缴增值税、城市维护建设税、教育费附加;

(16)计算本期应税所得;

(17)计算个人所得税;

(18)以银行存款缴纳年初欠缴增值税 3 000 元和代扣的个人所得税 25 元;

(19)将税后列支费用 500 元转入"留存利润"科目。

根据上述资料:

(1)开设复式账户按年初余额登记年初数;

(2)编制 19 笔业务的会计分录,记入"T"形账户;

(3)编制 2010 年度"资产负债表"、"应税所得表"和"留存利润表"。

3. 某从事餐饮服务的个体工商户，委托永信税务师事务所代理记账和代办纳税申报，2011年度个人所得税纳税资料如下(金额单位:人民币元):

营业收入	786 300
营业成本	253 700
营业费用	220 600
营业税金	29 375
营业外收入	33 260
营业外支出	147 200

应税所得调整资料如下:

(1)营业费用中列支招待费83 200元;

(2)财务费用中超标准列支3 000元;

(3)营业外支出中包括被没收的非法所得所支付的罚款5 000元，赞助支出15 000元，个体业主提款27 000元用于个人和家庭开支;

(4)税务机关检查上年度纳税情况，于2011年6月查补营业税10 615元，所得税4 327元(按营业收入附征率3.2%计算)，滞纳金7 324.46元，罚款15 000元。

原账务处理为:

借:应交税费	10 615	
贷:银行存款		10 615
借:应交税费——应交个人所得税	4 327	
贷:银行存款		4 327
借:营业外支出	22 324.76	
贷:银行存款		22 324.76

(5)本年预缴税款83 245元。

要求:计算该个体户应纳的个人所得税税额，并进行应税所得额和会计处理的调整。

第六章 纳税申报的代理

第一节 纳税申报代理概述

纳税申报是纳税人发生纳税义务后或扣缴义务人代扣代缴税款后，按照税法或税务机关规定的期限和内容，就有关纳税事项向税务机关提交书面报告的制度。纳税申报是纳税人履行纳税义务或扣缴义务人履行代扣代缴义务向税务机关办理的纳税手续，也是基层税务机关办理征收业务、核实应征税款、开具纳税凭证的一项必要制度，在税收征管体系中占有重要地位。

纳税人和扣缴义务人可以委托税务代理人办理纳税申报。代理纳税申报是税务代理行业的一项普遍业务。

一、纳税申报的对象

在税收征管过程中，需要办理纳税申报的对象主要有两大类：纳税人和扣缴义务人。

(一)纳税人

纳税人包括从事生产、经营的纳税人和从事临时经营业务的纳税人。纳税人应在发生纳税义务后，在税法规定或税务机关核定的纳税期限内，向主管税务机关或经营地税务机关办理纳税申报。根据《中华人民共和国税收征收管理法》(简称《税收征管法》)及其实施细则的规定，纳税人从办理税务登记之日起，不论有无经营收入，都应在规定的申报期限内办理纳税申报，并附送有关资料。享受减免税优惠的纳税人，在减免税期限内也应当按规定进行纳税申报。

(二)扣缴义务人

根据税法规定，负有代扣代缴、代收代缴税款义务的单位和个人，需要按税法规定或税务机关确定的期限报送代扣代缴、代收代缴税款报告表以及相关资料，办理扣缴税款手续。

二、纳税申报的内容

纳税申报的内容主要体现在各税种的纳税申报表和代扣代缴、代收代缴税款报告表中，还有的体现在随纳税申报表附报的财务报表和有关纳税资料中。纳税人和扣缴义务人在发生纳税义务和代扣代缴、代收代缴义务后，应在其申报期限内，按照填写纳税申报的要求逐项如实填写纳税申报表，并附按照法律、法规规定编制的财务报表和税务机关要求提供的有关纳税资料，做好纳税申报工作。

我国《税收征管法》及其实施细则，对纳税申报的内容都做了明确的规定：

1. 纳税人、扣缴义务人的纳税申报或者代扣代缴、代收代缴税款报告的主要内容包括：税种、税目、应纳税项目或者应代扣、代收税项目，适用税率或者单位税额，计税依据，扣除项目及标准，应纳税额或者应代扣、代收税额，税款所属期限等。

2. 纳税人在办理纳税申报时，应当如实填写纳税申报表，并根据不同情况相应报送下列有关资料：

(1)财务、会计报表及其说明材料；

(2)与纳税有关的经济合同、协议书；

(3)外出经营活动税收管理证明；

(4)境内、外公证机构出具的有关证明文件；

(5)税务机关应当报送的其他有关证件、资料。

其中，财务会计报表是指根据账簿记录及其他有关反映生产、经营情况的资料，按照规定的指标体系、格式和序列编制的，用以反映企业、事业或其他经济组织在一定时期内经济活动的情况或预算执行情况结果的报告文件。财务会计报表应是定期编制的，包括月度报表、季度报表和年度报表。其中，跨度时间较长的季度、年度报表，要求附有简要文字说明的财务情况说明书，用以说明：固定资金、流动资金和专用资金的变动情况，产品成品的升降情况，税金、利润的上缴情况，以及加强财务管理、提高资金的使用效率、降低产品成本、增加利润的主要措施和其他有关财务会计方面需要说明的问题。

“财务会计报表”的报送时间是：月报应于月份终了后 6 日内报送主管税务机关；年度会计报表应于年度终了后 35 天内报送主管税务机关。

由于纳税申报表只反映与所纳税种计算税额有直接联系的项目及内容，财务会计报表也只能反映纳税人一定时期内的生产、经营概况，因此就需要报送上述列举的其他与纳税有关的资料，了解纳税具体环节，或临时性变化的数据，以保证税务机关正确计算税款，维护国家和纳税人双方的利益。

3. 扣缴义务人办理代扣代缴、代收代缴税款的报告时，应当如实填写代扣代缴、代收代缴税款表，并报送代扣代缴、代收代缴税款的合法凭证以及税务机关规定的有关证件、资料。

4. 享受减、免税优惠的纳税人，其减免税期间纳税申报表要分两部分进行填报：一是按正常纳税年度进行填报，并据此计算应纳税额；二是按其享受的税收优惠待遇，依据税收优惠规定计算应纳税款。

三、纳税申报的期限

《税收征管法》规定，纳税人和扣缴义务人必须按照法定期限办理纳税申报。申报期限有两种：一种是法律、行政法规明确规定的；另一种是税务机关按照法律、行政法规的原则规定、结合纳税人生产经营的实际情况及其所应缴纳的税种等相关问题予以确定的。两种期限具有相同的法律效力。在进行纳税申报时，凡遇申报期最后一日为国家法定公休日的，申报期可以顺延。纳税人未按照规定的期限办理纳税申报和报送纳税资料的，或者扣缴义务人未按照规定的期限向税务机关报送代扣代缴税款报告表和有关资料的，由税务机关责令限期改正，可以处 2 000 元以下的罚款；情节严重的，可以处 2 000 元以上、10 000 元以下的罚款。

四、纳税申报的要求

纳税人办理纳税申报时，应当如实填写纳税申报表，并根据不同的情况相应报送下列有关证件、资料：

(1)财务会计报表及其说明材料；

(2)与纳税有关的合同、协议书及凭证；

(3)税控装置的电子报税资料；

(4)外出经营活动的税收管理证明和异地完税凭证；

(5)境内或者境外公证机构出具的有关证明资料。

扣缴义务人办理代扣代缴、代收代缴税款报告时，应当如实填写代扣代缴、代收代缴税款报告表，并报送代扣代缴、代收代缴税款的合法证明以及税务机关规定的其他有关证件、资料。

五、纳税申报的方式

在进行纳税申报时，纳税人和扣缴义务人可以自行申报，也可以采用代理申报方式。无论是自行申报还是代理申报，都可以采取直接申报、邮寄申报和数据电文申报等方式。

1. 自行申报，是指纳税人、扣缴义务人依法在法定申报期限内，直接到主管税务机关办理纳税申报或报送代扣代缴、代收代缴税款报告表，经税务机关核实后，填开纳税缴款书，限期缴纳。

2. 邮寄申报，是指纳税人到税务机关申报确有困难的，经税务机关批准，可以采用邮寄方式进行纳税申报。采取邮寄申报的纳税人，应当在邮寄纳税申报表的同时，汇寄应纳税款。税务机关在收到纳税申报表和税款后，必须向纳税人开具完税凭证，办理税款缴库手续。邮寄申报以寄出地的邮戳日期为实际申报日期。

3. 数据电文申报，是指采用经税务机关确定的电话语音、电子数据交换和网络传输等电子方式办理纳税申报。例如，网上申报就是数据电文申报方式的一种。纳税人采用电子方式办理纳税申报的，应当按照税务机关规定的期限和要求保存有关资料，并定期书面报送主管税务机关。

4. 委托代理申报，是指由委托人出具委托书，通过代理人进行纳税申报的方式。在前两种方式中，税务代理人的作用只是咨询，委托代理方式才是税务代理人主要从事的代理申报业务。

除上述方式外，实行定期定额缴纳税款的纳税人，可以实行简易申报、合并征期等申报纳税方式。

六、纳税申报的流程

无论采用哪种申报方式，其申报和缴纳税款的流程如下：

1. 到主管税务机关办税服务厅确定纳税申报方式、时间、内容，领取申报表等有关资料。

2. 如实填写纳税申报表或代扣代缴、代收代缴税款报告表并在主管机关确定的申报期限内办理纳税申报。享受减免税和当期无应纳税额的纳税人，也需按规定期限分别办理无税申报和免税申报。

3. 纳税申报时，纳税人、扣缴义务人持纳税申报表及相关资料申报纳税，税务机关审核无误后予以开票，并在纳税申报表存根联上加盖纳税申报受理专用章。纳税人应在规定的缴款期限内凭税收缴款书办理税款解缴事宜。纳税人和扣缴义务人应在规定入库期限前将应纳税款解缴到纳税专户。

4. 纳税人、扣缴义务人在申报纳税时应同时报送相关资料。

具体的纳税申报流程如图 6—1 所示。

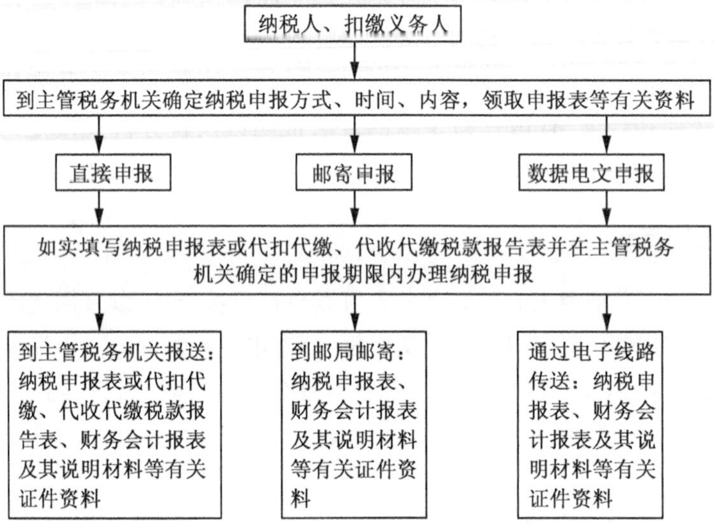

图 6—1　纳税申报流程

七、正常申报与延期申报

根据纳税申报的时间，可以将纳税申报分为正常申报和延期申报两种。

(一)正常申报

纳税人在规定的申报期限内办理纳税申报，向主管税务机关报送纳税申报表、财务会计报表以及需要报送的其他有关纳税资料。扣缴义务人在规定的申报期限内提交扣缴税款报告表以及相关的资料。申报期限的最后一天如遇公休日，可以顺延。

(二)延期申报

如果因为不可抗力或财务会计处理上的特殊情况等原因，纳税人不能按期申报，扣缴义务人不能按期报送代扣代缴税款报告的，经县以上税务机关核准，可以延期申报。

1. 可办理延期申报的情况

(1)按规定的期限办理纳税申报确有困难的。纳税人、扣缴义务人按照规定的期限办理纳税申报或者报送代扣代缴、代收代缴税款报告表确有困难需要延期的，应在规定的期限内向税务机关提出书面延期申请，经税务机关核准，在核准的期限内办理纳税申报。

(2)因不可抗力不能按期办理的。在法律上，不可抗力是一个特定的概念，是指不能预见、不能避免并不能克服的客观情况，包括自然灾害(如地震、水灾)和社会事件(如战争爆发、社会动乱)等。纳税人、扣缴义务人因不可抗力不能按期办理纳税申报的,可以延期办理。

2. 办理延期申报的程序

纳税人、扣缴义务人按规定的期限办理纳税申报确有困难的,应在规定的期限内领取并填写《延期申报申请审批表》,由主管税务机关受理环节审阅纳税人填写完毕的表格是否符合要求,所附需查验的资料是否齐全。符合条件的,制发《税务文书领取通知单》缴纳税人;同时,受理环节填制《税务文书传递卡》和《税务文书附送资料清单》,连同纳税人报送的资料转送管理环节。核准后,管理环节制发《核准延期申报通知书》转受理环节,纳税人凭《税务文书领取通知单》领取《核准延期申报通知书》。纳税人、扣缴义务人因不可抗力延期申报的,应在不可抗力情形消除后立即向税务机关报告。税务机关应查明事实,予以核准。

3. 延期申报届满后的处理

经批准同意延期申报的纳税人,在税务机关批准其延期届满后,也应按照规定申报纳税,具体内容包括延期税种、延期税额等,并递交有关批准延期申报文号和提供有关财务会计资料。

第二节 流转税纳税申报的代理实务

一、增值税纳税申报的代理

按照会计核算是否健全,可将增值税纳税人分为两大类:一般纳税人和小规模纳税人。因此,代理增值税纳税申报分为两种情况:一是代理一般纳税人的纳税申报,二是代理小规模纳税人的纳税申报。此外,由于我国对出口货物实行退税制度,因此在代理增值税纳税申报时,还包括代理出口货物退免税的申报。

(一)增值税一般纳税人纳税申报的代理

1. 代理增值税一般纳税人纳税申报所需资料

自 2003 年 7 月 1 日起,增值税一般纳税人进行纳税申报必须实行电子信息采集。使用防伪税控系统开具增值税专用发票的纳税人必须在抄报税成功后,方可进行纳税申报。自 2003 年 7 月 1 日起,增值税一般纳税人开始采用新版的增值税纳税申报表及附表。税务代理人在代理一般纳税人纳税申报时需提供以下资料:

(1)必报资料

①《增值税纳税申报表(适用于增值税一般纳税人)》及其增值税纳税申报表附列资料(表一、表二);

②使用防伪税控系统的纳税人,必须报送记录当期纳税信息的 IC 卡(明细数据备份在软盘上的纳税人,还须报送备份数据软盘)、《增值税专用发票存根联明细表》及《增值税专用发票抵扣联明细表》;

③《资产负债表》和《损益表》;

④《成品油购销存情况明细表》(发生成品油零售业务的纳税人填报);

⑤主管税务机关规定的其他必报资料。

纳税申报实行电子信息采集的纳税人,除向主管税务机关报送上述必报资料的电子数据外，还需报送纸介的增值税纳税申报表及附表。

（2）备查资料

①已开具的增值税专用发票和普通发票存根联；

②符合抵扣条件并且在本期申报抵扣的增值税专用发票抵扣联；

③海关进口货物完税凭证、运输发票、购进农产品普通发票及购进废旧物资普通发票的复印件；

④收购凭证的存根联或报查联；

⑤代扣代缴税款凭证存根联；

⑥主管税务机关规定的其他备查资料。

备查资料是否需要在当期报送，由各省级国家税务局确定。

2. 增值税纳税申报资料的管理

为加强对一般纳税人电报纳税的管理，国家税务总局在国税发〔2003〕53号文件中明确规定了对增值税纳税申报资料的管理规定。税务代理人在代理纳税申报时必须遵守。

（1）对增值税纳税申报必报资料的管理

纳税人在纳税申报期内，应及时将全部必报资料的电子数据报送主管税务机关，并在主管税务机关按照税法规定确定的期限内（具体时间由各省级国家税务局确定），将纸介的必报资料（具体份数由省一级国家税务局确定）报送主管税务机关，税务机关签收后，一份退还纳税人，其余留存。

（2）对增值税纳税申报备查资料的管理

纳税人在月度终了后，应将备查资料认真整理并装订成册。

①属于整本开具的手工版增值税专用发票及普通发票的存根联，按原顺序装订；开具的电脑版增值税专用发票，包括防伪税控系统开具的增值税专用发票的存根联，应按开票顺序号码每25份装订成一册，不足25份的按实际开具份数装订。

②对属于扣税凭证的单证，根据取得的时间顺序，按单证种类每25份装订成一册，不足25份的按实际份数装订。

③装订时，必须使用税务机关统一规定的《征税/扣税单证汇总簿封面》（简称《封面》），并按规定填写封面内容，由办税人员和财务人员审核签章。启用《封面》后，纳税人可不再填写原增值税专用发票的封面内容。

④纳税人当月未使用完的手工版增值税专用发票，暂不加装《封面》，2个月仍未使用完的，应在主管税务机关对其剩余部分剪角作废的当月加装《封面》。纳税人开具的普通发票及收购凭证在其整本使用完毕的当月加装《封面》。

⑤《封面》的内容包括纳税人单位名称、本册单证份数、金额、税额、本月此种单证总册数及本册单证编号、税款所属时间等，具体格式由各省级国家税务局制定。

3. 代理纳税申报的流程

增值税一般纳税人的应纳增值税额＝当期销项税额－当期进项税额，因此税务代理人在代理纳税申报时，应首先核实销项税额和进项税额的情况，然后计算应纳税额，并据以填报适用于一般纳税人的增值税纳税申报表。

（1）核实纳税人的货物和应税劳务的销售行为和视同销售行为，确定当期的销售额，然后根据使用税率计算当期的销项税额，并与纳税人的“应交税费——应交增值税”中的“销项税额”明细科目进行核对，在核实销项税额的过程中，税务代理人一定要注意税法规定的纳税义务发生时间。

①纳税人采取直接收款方式销售货物，不论货物是否发出，其纳税义务发生时间为收到销售款或取得索取销售额的凭证并将货物单交给买方的当天；

②纳税人采取分期收款结算方式销售货物，其纳税义务发生时间为销售合同规定的收款日期当天；

③纳税人采取预收货款结算方式销售货物，其纳税义务发生时间为发出商品的当天；

④纳税人有视同销售货物行为的，除销售代销货物外，其纳税义务发生时间均为货物移送的当天；

⑤纳税人销售应税劳务，其纳税义务发生时间为提供劳务同时收讫价款或者取得索取价款凭据的当天；

⑥进口货物，纳税义务发生时间为报关进口的当天。

凡是在一个纳税期限内发生的纳税义务，应计入当期销项税额计算本期应纳税额。

在核实当期销项税额的过程中，税务代理人应搜集整理需附报的备查资料，如实填写《增值税专用发票存根联明细表》、《增值税纳税申报表附列资料(表一)》(即本期销售情况明细)和《增值税纳税申报表附列资料(表四)》(即防伪税控增值税专用发票存根联明细)。

(2)核实纳税人的货物和应税劳务的购进情况及购进后的使用保管等情况，确定允许抵扣的进项税额和不允许抵扣的进项税额，审查纳税人的不允许抵扣的进项税额是否已经从进项税额中进行了转出，并与“应交税费——应交增值税”明细账和附报的抵扣明细表中相关数字核对。同时，核实期初存货已征税款的本期抵扣数和上期未抵扣完的进项税额，确定本期应抵扣或实际抵扣的进项税额。在核实当期进项税额时应注意以下规定：

①工业生产企业购进货物(包括外购货物所支付的运输费用)，必须在购进的货物已经验收入库后才能申报抵扣进项税额。

②商业企业购进货物(包括外购货物所支付的运费)，必须在购进的货物付款后才能申报抵扣进项税额。

商业企业接受投资、捐赠或分配的货物，则以收到增值税专用发票的时间为申报抵扣进项税额的时限；申报抵扣时，应提供投资、捐赠、分配货物的合同或证明材料。

③一般纳税人购进应税劳务，必须在劳务费用支付后，才能申报抵扣进项税额。

④从 2003 年 3 月 1 日起，增值税一般纳税人取得防伪税控系统开具的增值税专用发票，不再执行以上有关进项税额申报抵扣时限的规定。申报抵扣的具体规定为：增值税一般纳税人取得防伪税控系统开具的增值税专用发票，必须自该专用发票开具之日起 90 日内到税务机关认证，并在认证通过的当月按照增值税有关规定核算当期进项税额并申报抵扣，否则不予抵扣进项税额。

增值税一般纳税人违反上述规定的，按偷税论处，税务机关一经查出，则应从当期进项税额中剔除，并在该进项发票上注明，以后不论其货物到达或验收入库，或支付款项，均不得计入进项税额申报抵扣。

在核实当期进项税额的过程中，税务代理人应搜集整理需附报的备查资料，如实填写“增值税专用发票抵扣联明细表》、《增值税纳税申报表附列资料(表二)》(即本期进项税额明细)等。

(3)根据核实的当期销项税额和当期进项税额的情况以及填报的《增值税专用发票存根联明细表》、《增值税专用发票抵扣联明细表》和增值税纳税申报表附列资料(表一、表二)等,填报适用于一般纳税人的增值税纳税申报表,并将增值税纳税申报表及附表以及相关资料在法定的期限或主管税务机关确定的期限内报送到主管税务机关。

4. 流转税代理纳税申报实例

在代理纳税申报中,最主要的工作是代理填报增值税纳税申报表及附列资料。因此,在下面的例子中,我们主要介绍税务代理人应该如何代理填报纳税申报表及附列资料。在编制会计分录时,我们只编制与增值税有关的分录。

[例 6-1] 山西省宏达煤炭股份有限公司系增值税一般纳税人,主要生产民用煤气、焦炭和焦油。税务机关为其核定的纳税期限为 1 个月。其基本资料如下:

企业代码:350881840322

纳税人识别号:350120065783215345345

企业法人代表:王岩

企业经济类型:股份有限公司

企业地址及电话:山西省大同市南郊区口泉五一路 218 号,电话:0352-4042166

开户银行:中国工商银行大同城建支行

银行账号:32310480034650656672

1. 该公司 2014 年 10 月份有关资料

(1)"应交税费——应交增值税"账户期初借方余额 40 000 元。

(2)10 月 1 日,从一煤矿购进原料煤 4 000 吨,并取得税控系统开具的增值税专用发票,且该发票已经通过税务机关的认证,发票上注明价款 1 200 000 元,增值税税款 156 000 元;取得运输部门开具的运费发票一张,金额 40 000 元。该批原料煤已经验收入库,货款及运费已付讫。该批原料煤计划成本为 1 200 000 元。

进项税额=156 000+40 000×11%=160 400(元)

采购的会计处理为:

借:物资采购——原料煤	1 237 200	
应交税费——应交增值税(进项税额)	160 400	
贷:银行存款		1 397 600

材料入库时:

借:原材料——原料煤	1 200 000	
贷:物资采购——原料煤		1 200 000

结转材料采购成本差异时:

借:材料成本差异	37 200	
贷:物资采购——原料煤		37 200

(3)10 月 10 日,从一煤矿(小规模纳税人)购入原料煤 100 吨,取得税务机关代开的增值税专用发票,注明价款 28 000 元,增值税税款 1 680 元;取得运输部门开具的运费发票一张,金

额 1 000 元。该批原料煤已经验收入库，货款及运费已付讫。该批原料煤计划成本为 30 000 元。

进项税额＝1 680＋1 000×11％＝1 790(元)

采购的会计处理为：

借：物资采购——原料煤　　28 930

　　应交税费——应交增值税(进项税额)　　1 790

　　贷：银行存款　　30 720

材料入库时：

借：原材料——原料煤　　30 000

　　贷：物资采购——原料煤　　30 000

结转材料采购成本差异时：

借：物资采购——原料煤　　1 070

　　贷：材料成本差异　　1 070

(4)10 月 11 日，购进扩建厂房用物资一批，取得一张普通发票，上面注明价款 23 400 元，支付运费 400 元。货款及运费已转账付讫，物资已入库。

会计处理为：

借：在建工程——工程物资　　23 800

　　贷：银行存款　　23 800

(5)10 月 12 日，以预收货款的方式销售焦炭 500 吨，单位售价 1 400 元/吨，价款合计为 700 000 元。10 月 18 日发出货物，并通过防伪税控系统向对方开具了增值税专用发票。

销项税额＝700 000×17％＝119 000(元)

收到款项＝700 000＋119 000＝819 000(元)

收到款项时的会计处理为：

借：银行存款　　819 000

　　贷：预收账款　　819 000

发出货物时的会计处理为：

借：预收账款　　819 000

　　贷：主营业务收入——焦炭　　700 000

　　　　应交税费——应交增值税(销项税额)　　119 000

结转销售成本的会计分录略。

(6)10 月 15 日，购买办公用品一批，取得商场开具的普通发票，金额 2 000 元，款项已支付。会计处理为：

借：管理费用——办公费　　2 000

　　贷：银行存款　　2 000

(7)10 月 18 日，购进配件一批，并取得税控系统开具的增值税专用发票，且该发票已经通过税务机关的认证，上面注明价款 20 000 元，增值税税款 3 400 元。货款已付，货物已验收入库。该批配件的计划成本为 19 200 元。

进项税额＝3 400(元)

采购配件时的会计处理为：

借：物资采购——配件　　20 000

　应交税费——应交增值税(进项税额)　　3 400

　贷：银行存款　　23 400

配件入库时的会计处理为：

借：原材料——配件　　19 200

　贷：物资采购——配件　　19 200

结转材料成本差异时：

借：材料成本差异　　800

　贷：物资采购——配件　　800

(8)10 月 22 日，以东风货车 2 台，按净值作价抵偿所欠某厂货款。该货车账面原值 540 000 元，已提折旧 336 000 元。现已办妥过户手续。

按照国家财税〔2002〕29 号文件的要求，由于在以东风货车顶账时，其作价没有超过原值，因此无须缴纳增值税。

借：固定资产清理　　204 000

　累计折旧　　336 000

　贷：固定资产——东风货车　　540 000

借：应付账款——某厂　　204 000

　贷：固定资产清理　　204 000

(9)10 月 24 日，以分期收款方式销售焦油 250 吨，每吨的单价为 1 600 元，在合同中双方约定分四次支付价款及增值税税款，每次支付 117 000 元，合同中约定的收款日期分别为 10 月、11 月、1 月、2 月的 24 日，并在每次付款后开出该笔款项的增值税专用发票。10 月 24 日购买方按照约定付款，该煤气公司开出增值税专用发票。

发出商品时的会计分录为：

借：分期收款发出商品　　400 000

　贷：库存商品——焦油　　400 000

10 月 24 日收到对方付款时：

借：银行存款　　117 000

　贷：主营业务收入——焦油　　100 000

　　应交税费——应交增值税(销项税额)　　17 000

结转成本的分录略。

(10)10 月 28 日，因管理不善，在一场大雨中损失原料煤一批(该批原料煤是从一般纳税人处购进的)。计划成本 200 000 元，成本差异率为－6.2%，企业作为待处理损溢处理。

进项税额转出＝200 000×(1－6.2%)×13%＝25 194(元)

借：待处理财产损溢——待处理流动资产损溢　　218 994

　贷：原材料——原料煤　　200 000

　　材料成本差异　　6 200

　　应交税费——应交增值税(进项税额转出)　　25 194

(11)10 月 29 日，购进原料煤一批，取得防伪税控系统开具的专用发票，且该发票已经通过税务机关的认证。发票上注明价款 1 200 000 元，增值税税款 156 000 元；取得运费发票一张，运费和建设基金 40 000 元，装卸搬运费 10 000 元，款项已付。

进项税额：156 000＋40 000×11%＝160 400(元)

借：物资采购——原料煤　1 247 200

　应交税费——应交增值税(进项税额)　160 400

　贷：银行存款　1 407 600

(12)本月生产用电 700 000 度，每度电的价格为 0.55 元，10 月 29 日付款时取得了由税控系统开具的增值税专用发票。

借：制造费用　385 000

　应交税费——应交增值税(进项税额)　65 450

　贷：银行存款　450 450

(13)本月企业采用现款方式销售煤气，合计为 1 800 000 立方米，煤气单价(不含增值税)为 1.5 元/立方米，开具了普通发票。

煤气的增值税税率为 13%，则销售煤气的销项税款为：

销项税额＝1 800 000×1.5×13%＝351 000(元)

借：银行存款　3 051 000

　贷：主营业务收入——煤气　2 700 000

　　应交税费——应交增值税(销项税额)　351 000

(14)10 月 30 日，汇总本月公司职工家庭用煤气 10 000 立方米。煤气单位成本为 1.01 元/立方米，单位售价为 0.75 元/立方米(该售价为当地政府部门限定的价格)。

增值税销项税额＝10 000×0.75×13%＝975(元)

借：应付职工薪酬——福利费　11 075

　贷：产成品——煤气　10 100

　　应交税费——应交增值税(销项税额)　975

2. 登记“应交税费——未交增值税”明细账

月终，将本月应交未交的增值税税额转入“应交税费”明细账。

借：应交税费——应交增值税(转出未交增值税)　84 969

　贷：应交税费——未交增值税　84 969

即本月应交增值税税额为 84 969 元。“应交税费——应交增值税”明细账中无余额。

税务代理人在代理纳税申报业务时，应对煤气化公司的账证资料进行核实，并搜集整理有关资料。

3. 应纳税额的计算

(1)本期销项税额的计算

①以预收货款的方式销售焦炭的应税销售额为 700 000 元，适用税率 17%，销项税额 119 000 元；

②本月以分期收款方式销售焦油的应税销售额为 100 000 元，适用税率 17%，销项税额 17 000 元；

③以现款方式销售煤气的应税销售额为 2 700 000 元，适用税率 13%，销项税额 351 000 元；

④向本单位职工提供的煤气视同销售，应税销售额为 7 500 元，适用税率 13%，销项税额 975 元；

⑤本月应税销售额合计为 3 507 500 元，应纳税额为 487 975 元。

(2)本期进项税额的计算

①本期发生额。

适用 17%税率的：10 月 18 日购进配件 20 000 元，增值税税款 3 400 元（有专用发票）。生产用电 385 000 元，增值税税款 65 450 元（有专用发票）。

适用 13%税率的：10 月 1 日购进原料煤 1 200 000 元，增值税税款 156 000 元（有专用发票）；10 月 29 日购进的原料煤 1 200 000 元，增值税税款 156 000 元可以抵扣（该批货物虽未入库，但由于取得了防伪税控系统开具的增值税专用发票，根据国家税务总局《关于增值税一般纳税人取得防伪税控系统开具的增值税专用发票进项税额抵扣问题的通知》（国税发〔2003〕17 号）的规定，其增值税税款 78 000 元可以抵扣）。

适用 6%税率的：10 月 10 日煤矿（小规模纳税人）购进的原料煤为 28 000 元，增值税税款为 1 680 元（有税务机关代开的增值税专用发票）。

适用 11%抵扣率的：10 月 1 日从煤矿购进原料煤的运费金额为 40 000 元，税款为 4 400 元（有运输发票）；10 月 10 日从煤矿（小规模纳税人）购进原料煤的运费金额为 1 000 元，税款为 110 元（有运输发票）；10 月 29 日购进原料煤 1 200 000 元的运费金额为 40 000 元，税款为 4 400 元（有运输发票）。

此外，10 月 11 日购进的扩建厂房用物资，由于是用于非应税项目的购进货物，因此虽取得增值税专用发票，但其进项税额也不允许抵扣；10 月 15 日所购买的办公用品由于没有取得增值税专用发票，因此也不能抵扣。

本期进项税发生额合计＝3 400＋65 450＋156 000＋156 000＋1 680＋4 400＋110＋4 400＝391 440（元）

②10 月 28 日因大雨损失的原料煤属于非正常损失，其进项税额不准抵扣，因此转出进项税款 25 194 元（税率 13%）。

③抵扣税额合计＝391 440－25 194＝366 246（元）。

(3)应纳税款计算

销项税额合计＝487 975（元）

抵扣税额合计＝366 246（元）

上期留抵税额＝40 000（元）

应抵扣税额合计＝366 246＋40 000＝406 246（元）

实际抵扣税额＝406 246（元）

应纳税额＝487 975－406 246＝81 729（元）

4. 填列增值税纳税申报表及附列资料

通过核实、整理的有关资料，填报增值税纳税申报表附列资料，并将上述有关数据填入《增值税纳税申报表（适用于一般纳税人）》中，同时办理签章手续。《增值税纳税申报表（适用于增值税一般纳税人）》的格式见表6—1。

表6—1　　**增值税纳税申报表**

（适用于增值税一般纳税人）

税款所属时间：自2014年10月1日至2014年10月31日

填表日期：2014年11月5日　　　　金额单位：元至角分

纳税人识别号	3	5	0	1	2	0	0	6	5	7	8	3	2	1	5	3	4	6	3	4	5	所属行业：煤炭行业

纳税人名称	宏达煤炭股份有限公司	法定代表人姓名	王岩	注册地址	大同市南郊区口泉五一路	营业地址	大同市南郊区口泉五一路
开户银行及账号	中国工商银行大同城建支行 32310480034650656672		企业登记注册类型		股份有限公司	电话号码	0352-4042166

	项　目	栏次	一般货物及劳务		即征即退货物及劳务	
			本月数	本年累计	本月数	本年累计
销售额	（一）按适用税率征税货物及劳务销售额	1	3 507 500			
	其中：应税货物销售额	2	3 507 500			
	应税劳务销售额	3				
	纳税检查调整的销售额	4				
	（二）按简易征收办法征税货物销售额	5				
	其中：纳税检查调整的销售额	6				
	（三）免、抵、退办法出口货物销售额	7			—	—
	（四）免税货物及劳务销售额	8			—	—
	其中：免税货物销售额	9			—	—
	免税劳务销售额	10			—	—
	项　目	栏次	一般货物及劳务		即征即退货物及劳务	
			本月数	本年累计	本月数	本年累计
税款计算	销项税额	11	487 975			
	进项税额	12	391 440			
	上期留抵税额	13	40 000			
	进项税额转出	14	25 194			
	免、抵、退货物应退税额	15				
	按适用税率计算的纳税检查应补缴税额	16				
	应抵扣税额合计	17＝12＋13－14－15＋16	406 246			
	实际抵扣税额	18（如17＜11，则为17，否则为11）	406 246			
	按适用税率计算的应纳税额	19＝11－18				
	期末留抵税额	20＝17－18				
	按简易征收办法计算的应纳税额	21				
	按简易征收办法计算的纳税检查应补缴税额	22				
	应纳税额减征额	23				
	应纳税额合计	24＝19＋21－23	81 729			

续表

项目		栏次	一般货物及劳务		即征即退货物及劳务	
			本月数	本年累计	本月数	本年累计
税款缴纳	期初未缴税额(多缴为负数)	25				
	实收出口开具专用缴款书退税额	26				
	本期已缴税额	27=28+29+30+31				
	①分次预缴税额	28				
	②出口开具专用缴款书预缴税额	29				
	③本期缴纳上期应纳税额	30				
	④本期缴纳欠缴税额	31				
	期末未缴税额(多缴为负数)	32=24+25+26−27	81 729			
	其中:欠缴税额(≥0)	33=25+26−27				
	本期应补(退)税额	34=24−28−29	81 729			
	即征即退实际退税额	35				
	期初未缴查补税额	36				
	本期入库查补税额	37				
	期末未缴查补税额	38=16+22+36−37			—	—

授权声明	如果你已委托代理人申报,请填写下列资料: 为代理一切税务事宜,现授权　　　　(地址)　　　　为本纳税人的代理申报人,任何与本申报表有关的往来文件,都可寄予此人。 授权人签字:	申报人声明	此纳税申报表是根据《中华人民共和国增值税暂行条例》的规定填报的,我相信它是真实的、可靠的、完整的。 声明人签字:

以下由税务机关填写:

收到日期:　　　　　　　接收人:　　　　　　　　　主管税务机关盖章:

填表说明:

本申报表适用于增值税一般纳税人填报。增值税一般纳税人销售按简易办法缴纳增值税的货物,也使用本表。

(1)本表"税款所属时间"是指纳税人申报的增值税应纳税额的所属时间,应填写具体的起止年、月、日。

(2)本表"填表日期"是指纳税人填写本表的具体日期。

(3)本表"纳税人识别号"栏,填写税务机关为纳税人确定的识别号,即税务登记证号码。

(4)本表"所属行业"栏,按照国民经济行业分类与代码中的小类行业填写。

(5)本表"纳税人名称"栏,填写纳税人单位名称全称,不得填写简称。

(6)本表"法定代表人姓名"栏,填写纳税人法定代表人的姓名。

(7)本表"注册地址"栏,填写纳税人税务登记证所注明的详细地址。

(8)本表"营业地址"栏,填写纳税人营业地的详细地址。

(9)本表"开户银行及账号"栏,填写纳税人开户银行的名称和纳税人在该银行的结算账户号码。

(10)本表"企业登记注册类型"栏,按税务登记证填写。

(11)本表"电话号码"栏,填写纳税人注册地和经营地的电话号码。

(12)表中"一般货物及劳务"是指享受即征即退的货物及劳务以外的其他货物及劳务。

(13)表中"即征即退货物及劳务"是指纳税人按照税法规定享受即征即退税收优惠政策

的货物及劳务。

(14)本表第 1 项“(一)按适用税率征税货物及劳务销售额”栏数据，填写纳税人本期按适用税率缴纳增值税的应税货物和应税劳务的销售额。包括在财务上不作销售但按税法规定应缴纳增值税的视同销售货物和价外费用销售额，外贸企业作价销售进料加工复出口的货物，税务、财政、审计部门检查按适用税率计算调整的销售额。“一般货物及劳务”的“本月数”栏数据与“即征即退货物及劳务”的“本月数”栏数据之和，应等于《附表一》第 7 栏的“小计”中的“销售额”数。“本年累计”栏数据，应为年度内各月数之和。

(15)本表第 2 项“应税货物销售额”栏数据，填写纳税人本期按适用税率缴纳增值税的应税货物的销售额。包括在财务上不作销售但按税法规定应缴纳增值税的视同销售货物和价外费用销售额，以及外贸企业作价销售进料加工复出口的货物。“一般货物及劳务”的“本月数”栏数据与“即征即退货物及劳务”的“本月数”栏数据之和，应等于《附表一》第 5 栏的“应税货物”中 17%税率“销售额”与 13%税率“销售额”的合计数。“本年累计”栏数据，应为年度内各月数之和。

(16)本表第 3 项“应税劳务销售额”栏数据，填写纳税人本期按适用税率缴纳增值税的应税劳务的销售额。“一般货物及劳务”的“本月数”栏数据与“即征即退货物及劳务”的“本月数”栏数据之和，应等于《附表一》第 5 栏的“应税劳务”中的“销售额”数。“本年累计”栏数据，应为年度内各月数之和。

(17)本表第 4 项“纳税检查调整的销售额”栏数据，填写纳税人本期因税务、财政、审计部门检查并按适用税率计算调整的应税货物和应税劳务的销售额。但享受即征即退税收优惠政策的货物及劳务经税务稽查发现偷税的，不得填入“即征即退货物及劳务”部分，而应将本部分销售额在“一般货物及劳务”栏中反映。“一般货物及劳务”的“本月数”栏数据与“即征即退货物及劳务”的“本月数”栏数据之和，应等于《附表一》第 6 栏的“小计”中的“销售额”数。“本年累计”栏数据，应为年度内各月数之和。

(18)本表第 5 项“按简易征收办法征税货物销售额”栏数据，填写纳税人本期按简易征收办法征收增值税货物的销售额，包括税务、财政、审计部门检查并按简易征收办法计算调整的销售额。“一般货物及劳务”的“本月数”栏数据与“即征即退货物及劳务”的“本月数”栏数据之和，应等于《附表一》第 14 栏的“小计”中的“销售额”数。“本年累计”栏数据，应为年度内各月数之和。

(19)本表第 6 项“其中：纳税检查调整的销售额”栏数据，填写纳税人本期因税务、财政、审计部门检查并按简易征收办法计算调整的销售额，但享受即征即退税收优惠政策的货物及劳务经税务稽查发现偷税的，不得填入“即征即退货物及劳务”部分，而应将本部分销售额在“一般货物及劳务”栏中反映。“一般货物及劳务”的“本月数”栏数据与“即征即退货物及劳务”的“本月数”栏数据之和，应等于《附表一》第 13 栏的“小计”中的“销售额”数。“本年累计”栏数据，应为年度内各月数之和。

(20)本表第 7 项“免、抵、退办法出口货物销售额”栏数据，填写纳税人本期执行免、抵、退办法出口货物的销售额。“本年累计”栏数据，应为年度内各月数之和。

(21)本表第 8 项“免税货物及劳务销售额”栏数据，填写纳税人本期按照税法规定直接免征增值税的货物及劳务的销售额及适用零税率的货物及劳务的销售额，但不包括适用免、抵、退办法出口货物的销售额。“一般货物及劳务”的“本月数”栏数据，应等于《附表一》第18栏的“小计”中的“销售额”数。“本年累计”栏数据，应为年度内各月数之和。

(22)本表第9项“免税货物销售额”栏数据，填写纳税人本期按照税法规定直接免征增值税货物的销售额及适用零税率货物的销售额，但不包括适用免、抵、退办法出口货物的销售额。“一般货物及劳务”的“本月数”栏数据，应等于《附表一》第18栏的“免税货物”中的“销售额”数。“本年累计”栏数据，应为年度内各月数之和。

(23)本表第10项“免税劳务销售额”栏数据，填写纳税人本期按照税法规定直接免征增值税劳务的销售额及适用零税率劳务的销售额。“一般货物及劳务”的“本月数”栏数据，应等于《附表一》第18栏的“免税劳务”中的“销售额”数。“本年累计”栏数据，应为年度内各月数之和。

(24)本表第11项“销项税额”栏数据，填写纳税人本期按适用税率计征的销项税额。该数据应与“应交税金—— 应交增值税”明细科目贷方“销项税额”专栏本期发生数一致。“一般货物及劳务”的“本月数”栏数据与“即征即退货物及劳务”的“本月数”栏数据之和，应等于《附表一》第7栏的“小计”中的“销项税额”数。“本年累计”栏数据，应为年度内各月数之和。

(25)本表第12项“进项税额”栏数据，填写纳税人本期申报抵扣的进项税额。该数据应与“应交税金——应交增值税”明细科目借方“进项税额”专栏本期发生数一致。“一般货物及劳务”的“本月数”栏数据与“即征即退货物及劳务”的“本月数”栏数据之和，应等于《附表二》第12栏中的“税额”数。“本年累计”栏数据，应为年度内各月数之和。

(26)本表第13项“上期留抵税额”栏数据，填写纳税人前一申报期的“期末留抵税额”减去本期发生的留抵税额抵减欠税后的数据。

(27)本表第14项“进项税额转出”栏数据，填写纳税人已经抵扣但按税法规定应作进项税转出的进项税额总数。该数据应与“应交税金——应交增值税”明细科目贷方“进项税额转出”专栏本期发生数一致。“一般货物及劳务”的“本月数”栏数据与“即征即退货物及劳务”的“本月数”栏数据之和，应等于《附表二》第13栏中的“税额”数。“本年累计”栏数据，应为年度内各月数之和。

(28)本表第15项“免、抵、退货物应退税额”栏数据，填写退税机关按照出口货物免、抵、退办法审批的应退税额。“本年累计”栏数据，应为年度内各月数之和。

(29)本表第16项“按适用税率计算的纳税检查应补缴税额”栏数据，填写税务、财政、审计部门检查按适用税率计算的纳税检查应补缴税额。“本年累计”栏数据，应为年度内各月数之和。

(30)本表第17项“应抵扣税额合计”栏数据，填写纳税人本期应抵扣进项税额的合计数。

(31)本表第18项“实际抵扣税额”栏数据，填写纳税人本期实际抵扣的进项税额。“本年累计”栏数据，应为年度内各月数之和。

(32)本表第19项“按适用税率计算的应纳税额”栏数据，填写纳税人本期按适用税率计算并应缴纳的增值税额。“本年累计”栏数据，应为年度内各月数之和。

(33)本表第20项“期末留抵税额”栏数据，为纳税人在本期销项税额中尚未抵扣完、留待下期继续抵扣的进项税额。该数据应与“应交税金——应交增值税”明细科目借方月末余额一致。

(34)本表第 21 项“按简易征收办法计算的应纳税额”栏数据，填写纳税人本期按简易征收办法计算并应缴纳的增值税额，但不包括按简易征收办法计算的纳税检查应补缴税额。“一般货物及劳务”的“本月数”栏数据与“即征即退货物及劳务”的“本月数”栏数据之和，应等于《附表一》第 12 栏的“小计”中的“应纳税额”数。“本年累计”栏数据，应为年度内各月数之和。

(35)本表第 22 项“按简易征收办法计算的纳税检查应补缴税额”栏数据，填写纳税人本期因税务、财政、审计部门检查并按简易征收办法计算的纳税检查应补缴税额。“一般货物及劳务”的“本月数”栏数据与“即征即退货物及劳务”的“本月数”栏数据之和，应等于《附表一》第 13 栏的“小计”中的“应纳税额”数。“本年累计”栏数据，应为年度内各月数之和。

(36)本表第 23 项“应纳税额减征额”栏数据，填写纳税人本期按照税法规定减征的增值税应纳税额。“本年累计”栏数据，应为年度内各月数之和。

(37)本表第 24 项“应纳税额合计”栏数据，填写纳税人本期应缴增值税的合计数。“本年累计”栏数据，应为年度内各月数之和。

(38)本表第 25 项“期初未缴税额(多缴为负数)”栏数据，填写纳税人前一申报期的“期末未缴税额(多缴为负数)”减去本期发生的留抵税额抵减欠税后的数据。

(39)本表第 26 项“实收出口开具专用缴款书退税额”栏不填写。

(40)本表第 27 项“本期已缴税额”栏数据，是指纳税人本期实际缴纳的增值税额，但不包括本期入库的查补税款。“本年累计”栏数据，为年度内各月数之和。

(41)本表第 28 项“①分次预缴税额”栏数据，填写纳税人本期预缴的增值税额。

(42)本表第 29 项“②出口开具专用缴款书预缴税额”栏不填写。

(43)本表第 30 项“③本期缴纳上期应纳税额”栏数据，填写纳税人本期上缴上期应缴未缴的增值税款，包括缴纳上期按简易征收办法计提的应缴未缴的增值税额。“本年累计”栏数据，为年度内各月数之和。

(44)本表第 31 项“④本期缴纳欠缴税额”栏数据，填写纳税人本期实际缴纳和留抵税额抵减的增值税欠税额，但不包括缴纳入库的查补增值税额。“本年累计”栏数据，为年度内各月数之和。

(45)本表第 32 项“期末未交税额(多缴为负数)”栏数据，为纳税人本期期末应缴未缴的增值税额，但不包括纳税检查应缴未缴的税额。“本年累计”栏与“本月数”栏数据相同。

(46)本表第 33 项“其中：欠缴税额(≥0)”栏数据，为纳税人按照税法规定已形成欠税的数额。

(47)本表第 34 项“本期应补(退)税额”栏数据，为纳税人本期应纳税额中应补缴或应退回的数额。

(48)本表第 35 项“即征即退实际退税额”栏数据，填写纳税人本期因符合增值税即征即退优惠政策规定，而实际收到的税务机关返还的增值税额。“本年累计”栏数据，为年度内各月数之和。

(49)本表第 36 项“期初未缴查补税额”栏数据，为纳税人前一申报期的“期末未缴查补税额”。该数据与本表第 25 项“期初未缴税额(多缴为负数)”栏数据之和，应与“应交税金——未交增值税”明细科目期初余额一致。“本年累计”栏数据应填写纳税人上年度末的“期末未缴查补税额”数。

(50)本表第37项"本期入库查补税额"栏数据，填写纳税人本期因税务、财政、审计部门检查而实际入库的增值税款，包括：①按适用税率计算并实际缴纳的查补增值税款；②按简易征收办法计算并实际缴纳的查补增值税款。"本年累计"栏数据，为年度内各月数之和。

(51)本表第38项"期末未缴查补税额"栏数据，为纳税人纳税检查本期期末应缴未缴的增值税额。该数据与本表第32项"期末未缴税额(多缴为负数)"栏数据之和，应与"应交税金——未交增值税"明细科目期初余额一致。"本年累计"栏与"本月数"栏数据相同。

(二)小规模纳税人纳税申报的代理

1. 代埋小规模纳税人纳税申报所需资料

由于小规模纳税人按照简易方法纳税，以不含增值税的销售额按照3%的征收率全额征收增值税，不得抵扣任何进项税额，因此代理小规模纳税人的纳税申报相对比较简单。在代理小规模纳税人的纳税申报时，需要向主管税务机关提交《增值税纳税申报表(适用于小规模纳税人)》(见表6－2)、增值税纳税申报表附列资料以及企业的财务会计报表(资产负债表、损益表)等。

表6—2 **增值税纳税申报表**

(适用于小规模纳税人)

纳税人识别号：

纳税人名称(公章)： 金额单位：元(列至角分)

税款所属期： 年 月 日至 年 月 日 填表日期： 年 月 日

	项 目	征收率	栏次	本期数	本年累计
一、计税依据	(一)应征增值税货物及劳务不含税销售额		1		
	其中：税务机关代开的增值税专用发票不含税销售额		2		
	税控器具开具的普通发票不含税销售额		3		
	(二)销售使用过的应税固定资产不含税销售额		4		
	其中：税控器具开具的普通发票不含税销售额		5		
	(三)免税货物及劳务销售额		6		
	其中：税控器具开具的普通发票销售额		7		
	(四)出口免税货物销售额		8		
	其中：税控器具开具的普通发票销售额		9		
二、税款计算	本期应纳税额		10		
	本期应纳税额减征额		11		
	应纳税额合计		12＝10－11		
	本期预缴税额		13		—
	本期应补(退)税额		14＝12－13		—

续表

<table>
<tr><td rowspan="4">纳税人或代理人声明：
此纳税申报表是根据国家税收法律的规定填报的，我确定它是真实的、可靠的、完整的。</td><td>如纳税人填报，由纳税人填写以下各栏：</td></tr>
<tr><td>办税人员（签章）：　　　　财务负责人（签章）：
法定代表人（签章）：　　　　联系电话：</td></tr>
<tr><td>如委托代理人填报，由代理人填写以下各栏：</td></tr>
<tr><td>代理人名称：　　　　经办人（签章）：　　　　联系电话：
代理人（公章）：</td></tr>
</table>

受理人：　　　　受理日期：　　　年　　月　　日　　　受理税务机关（签章）：

填表说明：

(1)本表“税款所属期”是指纳税人申报的增值税应纳税额的所属时间，应填写具体的起止年、月、日。

(2)本表“纳税人识别号”栏，填写税务机关为纳税人确定的识别号，即税务登记证号码。

(3)本表“纳税人名称”栏，填写纳税人单位名称全称，不得填写简称。

(4)本表第1项“应征增值税货物及劳务不含税销售额”栏数据，填写应征增值税货物及劳务的不含税销售额，不包含销售使用过的固定资产应征增值税的不含税销售额、免税货物及劳务销售额、出口免税货物销售额、稽查查补销售额。

(5)本表第2项“税务机关代开的增值税专用发票不含税销售额”栏数据，填写税务机关代开的增值税专用发票的销售额合计。

(6)本表第3项“税控器具开具的普通发票不含税销售额”栏数据，填写税控器具开具的应征增值税货物及劳务的普通发票金额换算的不含税销售额。

(7)本表第4项“销售使用过的应税固定资产不含税销售额”栏数据，填写销售使用过的、固定资产目录中所列的应按照2%征收率增值税的应税固定资产的不含税销售额。

(8)本表第5项“税控器具开具的普通发票不含税销售额”栏数据，填写税控器具开具的销售使用过的应税固定资产的普通发票金额换算的不含税销售额。

(9)本表第6项“免税货物及劳务销售额”栏数据，填写销售免征增值税货物及劳务的销售额。

(10)本表第7项“税控器具开具的普通发票销售额”栏数据，填写税控器具开具的销售免征增值税货物及劳务的普通发票金额。

(11)本表第8项“出口免税货物销售额”栏数据，填写出口免税货物的销售额。

(12)本表第9项“税控器具开具的普通发票销售额”栏数据，填写税控器具开具的出口免税货物的普通发票金额。

(13)本表第10项“本期应纳税额”栏数据，填写本期按征收率计算缴纳的应纳税额。

(14)本表第11项“本期应纳税额减征额”栏数据，填写数据是根据相关的增值税优惠政策计算的应纳税额减征额。

(15)本表第13项“本期预缴税额”栏数据，填写纳税人本期预缴的增值税额，但不包括稽查补缴的应纳增值税额。

2. 代理纳税申报的流程

小规模纳税人的应纳增值税额＝销售额×征收率，因此税务代理人在代理纳税申报时，应首先确定适用的征收率和核实销售额，然后计算应纳税额，并据以填报适用于小规模纳税人的增值税纳税申报表。

(1)确定纳税人适用的征收率。小规模纳税人企业适用的征收率为3%。

(2)核实纳税人的货物和应税劳务的销售行为和视同销售行为，确定当期的销售额。在核实销售额的过程中，要正确区分免税销售额和非应税劳务的销售额。此外要注意纳税义务发生的时间，在税法中对小规模纳税人纳税义务发生时间的规定与对增值税一般纳税人的规定相同。

(3)审查"应交税费——应交增值税"明细账，将含税销售额转换成不含税销售额，并以不含税销售额乘以征收率计算当期应纳增值税额，同时填写增值税纳税申报表及相关资料。

(三)出口货物退税申报的代理

我国对出口货物实行退税制度，其中对自营和委托出口自产货物的生产企业实行"免、抵、退"办法，对收购货物出口的外(工)贸企业实行"先征后退"的办法，对采用来料加工贸易方式出口的货物实行免税不退税政策。

实行"免、抵、退"办法的"免"税，是指对生产企业出口的自产货物免征本企业生产销售环节增值税；"抵"税是指生产企业出口自产货物所耗用的原材料、零部件、燃料、动力等所含应予退还的进项税额，抵顶内销货物的应纳税额；"退"税是指生产企业出口的自产货物在当月内应抵顶的进项税额大于应纳税额时，对未抵顶完的部分予以退税。

1. 代理申报应提供的资料

在代理出口货物免抵退税申报时，应先向主管征税机关的征税部门或岗位(简称征税部门)办理增值税纳税和免、抵税申报，并向主管征税机关的退税部门或岗位(简称退税部门)办理退税申报。

(1)向征税部门办理增值税纳税及免、抵税申报时，应提供下列资料：《增值税纳税申报表》及其规定的附表、退税部门确认的上期《生产企业出口货物免、抵、退税申报汇总表》以及税务机关要求的其他资料。

(2)向退税部门办理退税申报时，应提供《生产企业出口货物免、抵、退税申报汇总表》、《生产企业出口货物免、抵、退税申报明细表》和经征税部门审核签章的当期《增值税纳税申报表》。有进料加工业务的，还应填报《生产企业进料加工登记申报表》、《生产企业进料加工进口料件申报明细表》、《生产企业进料加工海关登记手册核销申请表》、《生产企业进料加工贸易免税证明》和装订成册的报表及原始凭证，如《生产企业出口货物免、抵、退税申报明细表》、与进料加工业务有关的报表、加盖海关验讫章的出口货物报关单(出口退税专用)、经外汇管理部门签章的出口收汇核销单(出口退税专用)或有关部门出具的中远期收汇证明、代理出口货物证明、企业签章的出口发票以及主管退税部门要求提供的其他资料。

2. 代理申报的程序

代理人应按下列程序代理出口货物免、抵、退税申报：

(1)深入企业了解企业生产经营状况和出口货物的情况，注意企业在出口货物时是否采取了来料加工贸易方式。

(2)按照税法规定计算应免抵退的税额。出口货物免抵退税的计算是增值税操作实务中最为复杂的部分，尤其是内外销兼有、出口贸易类型多样、出口产品适用税率不一、进项税额计算复杂的纳税人，免抵退税的计算就更难以操作。在计算时，应稽核有关免、抵、退税原始凭证，按下列程序计算当期出口货物(除采用来料加工贸易方式出口货物外)应免、抵、退税额：

①计算企业当期应纳税额，确定留抵税额。

②审核"两单一票"，按 FOB 价格和记账汇率确认出口免税销售额(出口货物离岸价×外汇人民币牌价)，根据免税销售额、出口货物退税率、免税购进原材料价格按下列公式计算免抵退税额：

免抵退税额＝出口货物离岸价×外汇人民币牌价×出口货物退税率－免抵退税额抵减额

免抵退税额抵减额＝免税购进原材料价格×出口货物退税率

对于出口报关单注明的出口额与收汇核销单不一致的情况，可按从高计算的原则处理。

(3)审查出口货物适用的征税率和退税率，计算计入产品销售成本的进项税额(即当期免抵退税不得免征和抵扣税额)。对属于进料加工复出口的货物，要通过审查海关核销的免税进口料件组成计税价格及有关凭证确定视同已征税款，以抵减计入产品销售成本的出口货物应负担的进项税额(即免抵退税不得免征和抵扣税额抵减额)。

(4)比较当期期末留抵税额和当期免抵退税额，计算出当期应退税额和结转下期抵扣税额。

(5)根据核实的"期末留抵税额"和"当期免抵退税额"的情况，填写《生产企业出口货物免、抵、退税申报汇总表》、《生产企业出口货物免、抵、退税申报明细表》、《增值税纳税申报表》及其规定的附表并连同相关资料在法定期限或主管税务机关确定的期限内报送到主管税务机关。

二、消费税纳税申报的代理

消费税是对在我国境内生产、委托加工和进口应税消费品的单位和个人征收的一种流转税。代理消费税纳税申报主要包括代理自产应税消费品纳税申报、代理委托加工应税消费品纳税申报以及代理进口应税消费品纳税申报三种情况。同时根据我国税法规定，对纳税人出口应税消费品的，国家给予退免税的税收优惠。因此，在代理消费税的纳税申报中还包括代为办理出口应税消费品的退免税问题。

(一)消费税纳税申报代理的不同情况

1. 自产应税消费品的纳税申报的代理

纳税人生产的应税消费品无论是销售还是自用(除自用于连续生产应税消费品外)，都要缴纳消费税。因此，在代理纳税人自产应税消费品的纳税申报时，要分不同情况确定纳税义务的发生时间。

(1)销售应税消费品

纳税人销售应税消费品，根据其货款结算方式确定纳税义务发生时间：

①纳税人采取赊销和分期收款结算方式的，其纳税义务发生时间为销售合同规定的收款日期的当天；

②纳税人采取预收货款结算方式的，其纳税义务发生时间为发出应税消费品的当天；

③纳税人采取托收承付、委托银行收款方式销售应税消费品的，其纳税义务发生时间为发出应税消费品并办妥托收手续的当天；

④纳税人采用其他结算方式的，其纳税义务发生时间为收讫销售款或取得索取销售款的凭据的当天。

(2)自产自用应税消费品

纳税人自产自用应税消费品(除自用于连续生产应税消费品外)的，其纳税义务发生时间为移送使用的当天。

在代理自产应税消费品的纳税申报时，应提交《消费税纳税申报表》以及《金银饰品购销存月报表》(从事金银饰品生产、加工、批发、零售业务的单位报送)。这里需要注意的是，金银首饰、钻石以及钻石饰品由生产、进口环节改为零售环节征税。

2. 委托加工应税消费品的纳税申报的代理

委托加工应税消费品的纳税人是委托方，但按照我国现行税法的规定，应由受托方(除个体经营者外)办理代收代缴消费税的纳税申报工作。如果纳税人委托个体经营者加工应税消费品，一律由委托方收回后在委托方所在地缴纳消费税。

纳税人委托加工的应税消费品，其纳税义务发生时间为纳税人提货的当天。委托方收回委托加工的应税消费品后直接用于销售的，不再征收消费税；用于连续生产应税消费品的，其已纳税款准予按照规定从连续生产的应税消费品应纳税款中抵扣。

根据以上规定，我们可以看到代理委托加工应税消费品的纳税申报包括以下两种情况：

(1)为受托方代理申报，应向主管税务机关报送代收代缴纳税申报表。

(2)为委托方代理申报，分为两种：

①为委托个体经营者加工应税消费品的委托方办理纳税申报；

②为已经由受托方代收代缴税款的委托方办理纳税申报，此时应向主管税务机关提供已经由受托方代收代缴税款的完税证明。

3. 进口应税消费品纳税申报的代理

纳税人进口应税消费品的，应向报关地海关申报纳税，其纳税义务发生时间为报关进口的当天。

4. 出口应税消费品退免税的代理

有两类企业出口应税消费品后能够办理退免税：生产企业和外贸企业。除此之外的其他企业出口应税消费品，既不免税也不退税。

(1)生产企业

税务代理人在代理有进出口经营权的生产企业自营或委托出口的应税消费品的纳税申报时，应该向主管税务机关提供“两单一票”办理退免税手续。已经办理退免税的应税消费品发生退关或国外退货，出口时已经予以免税的，经所在地主管税务机关批准，可以暂时不办理补税，待其转为国内销售时，再办理补缴消费税的申报手续。

(2)外贸企业

有出口经营权的外贸企业购进应税消费品直接出口，以及外贸企业受其他外贸企业委托代理出口应税消费品时，实行专用税票管理制度，其纳税申报程序为：

①生产企业将应税消费品销售给外贸企业出口，应该到主管税务机关开具消费税专用税票，并将其交给外贸企业。

②外贸企业将应税消费品出口后凭“两单两票”以及消费税专用税票向主管税务机关办理

退税手续，报送出口退税货物进货凭证申报明细表和出口货物退税申报明细表。

③如果出口的应税消费品办理退税后，出现退关或退货，外贸企业应于当期向主管税务机关申报补缴已退税款，填制“出口商品退运已补税证明”。

(二)代理消费税纳税申报的流程

消费税实行差别税率，对不同的应税消费品采用不同的税率，而且对不同的应税消费品采用不同的征税方法：从价定率，从量定额，复合征税方法。

对于实行从价定率的应税消费品：

纳税人应纳消费税税款＝应税消费品的销售额×消费税税率

对于实行从量定额的应税消费品：

纳税人应纳消费税税款＝应税消费品的销售数量×单位税额

对于实行复合征税办法的应税消费品：

纳税人应纳消费税税款＝销售额×消费税税率＋销售数量×单位税额

因此，税务代理人应按下列流程代理消费税的纳税申报：

(1)深入了解企业生产经营情况，核实企业生产应税消费品的种类、名称，并根据税法规定，确定其适用税目、税率或税额。

(2)核实应税消费品的生产销售情况。税务代理人通过查核“产成品”、“自制半成品”等存货账户，核实应税消费品的去向：是用于销售还是自用。如果是对外销售，税务代理人应结合收入账户，核实销售数量或销售额。如果是自用，税务代理人应该首先确定该应税消费品是用于连续生产还是用于其他用途，如果用于连续生产，则在此环节无须纳税；如用于其他用途，税务代理人应核实应税数量或应税销售额。通过核实应税消费品的生产销售情况，确定各种应税消费品的计税数量或金额。

(3)根据已核实的计税数量或金额，依照规定的税目、税率(税额)，计算应纳消费税额，并与“应交税费——应交消费税”账户资料核实相符。如果不符，应建议纳税人调账。

(4)根据正确无误的计税资料，填报《消费税纳税申报表》和《金银饰品购销存月报表》(从事金银饰品生产、加工、批发、零售业务的单位填写)。

为了在全国范围内统一、规范消费税纳税申报资料，加强消费税管理的基础工作，国有税务总局制定了《烟类应税消费品消费税纳税申报表》、《酒及酒精消费税纳税申报表》、《成品油消费税纳税申报表》、《小汽车消费税纳税申报表》、《其他应税消费品消费税纳税申报表》，分别见表6－3、表6－4、表6－5、表6－6和表6－7。

表6－3　　烟类应税消费品消费税纳税申报表

税款所属期：　　年　　月　　日至　　　年　　月　　日

纳税人名称(公章)：　　　　纳税人识别号：□□□□□□□□□□□□□□□□□□□□

填表日期：　　年　　月　　日　　单位：卷烟万支、雪茄烟支、烟丝千克　　金额单位：元(列至角分)

项目应税消费品名称	适用税率		销售数量	销售额	应纳税额
	定额税率	比例税率			
卷烟	30元/万支	56%			
卷烟	30元/万支	36%			
雪茄烟	—	36%			

续表

<table>
<tr><td rowspan="2">项目应税消费品名称</td><td colspan="2">适用税率</td><td rowspan="2">销售数量</td><td rowspan="2">销售额</td><td rowspan="2">应纳税额</td></tr>
<tr><td>定额税率</td><td>比例税率</td></tr>
<tr><td>烟丝</td><td>—</td><td>30%</td><td></td><td></td><td></td></tr>
<tr><td>合计</td><td>—</td><td>—</td><td>—</td><td>—</td><td></td></tr>
<tr><td colspan="4">本期准予扣除税额：</td><td colspan="2" rowspan="3">声明
此纳税申报表是根据国家税收法律的规定填报的，我确定它是真实的、可靠的、完整的。
经办人(签章)：
财务负责人(签章)：
联系电话：</td></tr>
<tr><td colspan="4">本期减(免)税额：</td></tr>
<tr><td colspan="4">期初未缴税额：</td></tr>
<tr><td colspan="4">本期缴纳前期应纳税额：</td><td colspan="2" rowspan="4">(如果你已委托代理人申报，请填写)
授权声明
为代理一切税务事宜，现授权________________(地址)____________为本纳税人的代理申报人，任何与本申报表有关的往来文件，都可寄予此人。
授权人签章：</td></tr>
<tr><td colspan="4">本期预缴税额：</td></tr>
<tr><td colspan="4">本期应补(退)税额：</td></tr>
<tr><td colspan="4">期末未缴税额：</td></tr>
</table>

以下由税务机关填写

受理人(签章)：　　　　受理日期：　　年　　月　　日　　　　受理税务机关(章)：

填表说明：

一、本表仅限烟类消费税纳税人使用。

二、本表“销售数量”为《中华人民共和国消费税暂行条例》、《中华人民共和国消费税暂行条例实施细则》及其他法规、规章规定的当期应申报缴纳消费税的烟类应税消费品销售(不含出口免税)数量。

三、本表“销售额”为《中华人民共和国消费税暂行条例》、《中华人民共和国消费税暂行条例实施细则》及其他法规、规章规定的当期应申报缴纳消费税的烟类应税消费品销售(不含出口免税)收入。

四、根据《中华人民共和国消费税暂行条例》和《财政部 国家税务总局关于调整烟类产品消费税政策的通知》(财税〔2001〕91号)的规定，本表“应纳税额”计算公式如下：

(一)卷烟

应纳税额＝销售数量×定额税率＋销售额×比例税率

(二)雪茄烟、烟丝

应纳税额＝销售额×比例税率

五、本表“本期准予扣除税额”按本表附件一的本期准予扣除税款合计金额填写。

六、本表“本期减(免)税额”不含出口退(免)税额。

七、本表“期初未缴税额”填写本期期初累计应缴未缴的消费税额，多缴为负数。其数值等于上期“期末未缴税额”。

八、本表“本期缴纳前期应纳税额”填写本期实际缴纳入库的前期消费税额。

九、本表“本期预缴税额”填写纳税申报前已预先缴纳入库的本期消费税额。

十、本表“本期应补(退)税额”计算公式如下，多缴为负数：

本期应补(退)税额＝应纳税额(合计栏金额)－本期准予扣除税额－本期减(免)税额－本期预缴税额

十一、本表“期末未缴税额”计算公式如下，多缴为负数：

期末未缴税额＝期初未缴税额＋本期应补(退)税额－本期缴纳前期应纳税额

十二、本表为A4竖式，所有数字小数点后保留两位。一式两份，一份纳税人留存，一份税务机关留存。

表6－4　　**酒及酒精消费税纳税申报表**

税款所属期：　　年　　月　　日至　　　年　　月　　日

纳税人名称(公章)：　　　　纳税人识别号：

填表日期：　　年　　月　　日　　　　　　　　　　　　金额单位：元(列至角分)

项目应税消费品名称	适用税率		销售数量	销售额	应纳税额
	定额税率	比例税率			
粮食白酒	0.5元/斤	20%			
薯类白酒	0.5元/斤	20%			
啤酒	250元/吨	—			
啤酒	220元/吨	—			
黄酒	240元/吨	—			
其他酒	—	10%			
酒精	—	5%			
合　计	—	—	—	—	

<table>
<tr><td>本期准予抵扣税额：</td><td rowspan="3">声明
此纳税申报表是根据国家税收法律的规定填报的，我确定它是真实的、可靠的、完整的。
经办人(签章)：
财务负责人(签章)：
联系电话：</td></tr>
<tr><td>本期减(免)税额：</td></tr>
<tr><td>期初未缴税额：</td></tr>
<tr><td>本期缴纳前期应纳税额：</td><td rowspan="4">(如果你已委托代理人申报，请填写)
授权声明
为代理一切税务事宜，现授权________(地址)________为本纳税人的代理申报人，任何与本申报表有关的往来文件，都可寄予此人。
授权人签章：</td></tr>
<tr><td>本期预缴税额：</td></tr>
<tr><td>本期应补(退)税额：</td></tr>
<tr><td>期末未缴税额：</td></tr>
</table>

以下由税务机关填写

受理人(签章)：　　　　受理日期：　　年　　月　　日　　　　受理税务机关(章)：

填表说明：

一、本表仅限酒及酒精消费税纳税人使用。

二、本表"销售数量"为《中华人民共和国消费税暂行条例》、《中华人民共和国消费税暂行条例实施细则》及其他法规、规章规定的当期应申报缴纳消费税的酒及酒精销售（不含出口免税）数量。计量单位：粮食白酒和薯类白酒为斤（如果实际销售商品按照体积标注计量单位，应按500毫升为1斤换算），啤酒，黄酒、其他酒和酒精为吨。

三、本表"销售额"为《中华人民共和国消费税暂行条例》、《中华人民共和国消费税暂行条例实施细则》及其他法规、规章规定的当期应申报缴纳消费税的酒及酒精销售（不含出口免税）收入。

四、根据《中华人民共和国消费税暂行条例》和《财政部 国家税务总局关于调整酒类产品消费税政策的通知》（财税〔2001〕84号）的规定，本表"应纳税额"计算公式如下：

（一）粮食白酒、薯类白酒

应纳税额＝销售数量×定额税率＋销售额×比例税率

（二）啤酒、黄酒

应纳税额＝销售数量×定额税率

（二）其他酒、酒精

应纳税额＝销售额×比例税率

五、本表"本期准予抵扣税额"按本表附件一的本期准予抵减税款合计金额填写。

六、本表"本期减（免）税额"不含出口退（免）税额。

七、本表"期初未缴税额"填写本期期初累计应缴未缴的消费税额，多缴为负数。其数值等于上期"期末未缴税额"。

八、本表"本期缴纳前期应纳税额"填写本期实际缴纳入库的前期消费税额。

九、本表"本期预缴税额"填写纳税申报前已预先缴纳入库的本期消费税额。

十、本表"本期应补（退）税额"计算公式如下，多缴为负数：

本期应补（退）税额＝应纳税额（合计栏金额）－本期准予抵减税额－本期减（免）税额－本期预缴税额

十一、本表"期末未缴税额"计算公式如下，多缴为负数：

期末未缴税额＝期初未缴税额＋本期应补（退）税额－本期缴纳前期应纳税额

十二、本表为A4竖式，所有数字小数点后保留两位。一式两份，一份纳税人留存，一份税务机关留存。

表6－5　　成品油消费税纳税申报表

税款所属期：　　年　月　日至　　年　月　日

纳税人名称（公章）：　　纳税人识别号：□□□□□□□□□□□□□□□□□□□□

填表日期：　　年　月　日　　计量单位：升　　金额单位：元（列至角分）

项目应税消费品名称	适用税率（元/升）	销售数量	应纳税额
含铅汽油	1.4		
无铅汽油	1		
柴油	0.8		

续表

<table>
<tr><td>项目应税消费品名称</td><td>适用税率
(元/升)</td><td>销售数量</td><td>应纳税额</td></tr>
<tr><td>石脑油</td><td>1</td><td></td><td></td></tr>
<tr><td>溶剂油</td><td>1</td><td></td><td></td></tr>
<tr><td>润滑油</td><td>1</td><td></td><td></td></tr>
<tr><td>燃料油</td><td>0.8</td><td></td><td></td></tr>
<tr><td>航空煤油</td><td>0.8</td><td></td><td></td></tr>
<tr><td>合　计</td><td>—</td><td>—</td><td></td></tr>
<tr><td colspan="3">本期准予扣除税额：</td><td rowspan="3">声明
此纳税申报表是根据国家税收法律的规定填报的，我确定它是真实的、可靠的、完整的。
经办人(签章)：
财务负责人(签章)：
联系电话：</td></tr>
<tr><td colspan="3">本期减(免)税额：</td></tr>
<tr><td colspan="3">期初未缴税额：</td></tr>
<tr><td colspan="3">本期缴纳前期应纳税额：</td><td rowspan="4">(如果你已委托代理人申报，请填写)
授权声明
为代理一切税务事宜，现授权________(地址)__________为本纳税人的代理申报人，任何与本申报表有关的往来文件，都可寄予此人。
授权人签章：</td></tr>
<tr><td colspan="3">本期预缴税额：</td></tr>
<tr><td colspan="3">本期应补(退)税额：</td></tr>
<tr><td colspan="3">期末未缴税额：</td></tr>
</table>

以下由税务机关填写

受理人(签章)：　　　　受理日期：　　年　月　日　　　　受理税务机关(章)：

填表说明：

一、本表仅限成品油消费品纳税人使用。

二、本表“销售数量”为《中华人民共和国消费税暂行条例》、《中华人民共和国消费税暂行条例实施细则》及其他法规、规章规定的当期应当申报缴纳消费税的成品油类应税消费品销售数量。

三、根据《中华人民共和国消费税暂行条例》的规定，本表“应纳税额”计算公式如下：

应纳税额＝销售数量×适用税率

四、本表“本期准予扣除税额”按本表附件一的本期准予扣除税款合计金额填写。

五、本表“本期减(免)税额”是指按照税法规定对应税消费品减免的税客。

根据财税〔2006〕33号文件中“航空煤油暂缓征收消费税”的规定，航空煤油暂不申报消费税。

六、本表“期初未缴税额”填写本期期初累计应缴未缴的消费税额，多缴为负数。其数值等于上期“期末未缴税额”。

七、本表“本期缴纳前期应纳税额”填写本期实际缴纳入库的前期消费税额。

八、本表“本期预缴税额”填写纳税申报前已预先缴纳入库的本期消费税额。

九、本表"本期应补(退)税额"计算公式如下，多缴为负数：

本期应补(退)税额＝应纳税额(合计栏金额)－本期准予扣除税额－本期减(免)税额－本期预缴税额

十、本表"期末未缴税额"计算公式如下，多缴为负数：

期末未缴税额＝期初未缴税额＋本期应补(退)税额－本期缴纳前期应纳税额

十一、本表为A4竖式，所有数字小数点后保留两位。一式两份，一份纳税人留存，一份税务机关留存。

表6－6　　小汽车消费税纳税申报表

税款所属期：　　年　　月　　日至　　年　　月　　日

纳税人名称（公章）：　　　纳税人识别号：

填表日期：　　年　　月　　日　　　　单位：辆、元(列至角分)

项目应税消费品名称		适用税率	销售数量	销售额	应纳税额
乘用车	气缸容量≤1.0升	1%			
	1.0升<气缸容量≤1.5升	3%			
	1.5升<气缸容量≤2.0升	5%			
	2.0升<气缸容量≤2.5升	9%			
	2.5升<气缸容量≤3.0升	12%			
	3.0升<气缸容量≤4.0升	25%			
	气缸容量>4.0	40%			
中轻型商用客车		5%			
合　计		—	—	—	

<table>
<tr><td>本期准予扣除税额：</td><td rowspan="3">声明
此纳税申报表是根据国家税收法律的规定填报的，我确定它是真实的、可靠的、完整的。
经办人(签章)：
财务负责人(签章)：
联系电话：</td></tr>
<tr><td>本期减(免)税额：</td></tr>
<tr><td>期初未缴税额：</td></tr>
<tr><td>本期缴纳前期应纳税额：</td><td rowspan="4">(如果你已委托代理人申报，请填写)
授权声明
为代理一切税务事宜，现授权________(地址)________为本纳税人的代理申报人，任何与本申报表有关的往来文件，都可寄予此人。
授权人签章：</td></tr>
<tr><td>本期预缴税额：</td></tr>
<tr><td>本期应补(退)税额：</td></tr>
<tr><td>期末未缴税额：</td></tr>
</table>

以下由税务机关填写

受理人(签章)：　　　　受理日期：　　　年　　月　　日　　　　受理税务机关(章)：

填表说明：

一、本表仅限小汽车消费税纳税人使用。

二、纳税人生产的改装、改制车辆，应按照《财政部 国家税务总局关于调整和完善消费税政策的通知》(财税〔2006〕33 号)中规定的适用税率、税率填写本表。

三、本表“销售数量”为《中华人民共和国消费税暂行条例》、《中华人民共和国消费税暂行条例实施细则》及其他法规、规章规定的当期应申报缴纳消费税的小汽车类应税消费品销售(不含出口免税)数量。

四、本表“销售额”为《中华人民共和国消费税暂行条例》、《中华人民共和国消费税暂行条例实施细则》及其他法规、规章规定的当期应申报缴纳消费税的小汽车类应税消费品销售(不含出口免税)收入。

五、根据《中华人民共和国消费税暂行条例》的规定，本表“应纳税额”计算公式如下：

应纳税额＝销售额×比例税率

六、本表“本期减(免)税额”不含出口退(免)税额。

七、本表“期初未缴税额”填写本期期初累计应缴未缴的消费税额，多缴为负数。其数值等于上期“期末未缴税额”。

八、本表“本期缴纳前期应纳税额”填写本期实际缴纳入库的前期消费税额。

九、本表“本期预缴税额”填写纳税申报前已预先缴纳入库的本期消费税额。

十、本表“本期应补(退)税额”计算公式如下，多缴为负数：

本期应补(退)税额＝应纳税额(合计栏金额)－本期准予扣除税额－本期减(免)税额－本期预缴税额

十一、本表“期末未缴税额”计算公式如下，多缴为负数：

期末未缴税额＝期初未缴税额＋本期应补(退)税额－本期缴纳前期应纳税额

十二、本表为 A4 竖式，所有数字小数点后保留两位。一式两份，一份纳税人留存，一份税务机关留存。

表 6－7　　　　其他应税消费品消费税纳税申报表

税款所属期：　　年　　月　　日至　　　年　　月　　日

纳税人名称(公章)：　　　　纳税人识别号：□□□□□□□□□□□□□□□□□□□□

填表日期：　　年　　月　　日　　　　　　　　　　单位：元(列至角分)

应税消费品名称	适用税率	销售数量	销售额	应纳税额
合　计	—	—	—	

续表

本期准予扣除税额：	声明 此纳税申报表是根据国家税收法律的规定填报的，我确定它是真实的、可靠的、完整的。 经办人(签章)： 财务负责人(签章)： 联系电话：
本期减(免)税额：	
期初未缴税额：	
本期缴纳前期应纳税额：	(如果你已委托代理人申报，请填写) 授权声明 为代理一切税务事宜，现授权__________(地址)__________为本纳税人的代理申报人，任何与本申报表有关的往来文件，都可寄予此人。 授权人签章：
本期预缴税额：	
本期应补(退)税额：	
期末未缴税额：	

以下由税务机关填写

受理人(签章)：　　　　受理日期：　　年　月　日　　　　受理税务机关(章)：

填表说明：

一、本表限贵重首饰及珠宝玉石、鞭炮焰火、汽车轮胎、摩托车、高尔夫球及球具、高档手表、游艇、木制一次性筷子、实木地板等消费税纳税人使用。

二、本表“应税消费品名称”和“适用税率”按照以下内容填写：

贵重首饰及珠宝玉石:10%;金银首饰(铂金首饰、钻石及钻石饰品):5%;鞭炮焰火:15%;汽车轮胎(除子午线轮胎):3%(免税);摩托车(排量＞250毫升):10%;摩托车(排量≤250毫升):3%;高尔夫球及球具:10%;高档手表:20%;游艇:10%;木制一次性筷子:5%;实木地板:5%。

三、本表“销售数量”为《中华人民共和国消费税暂行条例》、《中华人民共和国消费税暂行条例实施细则》及其他法规、规章规定的当期应申报缴纳消费税的烟类应税消费品销售(不含出口免税)数量。计量单位是:汽车轮胎为套;摩托车为辆;高档手表为只;游艇为艘;实木地板为平方米;木制一次性筷子为万双;化妆品、贵重首饰及珠宝玉石(含金银首饰、铂金首饰、钻石及钻石饰品)、鞭炮焰火、高尔夫球及球具按照纳税人实际使用的计量单位填写并在本栏中注明。

四、本表“销售额”为《中华人民共和国消费税暂行条例》、《中华人民共和国消费税暂行条例实施细则》及其他法规、规章规定的当期应申报缴纳消费税的应税消费品销售(不含出口免税)收入。

五、根据《中华人民共和国消费税暂行条例》的规定，本表“应纳税额”计算公式如下：

应纳税额＝销售额×适用税率

六、本表“本期准予扣除税额”按本表附件一的本期准予扣除税款合计金额填写。

七、本表“本期减(免)税额”不含出口退(免)税额。

八、本表“期初未缴税额”填写本期期初累计应缴未缴的消费税额，多缴为负数。其数值等于上期“期末未缴税额”。

九、本表“本期缴纳前期应纳税额”填写本期实际缴纳入库的前期消费税额。

十、本表“本期预缴税额”填写纳税申报前已预先缴纳入库的本期消费税额。

十一、本表“本期应补(退)税额”计算公式如下，多缴为负数：

本期应补(退)税额＝应纳税额(合计栏金额)－本期准予扣除税额－本期减(免)税额－本期预缴税额

十二、本表“期末未缴税额”计算公式如下，多缴为负数：

期末未缴税额＝期初未缴税额＋本期应补(退)税额－本期缴纳前期应纳税额

十三、本表为A4竖式，所有数字小数点后保留两位。一式两份，一份纳税人留存，一份税务机关留存。

(三)代理消费税纳税申报实例

[例6－2] 某卷烟厂系增值税一般纳税人，主要生产卷烟，其不含增值税的调拨价格为70元/标准条。税务机关为其核定的纳税期限为1个月。该卷烟厂2014年9月份有关资料如下：

(1)月初库存外购烟丝的买价为300万元。

(2)9月5日购入烟丝，不含增值税价款为500万元，取得了增值税专用发票。发票账单和烟丝同时到达企业，该批烟丝已经验收入库。其会计处理为：

借：原材料——烟丝	5 000 000	
应交税费——应交增值税(进项税额)	850 000	
贷：银行存款		5 850 000

(3)9月6日委托B企业加工烟丝一批，原材料成本为10 000元，支付的加工费为8 000元(不含增值税)。B企业无同类消费品的销售价格。9月20日烟丝加工完成验收入库，加工费用等已经支付。收回烟丝后用于生产卷烟。

①发出委托加工材料时：

借：委托加工物资	10 000	
贷：原材料		10 000

②支付加工费用时：

消费税的组成计税价格＝(10 000＋8 000)÷(1－30%)＝25 714.29(元)

B企业应代收代缴的消费税＝25 714.29×30%＝7 714.29(元)

应纳增值税＝8 000×17%＝1 360(元)

借：委托加工物资	8 000	
应交税费——应交增值税(进项税额)	1 360	
——应交消费税	7 714.29	
贷：银行存款		17 074.29

③加工完成收回委托加工材料时：

借：原材料	18 000	
贷：委托加工物资		18 000

④用于生产卷烟时：

借：生产成本　　18 000

　　贷：原材料　　18 000

(4)9月15日以直接收款方式销售卷烟1 000标准箱，取得不含增值税销售额1 750万元。

①该项销售业务的增值税销项税额＝17 500 000×17％＝2 975 000(元)。

借：银行存款　　20 475 000

　　贷：主营业务收入——卷烟　　17 500 000

应交税费——应交增值税(销项税额)2 975 000

②该项销售业务应纳的消费税＝17 500 000×56％＋1 000×150＝9 950 000(元)。

借：主营业务税金及附加　　9 950 000

　　贷：应交税费——应交消费税　　9 950 000

结转销售成本的会计分录略。

(5)月末烟丝存货为200万元。

税务代理人在代理纳税申报时，对该卷烟厂的账证资料进行了核实，并搜集整理了有关资料。经核实，企业上述业务是真实的，账务处理也是正确的。在此基础上，按下列程序计算并填报了该企业应纳的消费税税款：

①本期该企业销售卷烟应纳的消费税税款为9 950 000元。

②本期生产领用外购烟丝的买价＝3 000 000＋5 000 000－2 000 000＝6 000 000(元)。

③当期准予扣除的外购应税消费品已纳税款＝6 000 000×30％＝1 800 000(元)。

④当期准予扣除的委托加工应税消费品已纳税款为7 714.29元。

⑤本月应纳消费税税款＝9 950 000－1 800 000－7 714.29＝8 142 285.71(元)。

三、营业税纳税申报的代理

营业税是以在我国境内提供应税劳务、转让无形资产和销售不动产的行为为课税对象所征收的一种税。我国现行营业税采用行业比例税率的形式。

(一)代理营业税纳税申报的程序

纳税人应纳营业税税款的计算公式为：

应纳营业税税额＝营业额×适用税率

申报营业税实行行业比例税率，因此税务代理人应按照下列流程代理营业税的纳税申报：

(1)了解企业的经营范围，明确应税项目所属的行业，确定其适用税率。同时，要全面了解税法中有关税收优惠政策，确定减征和免征营业税的项目。

(2)检查收入账户及有关原始凭证，核实各应税项目、免税项目的营业税。同时，注意纳税人的兼营非应税劳务和混合销售行为，根据税法的规定确定对兼营行为和混合销售行为应该缴纳何种流转税。

(3)根据核实后的应税营业额和适用税率计算应纳营业税税额，并与“应交税费——应交营业税”账户的贷方本期发生额核对相符。

(4)根据要求填写《营业税纳税申报表》，连同其他有关资料一并向主管税务机关办理纳税申报。

另外，对于负有代扣代缴营业税义务的纳税人，税务代理人还应为其办理扣缴税款报告。代理人在办理此项业务时，应详细查阅有关合同协议（如委托发放贷款合同、建筑安装工程分包或转包合同等）、“应付账款”账户及有关凭证、代扣税款凭证等内容。在此基础上，填写营业税扣缴报告表，连同有关合同或协议、扣缴税款凭证及其他有关资料一并保送主管税务机关。

（二）代理营业税纳税申报实例

［例 6—3］ 大同公司位于上海市区，是一家集提供运输业务、餐饮服务、汽车修理修配服务为一体的综合服务公司，主管税务机关为其确定的纳税期限为 1 个月。大同公司已与宏伟税务师事务所签订了税务代理协议书，委托宏伟税务师事务所为其代理纳税申报业务。该公司 2014 年 5 月有关资料如下：

（1）“主营业务收入”及“其他业务收入”账户各明细账记载：独立承接运输业务的运费收入为 800 000 元；从事联运业务收入 500 000 元，其中付给其他联运企业 200 000 元；餐饮收入 30 000 元；汽车修理修配收入（含增值税）53 000 元；小卖部商品销售收入（含增值税）20 800 元。

（2）本月该公司将一栋楼房出售给明月公司做办公用房，所得价款 7 000 000 元。该房屋原值 9 200 000 元，已提折旧 3 000 000 元。企业的账务处理为：

①借：银行存款	7 000 000	
贷：固定资产清理		7 000 000
②借：固定资产清理	6 200 000	
累计折旧	3 000 000	
贷：固定资产——房屋		9 200 000
③借：固定资产清理	385 000	
贷：应交税费——应交营业税		350 000
——应交城市维护建设税		24 500
其他应交款——教育费附加		10 500

此外，企业还按规定计算缴纳了土地增值税并将固定资产清理净收益做了结转，此处从略。

（3）本月“应交税费——应交营业税”明细账有关资料如下：运费收入应纳增值税为 121 000 元［（800 000＋500 000－200 000）×11％］；餐饮收入应纳营业税为 1 500 元（300 000 ×5％）；不动产销售收入应纳营业税为 350 000 元（700 000×5％）。该公司本期应纳营业税合计为 351 500 元。

在代理纳税申报的过程中，宏伟税务师事务所首先确定了该公司应税项目所属行业及其适用的税率，并审核了该公司的有关资料。通过审核，确定该公司以下项目：

（1）本期的销售额和营业额合计为 7 230 000 元，其中应该按照交通运输业缴纳营业税的全部营业额为 1 300 000 元，允许减除的项目金额为在联运收入中付给其他联运企业的 200 000 元，因此，交通运输业的实际计税依据为 1 100 000 元，适用的税率为 11％，应纳的营业税税款为 121 000 元。

（2）应该按照服务业缴纳营业税的营业额为 30 000 元，适用的税率为 5％，应纳的营业税税款为 1 500 元。

(3)应该按照销售不动产缴纳营业税的销售额为 7 000 000 元，适用的税率为 5%，应纳的营业税税款为 350 000 元。

(4)汽车修理修配和小卖部销售货物的收入属于增值税的征收范围，不属于营业税的征收范围，因此不属于营业税征收范围的营业额(销售额)为汽车修理修配的 50 000 元营业额和小卖部 20 000 元的销售收入。

通过审核，宏伟税务师事务所认定该公司的会计核算和营业税的计算是准确的，因此据实填报了《营业税纳税申报表》，并附送了有关资料。此外，该公司汽车修理修配和小卖部商品销售收入应纳增值税，同时该公司不符合一般纳税人认定条件，应纳增值税计算如下：

应纳增值税＝(50 000＋20 000)÷(1＋3%)×3%＋(800 000＋500 000－200 000)×11%

＝123 038.8(美元)

第三节　所得税纳税申报的代理

一、企业所得税纳税申报代理实务

企业所得税是对中国境内企业(除外商投资企业和外国企业外)的生产经营所得和其他所得征收的一种税。其计算公式为：

应纳所得税额＝应纳税所得额×适用税率

其中，“应纳税所得额”是指纳税人每一纳税年度内的收入总额减去准予扣除项目后的余额。计算公式为：

应纳税所得额＝收入总额－准予扣除项目金额

由于在计算应纳税所得额时，税法中对哪些收入应该计入收入总额、哪些收入不计入收入总额，哪些项目不允许扣除、哪些项目允许扣除以及扣除标准如何，都有明确的规定，而且税法中的一些规定与企业会计制度中的规定有所不同，因此，计税利润与企业的会计利润有所不同。所以，税务代理人在代理所得税的纳税申报时，首先要指导企业正确地核算会计利润，然后再根据税法的规定，将企业的会计利润调整为计税利润，再计算填写《企业所得税纳税申报表》及其附表。

(一)代理企业所得税纳税申报的流程

税务代理人一般应按照下列流程代理企业所得税纳税申报工作：

(1)深入企业了解其性质、经营范围以及征免税范围。对享受税收优惠政策的企业，要审查企业减免税的政策依据和审批文件，确定减税免税的具体经营项目、适用的减免幅度和减免期限，并审查企业不符合减免税条件的经营项目，或者减免税期限已满恢复全额征税的所得。

(2)按照财务会计制度，审查企业的收入核算账户和主要的原始凭证，计算当期生产经营收入、财产转让收入、股息收入等各项应税收入。

(3)审查成本核算账户和主要的原始凭证，根据现行的企业会计核算制度，确定当期产品销售成本或营业成本。

(4)审查主要的期间费用账户和原始凭证，确定当期实际支出的销售费用、管理费用和财务费用。

(5)审查税金核算账户,确定税前应扣除的税金总额。

(6)审查损失核算账户,计算资产损失、投资损失和其他损失。

(7)审查营业外收支账户及主要原始凭证,计算营业外收支净额。

(8)根据以上审查结果,填报相应的纳税申报表附表。

(9)根据纳税申报表附表填报纳税申报表。在填报的过程中,先计算出企业当期税前会计利润总额,然后再按税法规定进行纳税项目调整,其中要重点检查借款利息支出、工资及附加费、业务招待费、公益救济性捐赠以及不准在税前扣除的项目并据以计算当期应税所得额。根据企业当期应税所得额和适用的所得税税率,计算出企业当期应纳税额。如果企业有联营利润、股息收入以及境外收益,还要审查计算其应补缴税额并汇总申报。

(二)代理企业所得税纳税申报需准备的材料

1. 代理企业所得税纳税申报需准备的材料

税务代理人在代理企业所得税的纳税申报时,需准备下列材料:

(1)《企业所得税年度(季度)纳税申报表》或事业单位、社会团体和民办非企业单位适用的企业所得税纳税申报表。

(2)企业所得税纳税申报表的附表。企业所得税纳税申报表附表的数量众多,分为指定附表和明细表等。指定附表主要包括《销售(营业)收入明细表》、《投资所得(损失)明细表》、《销售(营业)成本明细表》、《工资薪金和职工福利等三项经费明细表》、《资产折旧、摊销明细表》、《坏账损失明细表》、《广告支出明细表》、《公益救济性捐赠明细表》及《税前弥补亏损明细表》等。企业要根据自身情况报送相应的附表。

(3)相关的会计报表,如企业的《损益表》、《资产负债表》等。

2. 主表与附表之间的关系

企业所得税纳税申报表主表与附表之间有着密切的关系。附表是为计算主表的相关项目而设置的,是主表项目的细化。因此,税务代理人在填写主表前应首先填写附表。

(三)代理企业所得税纳税申报实例

[例 6—4] 神化集团公司下属的强盛有限公司适用的所得税税率为 25%。宏伟税务师事务所在代理强盛公司纳税申报时,经审查强盛公司 2014 年会计账目,得到以下信息:

(1)该企业的会计资料为:主营业务收入为 78 000 000 元,成本为 50 050 000 元,费用为 18 060 000 元,税费为 2 784 000 元,利润总额为 7 106 000 元,经审查企业的会计账目,确认该企业会计核算准确,符合会计制度的要求。

(2)经过汇总,确认纳税调整项目如下:

①从其他企业拆入 1 000 000 元资金,本年度支付该项借款利息 120 000 元,已列支,同期同类银行贷款年利率为 6%。

②全年发生业务招待费 385 000 元,已列支。

③发生非广告性赞助性支出 10 000 元,已列支。

④逾期缴纳税款,被处以税收滞纳金和罚款 20 000 元,已列支。

⑤通过中国减灾委员会向遭受地震的灾区捐赠款项 1 000 000 元,已列支。

(3)该企业已预缴所得税税款 1 500 000 元。

宏伟税务师事务所根据上述资料，按以下步骤计算该企业应补缴的企业所得税，并代为填报企业所得税纳税申报表。

(1)首先将该公司的会计利润调整为计税利润。

①拆借利息支出超过标准，应调增应纳税所得额＝120 000－1 000 000×6%＝60 000(元)。

②通过业务招待费列支标准，应调增应纳税所得额＝385 000×60%＝231 000(元)。

③非广告性赞助支出 10 000 元不允许扣除，应调增应纳税所得额 10 000 元。

④缴纳的税收滞纳金和罚款，应调增应纳税所得额 20 000 元。

⑤公司通过中国减灾委员会向遭受地震的灾区捐赠 1 000 000 元属于公益性捐赠，可以扣除，但应先调增应纳税所得额 1 000 000 元。

⑥经过上述调整后的应纳税所得额＝7 106 000＋60 000＋213 000＋10 000＋20 000＋1 000 000＝8 427 000(元)。

⑦准予列支的救济性捐赠金额＝7 106 000×12%＝852 720(元)。

⑧该企业本年度应纳税所得额＝8 427 000－852 720＝7 574 280(元)。

(2)计算应缴纳的企业所得税＝7 574 280×25%＝1 893 570(元)。

(3)该企业已经预缴了 1 500 000 元的所得税，所以应补缴的所得税＝1 893 570－1 500 000＝393 570(元)。

(4)根据计算结果，填写《企业所得税年度纳税申报表》(见表 6—8)，送报主管税务机关。

表 6—8　　中华人民共和国企业所得税年度纳税申报表(A 类)

税款所属期间：　　年　月　日至　　年　月　日

纳税人名称：

纳税人识别号：　　　　金额单位：元(列至角分)

类别	行次	项　目	金　额
利润总额计算	1	一、营业收入	
	2	减：营业成本	
	3	营业税金及附加	
	4	销售费用	
	5	管理费用	
	6	财务费用	
	7	资产减值损失	
	8	加：公允价值变动收益	
	9	投资收益	
	10	二、营业利润	
	11	加：营业外收入	
	12	减：营业外支出	
	13	三、利润总额(10＋11－12)	

续表

类别	行次	项 目	金 额
应纳税所得额计算	14	加:纳税调整增加额	
	15	减:纳税调整减少额	
	16	其中:不征税收入	
	17	免税收入	
	18	减计收入	
	19	减、免税项目所得	
	20	加计扣除	
	21	抵扣应纳税所得额	
	22	加:境外应税所得弥补境内亏损	
	23	纳税调整后所得(13+14-15+22)	
	24	减:弥补以前年度亏损	
	25	应纳税所得额(23-24)	
应纳税额计算	26	税率(25%)	
	27	应纳所得税额(25×26)	
	28	减:减免所得税额	
	29	减:抵免所得税额	
	30	应纳税额(27-28-29)	
	31	加:境外所得应纳所得税额	
	32	减:境外所得抵免所得税额	
	33	实际应纳所得税额(30+31-32)	
	34	减:本年累计实际已预缴的所得税额	
	35	其中:汇总纳税的总机构分摊预缴的税额	
	36	汇总纳税的总机构财政调库预缴的税额	
	37	汇总纳税的总机构所属分支机构分摊的预缴税额	
	38	合并纳税(母子体制)成员企业就地预缴比例	
	39	合并纳税企业就地预缴的所得税额	
	40	本年应补(退)的所得税额(33-34)	
附列资料	41	以前年度多缴的所得税额在本年抵减额	
	42	以前年度应缴未缴在本年入库所得税额	

纳税人公章: 经办人: 申报日期: 年 月 日	代理申报中介机构公章: 经办人及执业证件号码: 代理申报日期: 年 月 日	主管税务机关受理专用章: 受理人: 受理日期: 年 月 日

填表说明:

一、适用范围

本表适用于实行查账征收企业所得税的居民纳税人(以下简称纳税人)填报。

二、填报依据及内容

根据《中华人民共和国企业所得税法》及其实施条例、相关税收政策以及国家统一会计制度(企业会计制度、企业会计准则、小企业会计制度、分行业会计制度、事业单位会计制度和民间非营利组织会计制度)的规定,填报计算纳税人利润总额、应纳税所得额、应纳税额和附列资料等有关项目。

三、有关项目填报说明

(一)表头项目

1.“税款所属期间”:正常经营的纳税人,填报公历当年1月1日至12月31日;纳税人年度中间开业的,填报实际生产经营之日的当月1日至同年12月31日;纳税人年度中间发生合并、分立、破产、停业等情况的,填报公历当年1月1日至实际停业或法院裁定并宣告破产之日的当月月末;纳税人年度中间开业且年度中间又发生合并、分立、破产、停业等情况的,填报实际生产经营之日的当月1日至实际停业或法院裁定并宣告破产之日的当月月末。

2.“纳税人识别号”:填报税务机关统一核发的税务登记证号码。

3.“纳税人名称”:填报税务登记证所载纳税人的全称。

(二)表体项目

本表是在纳税人会计利润总额的基础上,加减纳税调整额后计算出“纳税调整后所得”(应纳税所得额)。会计与税法的差异(包括收入类、扣除类、资产类等差异)通过纳税调整项目明细表(附表三)集中体现。

本表包括利润总额计算、应纳税所得额计算、应纳税额计算和附列资料四个部分。

1.“利润总额计算”中的项目,按照国家统一会计制度口径计算填报。实行企业会计准则的纳税人,其数据直接取自损益表;实行其他国家统一会计制度的纳税人,与本表不一致的项目,按照其利润表项目进行分析填报。

利润总额部分的收入、成本、费用明细项目,一般工商企业纳税人,通过附表一(1)《收入明细表》和附表二(1)《成本费用明细表》相应栏次填报;金融企业纳税人,通过附表一(2)《金融企业收入明细表》、附表二(2)《金融企业成本费用明细表》相应栏次填报;事业单位、社会团体、民办非企业单位、非营利组织等纳税人,通过附表一(3)《事业单位、社会团体、民办非企业单位收入项目明细表》和附表二(3)《事业单位、社会团体、民办非企业单位支出项目明细表》相应栏次填报。

2.“应纳税所得额计算”和“应纳税额计算”中的项目,除根据主表逻辑关系计算的外,通过附表相应栏次填报。

3.“附列资料”填报用于税源统计分析的上一纳税年度税款在本纳税年度抵减或入库金额。

(三)行次说明

1. 第1行“营业收入”:填报纳税人主要经营业务和其他经营业务取得的收入总额。本行根据“主营业务收入”和“其他业务收入”科目的数额计算填报。一般工商企业纳税人,通过附表一(1)《收入明细表》计算填报;金融企业纳税人,通过附表一(2)《金融企业收入明细表》计算填报;事业单位、社会团体、民办非企业单位、非营利组织等纳税人,通过附表一(3)《事业单位、社会团体、民办非企业单位收入明细表》计算填报。

2. 第2行“营业成本”项目:填报纳税人主要经营业务和其他经营业务发生的成本总额。本行根据“主营业务成本”和“其他业务成本”科目的数额计算填报。一般工商企业纳税人,通过附表二(1)《成本费用明细表》计算填报;金融企业纳税人,通过附表二(2)《金融企业成本费用明细表》计算填报;事业单位、社会团体、民办非企业单位、非营利组织等纳税人,通过附表二

(3)《事业单位、社会团体、民办非企业单位支出明细表》计算填报。

3. 第3行“营业税金及附加”:填报纳税人经营活动发生的营业税、消费税、城市维护建设税、资源税、土地增值税和教育费附加等相关税费。本行根据“营业税金及附加”科目的数额计算填报。

4. 第4行“销售费用”:填报纳税人在销售商品和材料、提供劳务的过程中发生的各种费用。本行根据“销售费用”科目的数额计算填报。

5. 第5行“管理费用”:填报纳税人为组织和管理企业生产经营发生的管理费用。本行根据“管理费用”科目的数额计算填报。

6. 第6行“财务费用”:填报纳税人为筹集生产经营所需资金等发生的筹资费用。本行根据“财务费用”科目的数额计算填报。

7. 第7行“资产减值损失”:填报纳税人计提各项资产准备发生的减值损失。本行根据“资产减值损失”科目的数额计算填报。

8. 第8行“公允价值变动收益”:填报纳税人交易性金融资产、交易性金融负债,以及采用公允价值模式计量的投资性房地产、衍生工具、套期保值业务等公允价值变动形成的应计入当期损益的利得或损失。本行根据“公允价值变动损益”科目的数额计算填报。

9. 第9行“投资收益”:填报纳税人以各种方式对外投资确认所取得的收益或发生的损失。本行根据“投资收益”科目的数额计算填报。

10. 第10行“营业利润”:填报纳税人当期的营业利润。根据上述项目计算填列。

11. 第11行“营业外收入”:填报纳税人发生的与其经营活动无直接关系的各项收入。本行根据“营业外收入”科目的数额计算填报。一般工商企业纳税人,通过附表一(1)《收入明细表》相关项目计算填报;金融企业纳税人,通过附表一(2)《金融企业收入明细表》相关项目计算填报;事业单位、社会团体、民办非企业单位、非营利组织等纳税人,通过附表一(3)《事业单位、社会团体、民办非企业单位收入明细表》计算填报。

12. 第12行“营业外支出”:填报纳税人发生的与其经营活动无直接关系的各项支出。本行根据“营业外支出”科目的数额计算填报。一般工商企业纳税人,通过附表二(1)《成本费用明细表》相关项目计算填报;金融企业纳税人,通过附表二(2)《金融企业成本费用明细表》相关项目计算填报;事业单位、社会团体、民办非企业单位、非营利组织等纳税人,通过附表一(3)《事业单位、社会团体、民办非企业单位支出明细表》计算填报。

13. 第13行“利润总额”:填报纳税人当期的利润总额。

14. 第14行“纳税调整增加额”:填报纳税人会计处理与税收规定不一致,进行纳税调整增加的金额。本行通过附表三《纳税调整项目明细表》“调增金额”列计算填报。

15. 第15行“纳税调整减少额”:填报纳税人会计处理与税收规定不一致,进行纳税调整减少的金额。本行通过附表三《纳税调整项目明细表》“调减金额”列计算填报。

16. 第16行“不征税收入”:填报纳税人计入利润总额但属于税收规定不征税的财政拨款、依法收取并纳入财政管理的行政事业性收费、政府性基金以及国务院规定的其他不征税收入。本行通过附表一(3)《事业单位、社会团体、民办非企业单位收入明细表》计算填报。

17. 第17行“免税收入”:填报纳税人计入利润总额但属于税收规定免税的收入或收益,包括国债利息收入;符合条件的居民企业之间的股息、红利等权益性投资收益;从居民企业取得与该机构、场所有实际联系的股息、红利等权益性投资收益；符合条件的非营利组织的收入。本行通过附表五《税收优惠明细表》第1行计算填报。

18. 第18行“减计收入”：填报纳税人以《资源综合利用企业所得税优惠目录》规定的资源作为主要原材料，生产国家非限制和禁止并符合国家和行业相关标准的产品取得收入10%的数额。本行通过附表五《税收优惠明细表》第6行计算填报。

19. 第19行“减、免税项目所得”：填报纳税人按照税收规定减征、免征企业所得税的所得额。本行通过附表五《税收优惠明细表》第14行计算填报。

20. 第20行“加计扣除”：填报纳税人开发新技术、新产品、新工艺发生的研究开发费用，以及安置残疾人员及国家鼓励安置的其他就业人员所支付的工资，符合税收规定条件的准予按照支出额一定比例，在计算应纳税所得额时加计扣除的金额。本行通过附表五《税收优惠明细表》第9行计算填报。

21. 第21行“抵扣应纳税所得额”：填报创业投资企业采取股权投资方式投资于未上市的中小高新技术企业2年以上的，可以按照其投资额的70%在股权持有满2年的当年抵扣该创业投资企业的应纳税所得额。当年不足抵扣的，可以在以后纳税年度结转抵扣。本行通过附表五《税收优惠明细表》第39行计算填报。

22. 第22行“境外应税所得弥补境内亏损”：填报纳税人根据税收规定，境外所得可以弥补境内亏损的数额。

23. 第23行“纳税调整后所得”：填报纳税人经过纳税调整计算后的所得额。

当本表第23行<0时，即为可结转以后年度弥补的亏损额；如本表第23行>0时，继续计算应纳税所得额。

24. 第24行“弥补以前年度亏损”：填报纳税人按照税收规定可在税前弥补的以前年度亏损的数额。

本行通过附表四《企业所得税弥补亏损明细表》第6行第10列填报。但不得超过本表第23行“纳税调整后所得”。

25. 第25行“应纳税所得额”：金额等于本表第23－24行。

本行不得为负数。本表第23行或者按照上述行次顺序计算结果本行为负数，本行金额填零。

26. 第26行“税率”：填报税法规定的税率25%。

27. 第27行“应纳所得税额”：金额等于本表第25×26行。

28. 第28行“减免所得税额”：填报纳税人按税收规定实际减免的企业所得税额，包括小型微利企业、国家需要重点扶持的高新技术企业、享受减免税优惠过渡政策的企业，其法定税率与实际执行税率的差额，以及其他享受企业所得税减免税的数额。本行通过附表五《税收优惠明细表》第33行计算填报。

29. 第29行“抵免所得税额”：填报纳税人购置用于环境保护、节能节水、安全生产等专用设备的投资额，其设备投资额的10%可以从企业当年的应纳所得税额中抵免的金额；当年不足抵免的，可以在以后5个纳税年度结转抵免。本行通过附表五《税收优惠明细表》第40行计算填报。

30. 第30行“应纳税额”：金额等于本表第27－28－29行。

31. 第 31 行“境外所得应纳所得税额”：填报纳税人来源于中国境外的所得，按照企业所得税法及其实施条例以及相关税收规定计算的应纳所得税额。

32. 第 32 行“境外所得抵免所得税额”：填报纳税人来源于中国境外所得依照中国境外税收法律以及相关规定应缴纳并实际缴纳的企业所得税性质的税款，准予抵免的数额。

企业已在境外缴纳的所得税额，小于抵免限额的，“境外所得抵免所得税额”按其在境外实际缴纳的所得税额填报；大于抵免限额的，按抵免限额填报，超过抵免限额的部分，可以在以后五个年度内，用每年度抵免限额抵免当年应抵税额后的余额进行抵补。

33. 第 33 行“实际应纳所得税额”：填报纳税人当期的实际应纳所得税额。

34. 第 34 行“本年累计实际已预缴的所得税额”：填报纳税人按照税收规定本纳税年度已在月（季）度累计预缴的所得税款。

35. 第 35 行“汇总纳税的总机构分摊预缴的税额”：填报汇总纳税的总机构按照税收规定已在月（季）度在总机构所在地累计预缴的所得税款。

附报《中华人民共和国企业所得税汇总纳税分支机构企业所得税分配表》。

36. 第 36 行“汇总纳税的总机构财政调库预缴的税额”：填报汇总纳税的总机构按照税收规定已在月（季）度在总机构所在地累计预缴在财政调节专户的所得税款。

附报《中华人民共和国企业所得税汇总纳税分支机构企业所得税分配表》。

37. 第 37 行“汇总纳税的总机构所属分支机构分摊的预缴税额”：填报汇总纳税的分支机构已在月（季）度在分支机构所在地累计分摊预缴的所得税款。

附报《中华人民共和国企业所得税汇总纳税分支机构企业所得税分配表》。

38. 第 38 行“合并纳税（母子体制）成员企业就地预缴比例”：填报经国务院批准的实行合并纳税（母子体制）的成员企业按照税收规定就地预缴税款的比例。

39. 第 39 行“合并纳税企业就地预缴的所得税额”：填报合并纳税的成员企业已在月（季）度累计预缴的所得税款。

40. 第 40 行“本年应补（退）的所得税额”：填报纳税人当期应补（退）的所得税额。

41. 第 41 行“以前年度多缴的所得税额在本年抵减额”：填报纳税人以前纳税年度汇算清缴多缴的税款尚未办理退税并在本纳税年度抵缴的所得税额。

42. 第 42 行“以前年度应缴未缴在本年入库所得额”：填报纳税人以前纳税年度损益调整税款、上一纳税年度第四季度预缴税款和汇算清缴的税款，在本纳税年度入库所得税额。

四、表内及表间关系

1. 第 1 行＝附表一（1）第 2 行或附表一（2）第 1 行或附表一（3）第 2 行至 7 行合计。

2. 第 2 行＝附表二（1）第 2＋7 行或附表二（2）第 1 行或附表二（3）第 2 至 9 行合计。

3. 第 10 行＝本表第 1－2－3－4－5－6－7＋8＋9 行。

4. 第 11 行＝附表一（1）第 17 行或附表一（2）第 42 行或附表一（3）第 9 行

5. 第 12 行＝附表二（1）第 16 行或附表二（2）第 45 行或附表二（3）第 10 行。

6. 第 13 行＝本表第 10＋11－12 行。

7. 第 14 行＝附表三第 55 行第 3 列合计。

8. 第 15 行＝附表三第 55 行第 4 列合计。

9. 第 16 行＝附表一（3）第 10 行或附表三第 14 行第 4 列。

10. 第 17 行＝附表五第 1 行。

11. 第 18 行＝附表五第 6 行。

12. 第 19 行＝附表五第 14 行。

13. 第 20 行＝附表五第 9 行。

14. 第 21 行＝附表五第 39 行。

15. 第 22 行＝附表六第 7 列合计。(当本表第 13＋14－15 行≥0 时，本行＝0)

16. 第 23 行＝本表第 13＋14－15＋22 行。

17. 第 24 行＝附表四第 6 行第 10 列。

18. 第 25 行＝本表第 23－24 行(当本行＜0 时，则先调整 21 行的数据，使本行≥0；当 21 行＝0 时，23－24 行≥0)。

19. 第 26 行填报 25%。

20. 第 27 行＝本表第 25×26 行。

21. 第 28 行＝附表五第 33 行。

22. 第 29 行＝附表五第 40 行。

23. 第 30 行＝本表第 27－28－29 行。

24. 第 31 行＝附表六第 10 列合计。

25. 第 32 行＝附表六第 13 列合计＋第 15 列合计或附表六第 17 列合计。

26. 第 33 行＝本表第 30＋31－32 行。

27. 第 40 行＝本表第 33－34 行。

二、代理个人所得税纳税申报

个人所得税是对中国公民、个体工商户以及在中国有所得的外籍人员(包括无国籍人员)和港、澳、台同胞的所得征收的一种税。我国的个人所得税采用分类所得税制，对不同来源的所得采用不同的征收方法。

(一)征收管理

个人所得税采用自行申报纳税和代扣代缴两种不同的纳税方法。我国对个人所得税采用分类所得税制，因此个人所得税纳税申报表分为七类九种，较常用的有：《个人所得税月份申报表》、《个人所得税年度申报表》、《特定行业个人所得税月份申报表》、《个人所得税扣缴税款报告表》、《个人所得税纳税申报表(适用于年所得 12 万元以上的纳税人申报)》、《个人独资企业和合伙企业投资者个人所得税申报表》、《个体工商户所得税年度申报表》。

1. 自行申报纳税

自行申报纳税，是指由纳税人自行在税法规定的纳税期限内向税务机关申报取得的应税所得项目和数额，如实填写《个人所得税纳税申报表》，并按照税法规定计算应纳税额，据此缴纳个人所得税的一种方法。

自行申报纳税的纳税人主要有：

(1)从两处或两处以上取得工资、薪金所得的；

(2)取得应纳税所得，没有扣缴义务人的；

(3)分笔取得属于一次劳务报酬所得、稿酬所得、特许权使用费所得、财产租赁所得的；

(4)取得应纳税所得,扣缴义务人未按规定扣缴税款的;

(5)税收主管部门规定必须自行申报纳税的。

在自行申报纳税时,除特殊情况外,纳税人应在取得应纳税所得的次月 7 日内向主管税务机关申报所得并缴纳税款。账册健全的个体工商户的生产、经营所得应纳的税款,按年计算、分月预缴,由纳税人在次月 7 日内申报预缴,年度终了后 3 个月内汇算清缴,多退少补。账册不健全的个体工商户的生产、经营所得应纳的税款,由各地税务机关依据《中华人民共和国税收征收管理法》及其实施细则的有关规定,自行确定征收方式。个人独资企业和合伙企业投资者应纳的个人所得税税款,按年计算,分月或者分季预缴。由投资者在每月或者每季度终了后 7 日内预缴,年度终了后 3 个月内汇算清缴,多退少补。

2. 代扣代缴

代扣代缴,是指按照税法规定负有扣缴税款义务的单位或者个人,从纳税人持有的收入中扣除应纳税款,并向税务机关解缴的一种纳税方式。

我国税法规定,个人所得税以取得应税所得的个人为纳税人,以支付所得的单位和个人为扣缴义务人。扣缴义务人在向个人支付应纳税所得时,不论纳税人是否属于本单位人员,均应代扣代缴其缴纳的个人所得税税款。扣缴义务人依法履行代扣代缴税款义务,纳税人不得拒绝。如果纳税人拒绝履行纳税义务,扣缴义务人应当及时报告税务机关处理,并暂停支付其应纳税所得;否则,纳税人应缴纳的税款由扣缴义务人补缴。同时,扣缴义务人还要就应扣未扣、应收未收的税款缴纳滞纳金或罚款。扣缴义务人应设立代扣代缴税款账簿,正确反映个人所得税的扣缴情况,并如实填写《扣缴个人所得税报告表》及其他有关资料。

扣缴义务人每月所扣的税款,应在次月 7 日前缴入国库,并向主管税务机关报送《扣缴个人所得税报告表》、代扣代缴税款凭证和包括每一纳税人姓名、单位、职务、收入、税款等内容的支付个人收入明细表以及税务机关要求报送的其他有关资料。

(二)代理个人所得税纳税申报的程序

代理个人所得税纳税申报的关键是能否全面、真实地反映纳税人的应税所得。由于我国现在个人收入结算与支付具有一定的隐蔽性,因此,要确保代理的质量,必须全面掌握纳税人的收入状况。

根据住所和居住时间两个标准,个人所得税的纳税人分为居民纳税义务人和非居民纳税义务人。在代理这两类纳税义务人的纳税申报时,程序略有不同。

1. 代理居民纳税义务人纳税申报的程序

(1)审查有关工资薪金所得、劳务报酬所得和利息、股息、红利所得结算账户,审核支付单位工资薪金支付明细表、奖金和补贴性收入发放明细表、劳务报酬支付明细表、福利性现金或实物支出等,确定应税项目和计税收入。

(2)根据税法的有关规定,确定免税所得和应税所得。

(3)审查税款负担方式,确定是由获得所得的个人缴纳税款,还是由支付所得的单位支付税款,并采用不同的方式计算应纳税所得额。

(4)根据扣除项目的规定,确定准予扣除的金额,以此确定应纳税所得额和适用税率,计算应纳税款,并于次月 7 日前向主管税务机关办理纳税申报手续或代扣代缴手续。

2. 代理非居民纳税义务人纳税申报的程序

(1)审查外籍人员因任职、受雇、履约等原因出入境的实际日期,确定其与派遣公司或雇主的关系,以此确定其所得适用的税目和发生纳税义务的时间。

(2)审查纳税人来源于中国境内的全部所得,划分免税项目和应税项目。

(3)根据纳税人的所得来源,确定适用的应税项目。

(4)根据税款负担方式和税法中扣除项目的规定,确定每类所得的应纳税所得额和适用税率,以此计算应纳所得税额,填报纳税申报表。

本章回顾

1. 纳税申报的对象为纳税人和扣缴义务人。

2. 纳税申报的主要内容包括:税种、税目,应纳税项目或者应代扣代缴、代收代缴税款项目,适用税率或者单位税额,计税依据,扣除项目及标准,应纳税额或者应代扣代缴、代收代缴税额,税款所属期限等。

3. 纳税申报的方式主要有直接申报、邮寄申报和数据电文申报等。虽然纳税申报方式不同,但纳税申报流程基本相同。

4. 根据纳税申报的时间,可以将纳税申报分为正常申报和延期申报两种情况。

5. 代理增值税纳税申报分为代理一般纳税人纳税申报、代理小规模纳税人纳税申报和代理出口货物退免税的申报。

6. 代理增值税纳税申报时,要注意纳税申报表的主表和附表之间的逻辑关系。

7. 在增值税的出口退税中,对自营和委托出口自产货物的生产企业实行“免、抵、退”办法,对收购货物出口的外(工)贸企业实行“先征后退”的办法,对采用来料加工贸易方式出口的货物,实行免税不退税政策。

8. 代理消费税纳税申报分为四种情况:代理自产应税消费品的纳税申报、代理委托加工应税消费晶的纳税申报、代理进口应税消费品的纳税申报、代理出口应税消费品的退免税。

9. 在代理消费税纳税申报时,注意委托加工收回的应税消费品用于连续生产应税消费品和直接销售的会计处理的不同之处。

10. 无论代理哪个税种的纳税申报,都要注意代理纳税申报的流程、需提供的材料以及如何填写各个税种的纳税申报表。

11. 代理企业所得税纳税申报时,注意应纳税所得额和会计利润的关系:应纳税所得额=会计利润±纳税调整项目。

12. 代理企业所得税纳税申报时,要分清纳税人的性质:如果纳税人属于事业单位、社会团体或民办非企业,应报送事业单位、社会团体和民办非企业单位适用的企业所得税纳税申报表;如果纳税人属于企业性质,则要报送《企业所得税纳税申报表》。

13. 代理企业所得税纳税申报时,应首先清楚主表与附表之间的关系,以及季度申报表和年度申报表的异同。

14. 在代理个人所得税的纳税申报时,应注意区分居民纳税义务人和非居民纳税义务人,并注意两者纳税义务的不同之处:居民纳税义务人负无限纳税义务,非居民纳税义务人负有限纳税义务。

复习思考题

1. 纳税申报的内容、方式主要有哪些？

2. 什么情况下可以办理延期申报？如何办理延期申报？

3. 代理增值税纳税申报需要提供哪些资料？税务代理人应该按什么程序代理增值税、消费税、营业税的纳税申报？

4.《企业所得税年度纳税申报表》中“销售（营业）收入”的数据是根据哪张附表获得的？《企业所得税年度纳税申报表》中“工资薪金”的数据是根据哪张附表获得的？

5. 企业在进行年度所得税纳税申报时需提交哪些材料？

知识巩固与拓展训练

一、单项选择题

1. 自2003年3月1日起，增值税一般纳税人申请抵扣的防伪税控系统开具的增值税专用发票，必须自该专用发票开具之日起（　　）日内到税务机关认证，否则不予抵扣进项税额。

A. 30　　B. 45　　C. 60　　D. 90

2. 一般纳税人销售货物或者应税劳务，按照销售额和规定的税率计算并向购买方收取的增值税额，称为（　　）。

A. 进项税额　　B. 销项税额　　C. 留抵税额　　D. 应纳税额

3. 某企业财务主管前往税务师事务所咨询，企业发生的下列经济业务均取得了增值税专业发票，其注明的增值税额允许从当期销项税额中抵扣的情况是（　　）。

A. 用于生产免税产品的外购原材料

B. 用于汽车修理的修理费支出

C. 因管理不善发生霉烂变质等损失的库存材料

D. 从小规模纳税人处外购由销售方所在地主管税务机关代其开具增值税专用发票的外购低值易耗品

4. 事业单位、社会团体、民办非企业单位不论盈利或亏损都必须按照企业所得税的纳税要求报送会计报表和收支情况说明书，包括资产负债表、（　　）、经营支出明细表、会计报表附注。

A. 损益表、现金流量表、基建投资表　　B. 收入支出表、基建投资表、利润分配表

C. 损益表、事业支出明细表、现金流量表　　D. 收入支出表、基建投资表、事业支出明细表

5. 工业企业购进货物准予申报抵扣进项税额的时间为（　　）。

A. 支付货款后　　B. 货物运抵后

C. 货物验收入库后　　D. 收到销货方开具的专用发票后

二、多项选择题

1. 自2003年7月1日起，凡使用国家税务总局认定公布的增值税一般纳税人申报电子信息采集系统的增值税一般纳税人，在增值税纳税申报时必须提供的资料包括（　　）。

A.《发票领用存月报表》　　B.《资产负债表》和《损益表》的电子数据

C.《增值税普通发票使用明细表》 D. 使用防伪税控系统的纳税人的IC卡

E. 纸介的《增值税纳税申报表》(主表及附表)

2. 委托加工应税消费品的组成计税价格中应包括的项目有( )。

A. 加工费用 B. 委托方提供加工材料的实际成本

C. 受托方代垫辅助材料的实际成本 D. 受托方缴纳的增值税

3. 计征营业税的营业额包括( )收取的全部价款和价外费用。

A. 提供应税劳务 B. 转让无形资产 C. 销售不动产 D. 加工修理

4. 内资企业所得税年度纳税申报,下列各项目应在"销售(营业)收入"栏填报的有( )。

A. 转让投资用无形资产的收益 B. 转让经营用"土地使用权"的收益

C. 转让固定资产的收入 D. 自产、委托加工产品视同销售收入

E. 转让经营用无形资产"使用权"的净收益

5. 税务代理人按照( )流程代理营业税的纳税申报。

A. 了解企业的经营范围,明确应税项目所属的行业,确定其适用税率。同时要全面了解税法中有关税收优惠政策,确定减征和免征营业税的项目

B. 检查收入账户及有关原始凭证,核实各应税项目、免税项目的营业税。同时注意纳税人的兼营非应税劳务和混合销售行为,根据税法的规定确定对兼营行为和混合销售行为应该缴纳何种流转税

C. 根据要求填写《营业税纳税申报表》,连同其他有关资料一并向主管税务机关办理纳税申报

D. 根据核实后的应税营业额和适用税率计算应纳营业税税额,并与"应交税费——应交营业税"账户的贷方本期发生额核对相符

三、判断题

1. 纳税人生产的应税消费品无论是销售还是自用连续生产应税消费品,都要缴纳消费税。 ( )

2. 税务代理人在代理所得税的纳税申报时,首先要指导企业正确地核算会计利润,然后再根据税法的规定,将企业的会计利润调整为计税利润,再计算填写《企业所得税纳税申报表》及其附表。 ( )

3. 在代理小规模纳税人的纳税申报时,需要向主管税务机关提交《增值税一般纳税申报表》、增值税纳税申报表附列资料以及企业的财务会计报表(资产负债表、损益表)等。 ( )

4. 在代理出口货物免、抵、退税申报时,应先向主管征税机关的征税部门或岗位办理增值税免、抵税申报,并向主管征税机关的退税部门或岗位办理退税申报。 ( )

5. 在代理填报企业所得税纳税申报表的过程中,其中要重点检查借款利息支出、工资及附加费、业务招待费、公益救济性捐赠以及不准在税前扣除的项目,并据以计算当期应税所得额。 ( )

四、综合分析题

1. 某酒厂为增值税一般纳税人，主要以外购粮食为原料生产38度、55度两种白酒。2014年12月发生如下经济业务：

(1)外购煤炭100吨，取得增值税专用发票1张，注明价款12 000元，税费1 560元，已验收入库。

(2)从废旧物资回收站收购白酒瓶2 000个，每个0.5元，取得普通发票(注明价款1 000元)。

(3)销售给某商场瓶装白酒200箱，每箱(10瓶/箱，1斤/瓶，下同)不含税售价240元，开具增值税专用发票，货已发，款已收回送存银行。

(4)从农民手中收购粮食20吨，开具主管税务机关核准使用的收购凭证上注明金额为24 000元。

(5)外购生产用设备，取得增值税专用发票上注明价款合计30 000元，税费5 100元。

(6)外购辅助材料一批，取得增值税专用发票上注明价款20 000元，税费3 400元。

(7)本月销售给某糖酒批发站瓶装白酒1 000瓶，每箱不含税批发价120元，开出了增值税专用发票，货款已收。

(8)本月将自产瓶装白酒2 000瓶，每瓶不含税批发价6元，成本价为4元，分给职工，未开具任何发票。

(9)本月将上年10月份收取的包装物押金2 340元予以没收，经核实，收取押金时已按税法规定进行了相关账务处理。

(10)本月将生产车间报废设备一台进行处理，取得收入20 000元，已知该设备账面原值50 000元，已提折旧38 000元。

要求：根据上述材料，先列式计算当月应缴纳增值税和消费税并进行相应的会计处理，然后分别编制增值税和消费税申报表。

2. 某建筑施工企业2014年11月份有关纳税资料如下：

(1)承揽一住宅区施工工程，竣工后与建设单位清算工程款时，确认以下内容：

①根据合同约定，建设单位应付施工单位工程款1 000万元。

②工程建成后被质检部门检查时，发现存在部分质量问题，建设单位与施工企业达成协议，处以10万元罚款，从工程结算款中抵付。

③建设单位因资金一时紧张，以一套价值200万元的楼房抵顶工程款。

④施工企业实际取得款项790万元，并支付给乙施工企业分包工程价款150万元。

(2)该施工企业将作价的房子一半做办公用房，一半对外出租，当月取得租金收入2万元。

(3)企业半年以前以1 200平方米的土地与某房地产开发公司合作建成一幢6层商品住宅楼，房地产开发公司投入2 000万元，11月份建成竣工后，该企业与房地产开发公司以4 ∶ 6的比例分配该商品住宅楼的产权。

要求：根据上述资料，先计算该企业当月应缴纳营业税和应代缴营业税，进行相应的会计处理，然后填报营业税纳税申报表和扣缴申报表。

3. 某工业企业为居民企业，2014年发生经营业务如下：

(1)全年取得产品销售收入6 800万元。

(2)发生产品销售成本 5 000 万元。

(3)其他业务收入 780 万元。

(4)取得购买国债的利息收入 50 万元。

(5)发生的管理费用 820 万元。

(6)取得直接投资其他居民企业的权益性收益 54 万元(已在投资方所在地按 15%的税率缴纳了所得税)。

(7)取得营业外收入 102 万元。

(8)发生营业外支出 230 万元(其中包含公益捐赠 56 万元)。

要求:根据上述资料计算该企业 2014 年应纳的所得税税额。

第七章 税务审查的代理

第一节 税务审查代理概述

一、税务审查代理的概念

税务审查代理是税务代理人以国家税收政策、税收法规、征管制度和财会制度为依据，对纳税人(被代理人)是否按国家税法规定计算缴纳税款、履行纳税义务的情况进行的审查监督代理活动。税务审查代理与税务会计代理不同，它的侧重点是审查纳税情况，主要是审查纳税人是否按时履行了纳税义务及履行程度如何；税务会计代理则侧重于建账建制和账务处理。税务审查与财务审查相比较也有所不同，它的侧重点是在纳税环节，目的旨在使纳税行为合法化和规范化；财务审查则是对全部财务状况和经营成果的审查，目的旨在使会计行为合法化和规范化。但是，税务审查代理和税务会计代理、财务审查都有较为密切的联系，可以通过审查业务的开展，促使企业和单位(纳税人)依法纳税。

二、税务审查代理的内容

虽然不同税种纳税审查的重点不同，但是审查的基本内容大多一致。审查的内容主要是：纳税人的核算是否符合《企业财务通则》和分行业财务制度及会计制度；计税是否符合税收法规，是否符合法定计税公式，重点是审查计税依据和税率；纳税人有无不按纳税程序办事、违反征管制度的情况；主要是审查纳税人税务登记、凭证管理、纳税申报、缴纳税款等方面的情况。在审查上述这些内容时，代理人还应关注纳税人的生产、经营、管理情况，通过在审查中发现的问题，提出改进的措施，帮助企业改善经营管理。

(一)税务审查代理的一般内容

1. 审查纳税人税收法律规定的执行情况

税收法律规定体现了一定时期的治税思想，包括税收基本法、税收实体法和税收程序法。实践中纳税人遵守税收法律必然出现两个结果：一是税收能够及时足额缴入国库，满足国家财政需要；二是税收对经济的调节作用能够充分发挥，满足国家宏观管理的需要。税务审查的主要工作目的和工作内容就是通过税务审查，了解纳税人的税法遵守情况，发现和纠正纳税人的违法行为，保护税法的严肃性，保证纳税人正确贯彻和执行税法，从而保证实现国家一定时期的基本治税方针和目标。

2. 审查纳税人会计法和财务制度的落实情况

纳税人的纳税行为和财务核算行为紧密相关，纳税人的财务核算行为受制于会计法和财务制度。一般情况下,纳税人对会计法和财务制度的落实情况直接影响其纳税的质量。为了保证实现税收目标,税务审查中,在审查纳税人税法执行情况的同时,还必须审查纳税人对会计法和财务制度的执行落实情况。

3. 审查纳税人的财务资料和与纳税有关的财产实物

税务审查中无论面对什么样的审查对象,其审查期内的财务会计资料和《中华人民共和国税收征收管理法》允许审查的纳税人的财产实物都是税务审查的基本内容。

(二)税务审查代理的具体内容

税务审查代理的具体内容是指注册税务师对各税种的具体审查。我国目前开征的税种较多,不同的税种,其审查的内容和方法会有所不同。

1. 审查流转税的纳税情况

流转税是指按流转额征税的税种,主要有增值税、消费税和营业税。增值税计税依据是增值额,消费税计税依据是消费品,营业税计税依据是营业额。进行流转税税务审查代理时,重点是审查流转税的计税价格和计税范围是否正确,应纳税额计算是否正确,以及是否及时、足额上缴。

2. 审查企业所得税和个人所得税的纳税情况

所得税的计税依据是所得额,应纳税所得额的正确与否是计算所得税的关键。应纳税所得额,为利润总额增减税收调整项目金额;利润总额的形成主要有经营利润、投资收益、营业外收支,其理论依据是收入总额扣除成本、费用和损失。因此,审查的重点是企业的销售收入、成本的计算是否正确,划清经营成本和期间费用的界限,投资收入和投资成本的计算是否正确,营业外收支的范围及其计算是否正确,税收调整项目金额的范围及其数量是否正确等。此外,对于个人所得税的审查,重点是审查应纳税所得额和适用税率的计算确定,扣缴义务人是否按规定履行扣缴义务等。

3. 审查资源税、财产行为税等其他税费的缴纳情况

一般来说,除了对上述流转税和所得税这两个主体税种的审查外,还应根据被代理人的具体情况,对其他各种应缴纳的税费(如资源税、关税、土地增值税、房产税、车船税、印花税等)进行审查。重点是审查这些税费的计税依据的真实性和准确性。例如,资源税的计税依据是资源的数量,但不是所有资源产品都纳入资源税,因此要正确确定计税范围。

三、税务审查代理的基本程序

税务审查代理的基本程序是从接受被代理人的税务审查授权后到结束税务审查的工作步骤,按照这种审查程序有计划、有目的地进行税务审查,是提高工作效率、保证质量的需要。税务审查代理一般可分为准备阶段、实施阶段、终结阶段三个步骤。

(一)税务审查的准备阶段

为了提高税务审查代理质量,以最快的速度进行科学的税务审查,税务代理人必须做好如下准备工作:

1. 收集和整理与纳税有关的资料

税务代理人在接受委托后,应立即着手收集纳税单位提供的财务会计报表、纳税申报表、减免税申请报告、纳税缴款书及其他与纳税有关的资料,并按照资料时间顺序进行归纳整理,

发现资料短缺，应及时补齐。

2. 对企业的生产经营和财务变动状况进行分析

企业的生产经营和财务变动状况直接影响企业的经济效益，与纳税有着内在的联系。因此，税务代理人在正式审查前，必须先了解企业生产经营的基本情况和财务变动状况，掌握企业的经营方式、经营范围、产品品种、应税项目、产品销售、原材料供应、材料价格、核算办法、物资管理等情况。通过分析其销售收入的增减、生产成本的升降、经营利润的多少、营运资金周转情况等，确定对纳税情况审查的重点。

3. 拟订税务审查方案

税务代理人在对收集到的资料和情况进行分析后，应拟订具体的审查方案，方案应包括税务审查的起讫时间、重点项目、主要审查方向等内容。

(二)税务审查的实施阶段

税务审查的准备工作就绪后，就进入具体审查的实施阶段。该阶段的主要内容包括了解被审查单位的内部控制制度、审查会计资料、编制和整理审查工作底稿等。

1. 了解被审查单位的内部控制制度

内部控制制度内容主要包括：发票管理(特别是增值税专用发票管理)情况、职责分工情况、有关规章制度执行情况、业务处理程序及内部财务审计情况等。

2. 审查会计资料

税务代理人必须以税法和财务会计制度为依据深入细致地对会计资料加以审查，重点审查计税依据是否正确，应纳税款及已纳税款的账务处理情况等。

3. 编制和整理审查工作底稿

审查工作底稿是税务代理人从审查工作开始到结束的工作记录，是编写税务审查报告的基础。工作底稿应力求简明清楚、论理充分，它一般是一边审查一边记录，使资料齐全、完整，在此基础上加以分类、整理、汇总，便形成完整的审查工作底稿。记录的重点是审查中发现的差错票证或可疑凭证、有问题的账簿名称、页数、金额、凭证编号、时间及其内容摘要，各项税款是否及时足额入库，有无偷税、漏税、多缴、欠缴等。具体方法是先按问题的性质分税种整理分类，凡经初步查证落实的问题，按照不同的税种，分别归集整理，再依问题的性质加以分别汇总。如所得税，可将销售收入、成本、费用等方面的问题分别汇集，然后对归集的问题再逐项审查核实。在归类整理税务审查原始记录时，应注意数据是否齐全可靠，计算是否正确，政策界限是否明确。对尚无充分依据的问题，应及时到企业进一步复查核实，力求定性准确、结论无误，为税务审查报告的撰写提供坚实的基础。

(三)税务审查的终结阶段

税务审查代理的目的在于帮助纳税人(被代理人)纠正错误，堵塞漏洞，严肃税收法纪，正确履行应尽的纳税义务，促进企业经济核算水平的提高。因此，做好税务审查的终结工作，是提高税收大检查过程自查质量的重要保证，是税务机关了解单位自查深度和广度的重要参考依据。

1. 撰写税务审查报告

税务审查报告是税务审查代理工作的书面总结，是向税务机关汇报纳税情况审查结论的重要资料。它由文字报告、查账报告表及其他证明材料所组成。文字报告是税务审查报告的主体，其他材料则是税务审查报告的依据。一份高质量的税务审查报告，能够比较全面地反映企业执行财政税收政策、法令和财务制度方面的情况，指出存在的问题及其原因，提出处理问题的意见和改进的建议，同时能反映出税收征管工作的深度和征收管理工作的水平，起到纠正错误、堵塞漏洞、增强纳税观念、提高纳税质量的作用。因此，税务代理人必须认真撰写税务查账报告。其基本要求是要做到内容真实、情况具体、态度明朗、结论准确、文字简练、层次分明、表达确切。对报告和附件的各项数据资料，应认真计算核实，确保准确无误。对一时无法下结论的问题，可以作为悬案。税务代理人应实事求是，客观公正，使税务审查报告正确地反映被审查单位履行纳税义务、遵守税收法规的真实情况。

2. 填制查账报告表

查账报告表是税务代理人进行税务审查后综合计算应补、应退税款的一种表格，也是反映被审查企业应补、应退税款的计算过程和计算结果的表格。由于查账报告表没有统一的格式，应补、应退税款的计算方法不同，报告表也应根据不同的需要设计不同的格式。但报告表格的数据必须来源于企业财务成果资料、查账记录、税务审查报告，各栏数据必须准确，调整数字要分栏填写，以便查阅核对。

3. 呈报有关部门及人员

由于税务代理人主要是以被代理人名义进行税务自查，不能代替税务机关的纳税检查，因此税务机关仍保留检查权。如果对税务代理人呈送的税务审查报告有异议，可以在决定对纳税人进行纳税检查的同时通知税务代理人检查的时间和内容。因此，税务代理人除了将有关税务审查材料及结论呈送给被代理人，并督促其按规定要求调整有关账务，还必须同时呈报主管税务机关。

四、税务审查的基本方法

税务代理人为客户提供纳税审查服务，其目的是为了指导或帮助纳税人、扣缴义务人做好纳税自查工作，自行补缴少缴或未缴的税款，以履行代理的职责；同时，纳税审查服务能够提高税务代理的执业质量，规避执业风险。

纳税审查有多种方法，每种方法各有特点。概括地说，税务审查的基本方法分为两大类：一类是一般性方法，即审查程序方法，主要是掌握审查的步骤，确定深入审查的线索及思路。主要有顺查法和逆查法、详查法和抽查法、核对法和查询法、比较分析法和控制计算法。另一类是应用性方法，主要是掌握报表、账簿、凭证的审查方法。在实际审查中，应根据审查的时间、范围、对象不同，灵活运用各种方法。

(一)税务审查的一般性方法

1. 顺查法和逆查法

通常针对查账的顺序不同，纳税审查的方法可分为顺查法和逆查法。顺查法是指按照会计核算程序，从审查原始凭证开始，顺次审查账簿，核对报表，最后审查纳税情况的审查方法。顺查法比较系统、全面，运用简单，可避免遗漏。但这种方法工作量大，重点不够突出，适用于审查经济业务量较少的纳税人、扣缴义务人。逆查法是以会计核算的相反顺序，从分析审查会计报表开始，对于有疑点的地方再进一步审查账簿和凭证。这种方法能够抓住重点，迅速突破问题，适用于税务代理人对于纳税人、扣缴义务人的税务状况较为了解的情况。

2. 详查法和抽查法

根据审查的内容、范围不同，纳税审查的方法可分为详查法和抽查法。详查法是对纳税人、扣缴义务人在审查期内的所有会计凭证、账簿、报表进行全面、系统、详细的审查的一种方法。这种方法审查可从多方面进行比较、分析、相互考证，一定程度上保证了纳税审查的质量，但工作量大、时间长，仅适用于审查经济业务量较少的纳税人、扣缴义务人。

抽查法是对纳税人、扣缴义务人的会计凭证、账簿、报表有选择性地抽取一部分进行审查。抽查法能够提高纳税审查的工作效率，但抽查有较高的风险，影响纳税审查的质量，所以纳税代理人在用这种方法进行纳税审查时，应对纳税人、扣缴义务人相关方面予以评价，以减少纳税审查的风险。抽查法适用于对经济业务量较大的纳税人、扣缴义务人的审查。

3. 核对法和查询法

核对法是指根据凭证、账簿、报表之间的相互关系，对账证、账表、账账、账实的相互关系进行核对审查的一种方法。一般用于注册税务师对纳税人和扣缴义务人有关会计处理结果之间的对应关系有所了解的情况。

查询法是在查账过程中，根据查账的线索，通过询问或调查的方式，取得必要的资料或旁证的一种审查方法。查询法便于了解现实情况，常与其他方法一起使用。

4. 比较分析法和控制计算法

比较分析法是将纳税人、扣缴义务人审查期间的账表资料和账面同历史的、计划的、同行业、同类的相关资料进行对比分析，找出存在问题的一种方法。比较法易于发现纳税人、扣缴义务人存在的问题。但分析比较的结果只能为更进一步的审查提供线索。

控制计算法是根据账簿之间、生产环节等之间的必然联系，提供测算以证实账面数据是否正确的审查方法。如以产核销、以耗定产都属于这种方法。通常这种方法也需要配合其他方法，发挥其作用。

以上几种纳税审查的方法各有所长。纳税代理人在实际审查工作中，根据审查的目的、审查的范围以及审查的对象，可以采用一种或多种审查方法，从而提高审查的效率。

(二)税务审查的应用性方法

税务审查的应用性方法是指对报表、账簿、凭证的审查方法。

1. 报表的审查方法

会计报表是企业在一定时期内生产经营和资金活动情况及其成果的书面报告。因此，税务审查通常是先从审阅报表入手，通过对报表有关数字的审查分析，能够了解被审查单位总的经营情况及缴纳税款情况，为进一步审查提供重点和线索。

会计报表主要有资产负债表、损益表、财务状况变动表和利润分配表、主要业务收支明细表等。其中资产负债表、损益表按月编报，其他几种报表按年编报。因此，审查报表应先从月报开始。

(1)资产负债表的审查

资产负债表是反映企业在某一特定日期(月末、年末)全部资产、负债和所有者权益的财务状况报表。通过对该报表的审查，可以了解企业资产构成情况，资产的使用和分布是否合理，经营管理上有无问题，为进一步审查企业有无偷漏税款和违反财经纪律提供线索。

审查的方法主要是比较分析法，对照上期或前期资产负债表的相同项目，来观察该项目的数字是否有突变性的变化，从反常状态中发现问题。重点审查以下内容：

①“应收账款”、“预付账款”和“应付账款”、“预收账款”项目的审查

按照银行结算制度规定，企业在生产经营过程中发生的结算往来业务，都应及时办理债权债务的结算，不得长期拖欠。因此，在审查时，如果发现应收、应付账款比上期有突增突减的变化或长期保留而有很大数额的，则应进一步查明原因。

②“存货”项目的审查

“存货”反映企业期末在库、在途和在加工中的各项存货的实际成本，是审查的重点。对于“原材料”、“在产品”、“产成品”审查时，如果发现本期比上期数额变化比较大，有突增突减甚至出现空白，或者一直未变动和一直为(大)整数等，就应注意其是否有计量不实或计价不实，有无将在产品成本挤入产成品成本，或将库存产成品成本塞入销售产品成本，使库存产品出现账空实存和账实不符的现象。应到企业查阅同期“在产品库存表”、“仓库实物账”计算出金额后进行核对。如果盘存表或实物账结存数字比本期报表数字大，一般是企业结算不正确，隐瞒了利润。

③“待处理流动资产净损失”项目的审查

如果发现本期金额降低很多，说明待处理损失已经做了处理，要将这方面的情况作为疑点记录下来，然后到企业查阅处理损失的批准文件，了解企业在本期处理了哪些损失，处理是否符合制度规定，有无超越权限批准报损的情况。

④“未交税金”项目的审查

本项目是根据“应交税费”科目的期末余额填列的，企业应该按照规定期限及时解交税款，不得拖欠。如果未能按期交清，所有未交数额应在该项目栏内如实反映，不得在“其他未交款”项目内反映。

⑤“待摊费用”、“预提费用”项目的审查

审查方法是与上期报表相同项目比较，看其是否有异常变化，是否有多摊、虚提费用或隐瞒、转移利润的现象。

⑥固定资产的审查

审查方法是以本期报表中“固定资产原价”项目的金额与上期报表中该项目的金额比较，如果发现原价数字有增减变化时，表明企业增置了固定资产或出售了固定资产。根据这一线索，应进一步了解具体情况。

(2)损益表的审查

损益表是反映企业在一定时期内利润(亏损)的报表。审查重点是销售收入、成本费用和利润总额等项目。

①产品销售收入的审查

审查方法是将本期实现数与前期和上年同期数进行比较，分析其变动原因，看是否有异常情况，有无隐瞒转移、不按规定冲减销售收入等情况。

②产品销售成本和销售费用的审查

一般来说，在保证产品质量的前提下，产品成本、销售费用越低，说明企业经营水平越高，反之经营管理水平就越低。审查的重点是企业是否按规定列支成本开支范围，有无人为地挤、摊、化、冲而造成产品成本不实的现象。

③产品销售税金及附加的审查

产品销售税金及附加数额必须与申报纳税的增值税、营业税、城市维护建设税、资源税和教育费附加的入库数相核对。如果不符，若表列数大于申报数，就应注意审查有无将销售的高税率产品误按低税率计算纳税情况。

④利润总额的审查

除了从绝对数上分析其突增突减的变化外，还应根据实际需要运用资本利润率、销售利税率和成本费用利润率来分析考察企业在一定时期内的利润变化程度。其计算公式为：

$$资本利润率=\frac{利润总额}{资本金总额}\times 100\%$$

$$销售利税率=\frac{利税总额}{销售净额}\times 100\%$$

$$成本费用利润率=\frac{利税总额}{成本费用总额}\times 100\%$$

通过对资本利润率的分析比较，可以评价企业在资本金运用上是否合理、投资者的获利是否可观，促使企业进一步改善经营管理。通过对销售利税率的分析比较，可以衡量企业销售收入的收益水平。如果企业在售价、销售量和销货退回、销售折让或折扣没有多大变化时而利税率降低，就应注意审查营业外支出或其他费用。通过成本费用利润率的比较可以考核企业资金耗费的经济效果，审查重点是看其是否有异常变化，是否有少报收入、虚报费用、挤占多转成本的情况。

2. 账簿的审查方法

(1)总分类账的审查

总分类账是按照会计制度一级科目设置的账簿，简称总账。它可以提供企业在一定会计期间各类资金总括的动态资料和生产经营活动情况，每月终了结出各科目的期末余额，作为编制会计报表的依据。对总账的审查方法是：

①将本期各科目发生额与上期进行比较，看其是否有突增突减的变化和异常情况，从中发现线索，为进一步审查提供方向和重点。

②将各账户期初、期末余额与前期、本期会计报表进行核对，看两者数字是否相符，以验证报表有关金额的项目是否正确。特别是对与纳税有关的账户，要进行认真审查和核对。

③将总分类账本期发生额和期末余额与所属明细分类账逐一核对，看其记账内容、记账方向和记账金额是否相符。

④将有对应关系的账户数字进行相互核对，看其是否一致。

通过以上审查，发现疑点或线索后再有目的地查阅有关序时账、明细分类账或记账凭证，落实问题。

(2)明细分类账的审查

明细分类账是按明细科目分类核算登记某类经济业务、详细反映企业各种资金和物资的动态和余额的账簿，对总账起补充说明的作用。对明细账的审查方法有：

①与总账进行相互核对。在审查明细账时，应着重审查明细分类账的记账方向、记账内容与总账是否相同，记账数额是否相符，受同一总账控制的有关明细账本期发生额和期末余额与其总账是否相等。如果发现不一致，应查明原因。

②核对账户的年初余额同上年年末余额，每月月初余额同上月月末余额是否一致，分析企业是否有通过合并或分设账户的办法来任意增减账户结余额的弄虚作假行为。审查时，要特别注意对结算往来、负债类及所有者权益类账户进行核对。

③审查账户余额是否合理、有无异常现象。如果出现反常方向余额，应注意是否是由于核算工作错误或弄虚作假造成的。

④审查商品、产品、物资等以数量、金额核算的明细账是否正确。重点是审查摘要栏的记录，收入栏和发出栏的单价是否接近，发出栏与结余栏的单价是否有高出很多的现象。如有可疑之处，应抽查复核，重新计算，进行验证。

(3)对有关账户的侧重审查

为了有效地进行纳税情况审查，及时发现和查明问题，必须选择一些重点，以达到事半功倍的效果：一是要选择与纳税有关的账户，如与产品销售、产品成本费用、结算利润和应交税费有关的账户；二是根据账户的性质和结构，侧重审查借方发生额或贷方发生额或余额或借、贷、余额三栏都应审查的账户。

①侧重审查借方发生额的账户。这类账户主要有：

A. 成本类的生产成本、制造费用账户。审查时，应注意有无不符合成本开支范围或违反财经纪律的支出。如将应作固定资产购置范围的费用挤入生产成本。

B. 待处理财产损溢账户。审查时主要应注意有无不按制度规定而擅自做财产损失处理的情况。

C. 待摊费用账户。审查时主要是检查其有无不按规定任意多摊或乱摊费用，使生产成本人为地发生时高时低的现象。

②侧重审查贷方发生额的账户。这类账户主要有产品销售收入、其他业务收入和营业外收入账户。审查时应将这类账户的贷方发生额合计与纳税人申报纳税项目的收入计税额加以核对，查看数字是否相符、项目是否有遗漏和错列、有无瞒报、少报收入、偷漏税收的情况。

③侧重审查余额的账户。这类账户主要有原材料、产成品、分期收款发出商品、应付账款等账户。在审查原材料、产成品账户时，应着重核对其账面结存数量与库存账、卡的数字是否相符，单价是否按规定的计价方法计算，金额汇总是否正确，并查明其升溢、短缺的原因。对分期收款发出商品的账户，应注意审查企业发出的商品是否已办理结算，收到货款是否有未做销售收入和未冲转发出商品的情况。对预提费用账户的审查，应注意其余额的大小，有无只提不用，或任意多提、重提等现象。

应付账款账户，很容易为偷漏税和违反财经纪律现象做掩护。因此，审查时应根据各明细账的数字大小和时间长短，逐项逐笔进行审查，并且注意有无将某些收入、收益长期挂在应付账款账户以逃避纳税义务。

3. 凭证的审查方法

会计凭证是记录经济业务情况、明确经济责任的具有法律效力的书面证明。它既是记账的依据，又是税务审查的重要依据。

(1)原始凭证的审查

①外来原始凭证的审查

外来原始凭证包括进货发票、进账单、汇款单、运费收据等。审查的重点是：

一是审查凭证的合法性，看其是否符合政策、法令和财务制度规定，有无违反规定和乱支乱用等违法现象；

二是审查凭证的真实性，看其凭证经济内容是否真实，数据文字有无伪造、涂改、重复使用和大头小尾，各联次之间数额不符等情况；

三是审查凭证的完整性，看其凭证的各项指标是否完整，名称、商品规格、数量、单价、大小写金额和填制日期的填写是否清晰，计算是否正确；

四是审查凭证的手续是否完备，有无经办人员、验收人员、批准人员和填制单位的签字盖章。

②自制原始凭证的审查

自制原始凭证包括各种报销和支付款项的凭证。其中对外自制凭证有销货发票副联、现金收据、实物收据等；对内自制原始凭证有收料单、领料单、支出证明单、差旅费报销单、成本计算表等。审查的重点是：

一是审查自制凭证的种类、格式和使用情况，看其是否符合有关规定，审批手续是否健全，有无利用白条代替正式凭证的现象；

二是审查自制支出凭证是否符合财务制度，报销金额（差旅费）是否遵守制度规定的开支范围和开支标准；

三是审查凭证应备附件是否齐全，如差旅费报销单应与所附车船票、住宿费单据核对，内容、金额、张数是否相符，单据附件有无短缺等。

(2)记账凭证的审查

在审查记账凭证时，除了审查记账凭证各栏是否填写齐全、数字是否计算正确、装订编号是否有错乱外，还应着重审查以下几方面：

①审查会计科目的对应关系是否正确。例如，产成品账户的贷方发生额的对应账户是现金或银行存款等账户，就表明企业销售产品没有按规定通过产品销售收入账户核算，不仅没有完整反映经济业务的真相，而且隐瞒了销售收入，造成漏税。因此，审查记账凭证时必须注意分析科目的对应关系是否正确。

②审查记账凭证的会计科目与原始凭证反映的经济业务内容是否一致。如不一致，就有问题。例如，记账凭证上表明的会计科目是生产成本，而所附的原始凭证中却塞进了一些属于在建工程支出的单据，这就扩大了生产成本，影响企业利润和应缴纳的税收。

③审查记账凭证列示的借方或贷方金额是否与原始凭证金额相等。如不相等，应查明原因，是否是计算错误、丢失原始凭证或少报多报等原因所造成的。总之，审查记账凭证必须结合原始凭证对照检查，才能发现问题所在。

第二节 流转税纳税审查代理实务

流转税是指按流转额征税的税种，主要有增值税、消费税和营业税。增值税的计税依据是增值额，消费税的计税依据是消费品的销售额或销售数量，营业税的计税依据是营业额。进行流转税税务审查代理时，重点是审查流转税的计税价格和计税范围是否正确，应纳税额计算是否正确，以及是否及时足额上缴。

一、增值税纳税审查代理实务

(一)增值税一般纳税人的纳税审查

代理增值税一般纳税人的纳税审查,一般应遵循增值税的计税规律确定审查环节,重点审查征税范围、销售额与销项税额、进项税额的结转与进项税额的转出、应纳税额与出口货物退(免)税。

1. 增值税征税范围的审查

首先需要审查纳税人是否符合增值税一般纳税人的认定条件,其次审查增值税征税范围情况。

2. 销项税额的审查

要准确计算销项税额,必须准确地确定销售额与适用税率。销售额的审查是增值税审查的首要环节。注册税务师应把握以下基本的操作要点:

(1)销售额审查要点

销售额是销项税额的计税依据,是正确计算销项税额的关键所在,应重点审查销售收入的结算方式,是否存在结算期内的应税销售额未申报纳税的情况。

根据现行增值税法的有关规定,应审查纳税人在申报时对应税销售额的计算有无下列情况:

第一,销售货物或应税劳务收取价外费用是否并入应税销售额。

第二,销售残次品(废品)、半残品、副产品和下脚料、边角料等取得的收入是否并入应税销售额。

第三,采取以旧换新方式销售货物,是否按新货物的同期销售价格确认应税销售额。

(2)适用税率审查要点

第一,增值税税率运用是否正确,是否扩大了低税率货物的适用范围。

第二,增值税税率已发生变动的货物,是否按税率变动的规定执行日期计算纳税。

第三,纳税人兼营不同税率的货物或者应税劳务,未分别核算销售额的,是否从高适用增值税税率计算纳税。

第四,销售不同税率的货物或应税劳务,并兼营应属一并征收增值税的非应税劳务,看是否从高适用税率计算纳税。

第五,出口货物适用的退税率是否正确。是否将不同税率的出口货物分开核算和申报办理退税,如划分不清适用税率的,是否从低适用退税率计算退税。

3. 销售自己使用过的固定资产的审查

(1)一般纳税人销售自己使用过的固定资产,凡根据《财政部、国家税务总局关于全国实施增值税转型改革若干问题的通知》(财税〔2008〕170 号)和财税〔2009〕9 号文件等规定,适用按简易办法依 4%征收率减半征收增值税政策的,应开具普通发票,不得开具增值税专用发票。

(2)小规模纳税人销售自己使用过的固定资产,应开具普通发票,不得由税务机关代开增值税专用发票。

注册税务师在代理审查时应注意以下审查要点:

(1)审查"固定资产"明细账,审核已出售的固定资产是否为应税固定资产,是否按规定申报缴纳了增值税。

(2)审查“固定资产清理”账户的贷方发生额，并与“固定资产”明细账核对，审查是否按规定申报缴纳了增值税。

4. 进项税额的审查要点

对于纳税人进项税额的计算和会计处理，注册税务师既要审查原始抵扣凭证，又要结合有关账户审查，防止虚增进项税额多抵销项税额、少缴增值税的问题。

(1)进项税额抵扣凭证的审查要点

审查进项抵扣凭证，应结合“应付职工薪酬”、“长期股权投资”、“应交税费——应交增值税”等账户进行。

第一，购进货物或应税劳务是否按规定取得增值税扣税凭证，取得的增值税专用发票抵扣联是否合法有效。

第二，对增值税一般纳税人外购货物所支付的运输费用，允许以7%扣除率计算进项税额扣除，其运费结算单据(普通发票)是否为规定的结算单据，计算进项税额的运费金额是否正确。

第三，进口货物是否按规定取得完税凭证，并按税法规定进行税款抵扣。

第四，购进免税农业产品准予抵扣的进项税额，其原始凭证是否符合规定，有无超范围计算进项税额抵扣的问题。

第五，对进货退出或折让而收回的增值税税额，是否在取得红字专用发票的当期，从进项税额中扣减。

(2)进项税额结转的审查要点

审查纳税人是否存在多计进项税额的问题，不仅要从计算进项税额的凭证上进行审查，而且还要审查有无扩大结转、计提进项税额范围的问题。

第一，非增值税劳务项目购进货物和劳务，是否结转了进项税额。

第二，纳税人自用的应征消费税的摩托车、汽车、游艇，是否结转了进项税额。

第三，免征增值税项目的购进货物和应税劳务，是否结转了进项税额。

第四，在建工程项目所用的购进货物和应税劳务，是否结转了进项税额。

第五，用于集体福利或个人消费的购进货物或劳务，是否结转了进项税额。

第六，购进货物发生的非正常损失，是否结转了进项税额。

(3)进项税额转出的审查要点

当纳税人购进的原材料、商品改变用途时，应将其负担的进项税额由“应交税费——应交增值税”账户的贷方“进项税额转出”科目转入相应的账户中。因此，对纳税人发生的下列业务，应审查在结转材料和商品销售成本的同时，是否做了转出进项税额的账务处理：

第一，非增值税应税项目使用购进的已结转进项税额的货物；

第二，增值税免税项目使用购进的已结转进项税额的货物；

第三，不动产在建工程项目领用购进的已结转进项税额的材料物资；

第四，集体福利项目领用购进的已结转进项税额的材料物资；

第五，非正常损失的在产品、产成品所耗用的购进货物或者应税劳务。

对上述项目除了注意审查计算方法是否正确外，还要注意审查企业进项税额转出的金额计算依据是否正确，进项税额转出的时间与增值税会计处理的规定是否一致。

(4)销售返还进项税额转出的审查要点

对增值税一般纳税人，因购买货物而从销售方取得的各种形式的返还资金，均应依所购货物的增值税税率计算应冲减的进项税金，并从其取得返还资金当期的进项税金中予以冲减，并按如下公式计算：

$$当期应冲减的进项税额=\frac{当期取得的返还资金}{1+所购货物的增值税适用税率}\times 所购货物适用的增值税税率$$

(5)进项税额抵扣时限的审查要点

自2003年3月1日起，增值税一般纳税人申请抵扣的防伪税控系统开具的增值税专用发票，必须自该专用发票开具之日起180日内到税务机关认证，否则不予抵扣进项税额。增值税一般纳税人认证通过的防伪税控系统开具的增值税专用发票，应在认证通过的当月按照增值税有关规定核算当期进项税额并申报抵扣，否则不予抵扣进项税额。

对纳入防伪税控管理的企业，取得防伪税控系统开具的专用发票，属于扣税范围的，应于纳税申报时或纳税申报前到税务机关申报认证，在取得税务机关开具的《认证结果通知书》和加盖“认证相符”戳记的专用发票抵扣联后，申报抵扣税款，凡认证不符的，不得作为扣税凭证。

5. 增值税应纳税额的审查

增值税应纳税额是否正确，重点是当期销项税额和当期进项税额两个部分的审查。

(二)增值税小规模纳税人的纳税审查

增值税小规模纳税人销售货物或者应税劳务，实行简易征收办法计算应纳税额，计税方法简单。但是，由于小规模纳税人通常会计核算资料都不健全，销售收入少入账或账外经营的问题比较普遍，所以，代理增值税小规模纳税人的纳税审查，要根据小规模纳税人计税资料和会计核算的特点，确定审查内容和方法。

1. 应税销售额的审查

对于增值税小规模纳税人的审查，主要应针对销售收入不入账或者少计收入，隐瞒应税销售额的问题，采取“成本倒挤”、销售毛利率等方法加以审查。

2. 应纳税额的审查

(1)重点审查小规模纳税人将含税的销售额换算成不含税销售额的计算是否正确。税务代理人可采用复核法，将本期含税的销售额换算成不合税的销售额，与纳税人申报表中的销售额进行对比，审核是否一致。

(2)审查小规模纳税人计算应纳税额适用的征收率是否正确。特别注意，小规模纳税人自2009年1月1日起，其征收率调减为3%。

(3)审查应纳税额计算是否正确，纳税人是否按规定时限缴纳税款。

(三)出口货物退(免)税的审查

为了鼓励企业出口创汇，增强出口产品在国际市场上的竞争能力，我国自20世纪80年代起对出口货物实行退(免)税的政策。增值税改革之后，出口货物退(免)税的政策和管理也进行了相应的调整，生产企业和外贸企业在出口产品(商品)的核算和退税实际操作等方面，都有一些显著区别。因此，注册税务师在进行出口货物退(免)税的审查过程中，应有所侧重。

1. 出口退(免)税重点审核的产品

2006年7月，国家税务总局下发了《关于加强以农产品为主要原料生产的出口货物退税管理的通知》(国税函〔2006〕685 号),重点强调了如何加强以农产品为主要生产原料出口货物的退税管理问题,主要包括皮革、毛皮、珍珠、名贵中草药、高档水产品等体积小、重量轻、价值高、不同等级(或规格)单价差别大的农产品的出口货物。特别是体积小、重量轻、价值高、不同等级单价差别大的出口产品,如皮毛行业产品。

2. 出口企业业务往来、资金流向的审核重点

在审核外贸企业退税申报时,对出口业务的购货渠道、付款方向和出口退税款的资金流向等,属下列异常情况的,必须严格审核:

(1)货物报关出口后即收汇,出口企业在收汇的当天或次日,将出口货物的价款付给供货方,收到退税款后,再将退税款支付给供货方或第三者;

(2)出口企业收汇后,以现金或现金支票等形式支付给个人;

(3)收款单位与增值税专用发票上注明的供货单位不一致;

(4)在异地结汇,本地收汇核销的;

(5)在外贸企业母子公司关系及挂靠关系等问题的界定,应实事求是,区别对待。

生产企业(包括外商投资企业)自营或委托出口视同自产产品退税时,对集团公司(总厂)与成员企业(分厂)间关系的确定可按行业管理的分工掌握。

工贸企业在批准的经营范围内,收购非成员企业货物出口,符合《国家税务总局关于出口退税若干问题的通知》(国税发〔2000〕165 号)第 6 条有关视同自产产品规定范围的,可以办理退税。

(四)交通运输业

财政部和国家税务总局 2013 年 5 月 27 日联合印发《关于在全国开展交通运输业和部分现代服务业营业税改征增值税试点税收政策的通知》(下称《通知》),明确自 2013 年 8 月 1 日起,在全国范围内开展交通运输业和部分现代服务业营业税改征增值税试点的相关税收政策。提供交通运输业服务,税率为 11%。

交通运输业的计税依据是交通运输业的营业额,即提供交通运输劳务向对方收取的全部价款和价外费用。其中,运输企业自中华人民共和国境内运输旅客或者货物出境在境外改由其他运输企业承运旅客或者货物,以全程运费减去付给该承运企业运费后的余额为营业额。运输企业从事联运业务,以实际取得的营业额为计税依据。在从事运输服务的不同类型企业中,其营业额的会计核算不同。交通运输企业的营运收入分别通过“主营业务收入——运输收入”、“主营业务收入——装卸收入”、“主营业务收入——堆存收入”、“主营业务收入——港务管理收入”等会计科目核算,其他性质的企业从事运输服务,其运输收入一般通过“主营业务收入——其他业务收入”科目核算。税务代理人应针对不同性质的纳税人,结合有关账册进行纳税审查。

第一,对交通运输企业的审查。

(1)审查交通运输企业的“主营业务收入——运输收入”等收入明细账,将其与《营业税纳税申报表》及有关发票、收款单据等原始凭证逐笔核对,审查已实现的营运收入是否及时足额申报纳税,有无漏计营运收入的情况。同时,注意审查业务发生时间与收入记账时间是否一致或接近,有无迟报营业额的情况;企业的收费标准是否正常,有无忽高忽低且相差悬殊或明显偏低而无正当理由的情况。如发现上述问题,应按规定进行调整。

(2)审查有无将应税营运收入记入"营业外收入"、"主营业务收入——其他业务收入"账户,少计收入、少缴税款的情况。

(3)审查"主营业务成本——运输支出"、"主营业务成本——装卸支出"等支出类明细账,就其贷方发生额或借方红字金额对照相关会计凭证,核实纳税人是否存在以收入直接冲减费用支出、少计收入的现象。

(4)审查"应付账款"、"预收账款"、"预付账款"、"其他应付款"等账户及相应的原始凭证,看有无将已实现的营运收入长期挂账、不做收入处理的现象。

(5)对于发生国际运输业务或联运业务的运输企业,应重点审查税前扣除的依据。必须是对方填开的运输发票或税务机关认可的抵扣凭证,才可作为税前扣除的依据。

(6)审查交通运输企业的其他业务收入,主要审查"主营业务收入——堆存收入"、"主营业务收入——代理业务收入"、"主营业务收入——其他业务收入"等账户。税务代理人应根据交通运输企业的经营业务范围、会计核算资料,抽查有关原始凭证,查明各项其他业务收入以及与营运业务收入相关的各种费用收入的入账情况,并结合"其他业务支出"、"营运税金及附加"等账户,审查企业是否按规定计算营业税。审查重点是其他业务收入所适用的税目税率是否正确,企业有无将所实现的全部收入均按交通运输业税目税率计税的情况。

第二,对其他企业的审查。

(1)审查"其他业务收入"明细账及有关记账凭证、原始凭证,看收入是否及时足额入账,有无将收取的价外费用不记收入、直接冲减成本费用少缴税款的现象。

(2)审查有关成本费用及往来账户,看有无将运输收入不计入收入账户而是直接冲减成本费用或将已实现的运输收入挂往来账户不纳税的现象。

二、消费税纳税审查代理实务

(一)计税依据的审查

消费税实行从价定率或者从量定额的办法计算应纳税额,其计税依据分别是应税消费品的销售额和销售数量。在实际工作中,注册税务师应针对税法中对自产和委托加工应税消费品的不同规定,选择其计税依据审查的侧重点。

1. 销售自产应税消费品的审查

(1)实行从价定率征税办法的应税消费品,其计税依据为纳税人销售应税消费品向购买方收取的全部价款和价外费用,但不包括应向购买方收取的增值税税款。其重点审查内容为:

第一,对价外费用的审查要点。

①审查纳税人"其他业务收入"、"营业外收入"等明细账,核对有关会计凭证,查看属于销售应税消费品从购货方收取的价外费用,是否按规定依照应税消费品的适用税率计算消费税,并与"应交税费——应交消费税"账户相核对。

②审查纳税人"产品销售费用"、"管理费用"、"财务费用"、"其他业务成本" 等明细账,如有借方红字发生额或贷方发生额,应对照有关会计凭证逐笔进行核对,审查纳税人是否有销售应税消费品收取的价外费用,是否按规定计算消费税,并与"应交税费——应交消费税"账户相核对。

③审查纳税人的"应收账款"、"应付账款"、"其他应收款"、"其他应付款"等往来账户,审查

纳税人销售应税消费品收取的价外费用是否直接通过往来账户核算而不并入销售额计算消费税。

④审查纳税人已开具的普通发票存根联时，如发现有运输费、仓储费等收费项目的，应注意审查是否属价外费用。

⑤审查纳税人与购买方的销售结算清单，仔细审查销售清单反映的收费项目是否有属于应征消费税、增值税的价外费用。

第二，对包装物计税的审查要点。

①随同应税消费品销售的包装物是否按所包装的产品适用的税率缴纳了消费税。注册税务师审查的要点有：

一是审查纳税人生产、销售环节领用的不单独计价的包装物。将“包装物”明细账的贷方发生额与“生产成本”、“营业费用”等账户的借方发生额对照审核，审查纳税人会计处理是否正确以及结转领用包装物的成本是否真实，有无直接冲减产品销售收入。

二是审查纳税人随同应税消费品出售单独计价的包装物。将“包装物”明细账的贷方发生额与“其他业务支出”账户的借方发生额相核对，审查纳税人随同应税消费品出售单独作价的包装物的销售收入额是否计入“其他业务收入”账户计算缴纳消费税。

三是审查纳税人购进包装物的财务核算是否正确。审查纳税人购进包装物是否不通过“包装物”账户而通过应收应付往来账户核算，发出后再以产品的销售收入冲账。

②逾期不再退还的包装物押金及已收取 1 年以上的包装物押金，是否按规定缴纳了消费税。注册税务师主要通过检查纳税人的“其他应付款”明细账，审核纳税人按规定逾期未收回的包装物不再退还的押金，已收取 1 年以上的押金是否及时申报缴纳消费税。

③从 1995 年 6 月 1 日起，对销售酒类消费品（除啤酒、黄酒外）收取的包装物押金是否按规定及时缴纳了消费税。对于酒类产品包装物的审查，主要通过“包装物”、“其他应付款”等明细账，审查企业是否有出售包装物收入和收取包装物押金，应缴纳消费税的包装物收入和收取的包装物押金是否缴纳了消费税。

第三，关联企业转让定价审查要点。

对各关联企业之间收取的价款、支付的费用进行核实，如价格明显偏低又无正当理由的，按税法规定予以调整，具体方法为：

①按独立企业之间进行相同或类似业务活动的价格；

②按照销售给无关联关系的第三者的价格所应取得的收入和利润水平；

③按成本加合理的费用和利润；

④按照其他合理的方法。

(2)实行从量定额征税办法的应税消费品，其计税依据为应税消费品的销售数量。按照规定，对黄酒、啤酒、汽油、柴油 4 种应税消费品实行从量定额的征税办法，同时对粮食白酒、薯类白酒和卷烟采用复合征税方法。此时消费税计税依据是销售数量。按照《消费税暂行条例》的规定，纳税人销售应税消费品的，按照销售数量征收消费税；纳税人自产自用应税消费品的，按移送使用数量征收消费税。

审查时，应通过审查“主营业务收入”、“主营业务税金及附加”、“库存商品”、“应交税费——应交消费税”等明细账，对照销货发票等原始凭证，同时从出厂销售和自产自用两个环节，查实计税数量。在审查过程中要注意纳税人有无隐瞒销售数量、偷逃消费税的问题，同时注意纳税人的计量单位折算标准的使用是否正确。

2. 委托加工应税消费品审查要点

对于委托加工的应税消费品，首先应审查是否符合税法中规定的委托加工方式，如不符合规定，是否按销售自制应税消费品缴纳了消费税。然后，应重点审查以下几点：

(1)审查“委托加工材料”、“应交税费——应交消费税”等明细账，对照委托加工合同等原始凭证，看纳税人委托加工的应税消费品是否按照受托方同类消费品的销售价格计算纳税；没有同类消费品销售价格的，是否按照组成计税价格计算纳税，受托方代收代缴的消费税税额计算是否正确。

(2)审查“委托加工材料”、“生产成本”、“应交税费——应交消费税”等明细账，看纳税人用外购或委托加工收回的已税烟丝等 14 种应税消费品连续生产应税消费品，在计税时准予扣除外购或收回的应税消费品的已纳消费税税款是否按当期生产领用数量计算，计算是否正确。特别注意自 2001 年 5 月 1 日起，停止执行外购或委托加工已税酒和酒精生产的酒准予抵扣外购酒及酒精已纳税款或受托方代收代缴税款的政策，防止企业仍按原规定执行，多抵消费税。上述外购或委托加工已税酒和酒精生产的酒包括以外购已税白酒加浆降度，用外购已税的不同品种的白酒勾兑的白酒，用曲香、香精对外购已税白酒进行调香、调味以及外购散装白酒装瓶出售等。

(3)审查“委托加工物资”、“应交税费——应交消费税”等明细账，看委托加工应税消费品直接出售的，有无重复征收消费税的问题。

(二)适用税目、税率及税额的审查

由于消费税只是对部分消费品征收，其征税范围具有选择性而且实行多档税率，不同应税消费品适用不同的税率；即使是同类应税消费品，等级、功能不同，适用的税率也各不相同。因此在审查中，税务代理人应掌握消费税的征税范围、每个税目下面的子税目以及在子税目下有关征税范围的说明，审查纳税人生产的产品是否应征收消费税，是否按税法的规定使用了税目、税率。审查时，应从以下几个方面进行：

(1)审查纳税人生产消费税税率已发生变化的应税消费品其应纳消费税是否按税法规定时间执行。

自 2006 年 4 月起，消费税政策做了较大调整，应按新政策审核纳税人相应期间的纳税情况。具体规定为：粮食白酒、薯类白酒的比例税率统一为 20%。定额税率为 0.5 元/斤(500 克)或 0.5 元/500 毫升。从量定额税的计量单位按实际销售商品重量确定，如果实际销售商品是按体积标注计量单位的，应按 500 毫升为 1 斤换算，不得按酒度折算。自 2014 年 12 月 13 日起，汽油、石脑油、溶剂油和润滑油的消费税单位税额由 1.12 元/升提高到 1.4 元/升；将柴油、航空煤油和燃料油的消费税单位税额由 0.94 元/升提高到 1.1 元/升。航空煤油继续暂缓征收。

(2)审查纳税人兼营不同税率的应税消费品是否分别核算不同税率应税消费品的销售额、销售数量；未分别核算销售额、销售数量，或者将不同税率的应税消费品组成成套消费品销售的，是否从高适用税率。

在审查时，可通过查阅《消费税纳税申报表》中填列的产品名称以及税目、税率或税额，以低税率的项目为目标，进而核实应税消费品的构成及其核算情况。在基本了解纳税人总体生产、销售情况的基础上，通过审查“主营业务收入”、“产成品”等明细账及相关凭证，查看企业兼营不同税率的应税消费品的名称、种类及其核算情况，确定纳税人将不同税率的应税消费品组成成套消费品出售的情况。如果在审查中发现纳税人兼营不同税率的应税消费品未分别核算，或将不同税率的应税消费品组成成套消费品出售，在计税时从低适用税率的，应及时告诉纳税人做补税处理。

(三)应纳税额的审查

一般情况下，纳税人销售应税消费品以及应当缴纳消费税的自产自用消费品的计税公式为：

应纳税额＝销售额(或销售数量)×适用税率(或单位税额)

税务代理人通过审查计税依据和适用的税目、税率或税额，可以根据上述公式计算出应纳消费税税额。而且税法规定对于纳税人用某些外购或委托加工的应税消费品连续生产同类应税消费品的，可以按当期生产领用数量扣除外购或委托加工的应税消费品的已纳税款。因此，对于纳税人用外购或委托加工的应税消费品，连续生产同类应税消费品的，应按税法规定的计税办法采用适当的方法进行审查核实。

1. 用外购已税消费品为原材料连续生产应税消费品的情况

按照规定，对于纳税人用外购已税烟丝生产的卷烟、外购已税化妆品生产的化妆品、外购已税护肤护发品生产的护肤护发品、外购已税珠宝玉石生产的贵重首饰及珠宝玉石(改在零售环节征收消费税的金银首饰、钻石及钻石饰品除外)、外购已税鞭炮焰火生产的鞭炮焰火、外购已税汽车轮胎生产的汽车轮胎、外购已税摩托车生产的摩托车，准予在计税时按当期生产领用数量计算扣除外购的应税消费品已纳的消费税税款。

在审查时，税务代理人可通过向企业有关部门了解应税消费品的材料构成情况，确定纳税人有无用外购的已税消费品做原料连续生产应税消费品的情况。若有，则可以通过以下步骤确定准予扣除的已纳消费税税款：

(1)审查“原材料”明细账及相关凭证，根据“原材料”明细账的记录，查阅外购应税消费品的购货发票，核实期初库存、当期购进、期末库存外购应税消费品的原进价，计算当期生产领用的外购应税消费品的买价。

(2)以核实后的当期生产领用的外购应税消费品的买价乘以外购应税消费品的税率，计算出当期准予扣除的外购应税消费品已纳税款，并与《消费税纳税申报表》中“本期准予扣除税额”栏目的金额相核对，便可查明有无问题。

在审查时需要注意的是，我国自 2001 年 5 月 1 日起，停止执行生产领用外购酒和酒精已纳消费税税款准予扣除的政策。2001 年 5 月 1 日之前购进的已税酒及酒精，已纳消费税税款没有抵扣完的一律停止抵扣。

2. 用委托加工收回的应税消费品为原料连续生产应税消费品的情况

按照规定，纳税人委托个体经营者加工的应税消费品，由委托方收回后在委托方所在地缴纳消费税；纳税人委托其他企业(或单位)加工的应税消费品应在委托方提货时，由受托方代收代缴消费税。纳税人用委托加工收回的已税消费品为原料连续生产的应税消费品，如以委托加工收回的已税烟丝为原料生产的卷烟等情况，准予从消费税应纳税额中按当期生产领用数量计算扣除委托加工收回的应税消费品已纳消费税税款。

在审查时，税务代理人可以通过向企业有关部门了解应税消费品的所用材料情况，弄清有无以委托加工收回的应税消费品为原料连续生产应税消费品的情况。若有，则可以通过以下步骤确定准予扣除的已纳消费税税款：

(1)审查“应交税费——应交消费税”明细账及有关凭证，根据其借方有关记录，查找受托方开具的“代收代缴税款凭证”，核实期初结存和本期发生的已由受托方代收代缴的消费税税款。

(2)审查“原材料”等明细账及相关凭证，核实委托加工应税消费品的期初库存、本期收回、本期生产领用和期末库存数量，据以确定当期准予扣除的委托加工应税消费品已纳税款和期末库存的委托加工应税消费品已纳税款。

(3)以核实后的当期准予扣除的委托加工应税消费品已纳税款，与《消费税纳税申报表》中“本期准予扣除税额”相核对，便可查明纳税人有无多计扣除或少计扣除的问题。

在此基础上，税务代理人根据应纳税额与审查核实的准予抵扣的已纳税额之差计算纳税人本期实际应缴纳的消费税税款，并与《消费税纳税申报表》进行核对，以此确定纳税人应纳税款的计算是否准确。

(四)进口应税消费品应纳税额的审查

我国《消费税暂行条例》规定，纳税人进口应税消费品，应于报关进口时向报关地海关缴纳消费税。在会计处理上，其缴纳的消费税计入进口消费品的成本，借记“固定资产”、“物资采购”等科目，贷记“银行存款”等科目。

审查时，应根据“固定资产”、“物资采购”等账户及相关凭证，查明进口应税消费品的名称、规格、数量以及金额；并结合报关单、海关填发的税款缴纳证、完税凭证，核实税款的缴纳情况。需要注意的是，纳税人进口应税消费品，应自海关签发税款缴纳证的次日起15日内缴纳税款。审查时，应注意纳税人有无拖欠税款的情况。

三、营业税纳税审查代理实务

营业税是地方财政收入的主要来源，其计税依据是纳税人提供应税劳务、转让无形资产或销售不动产的营业额。营业税的征收范围广，涉及整个第三产业。营业税实行行业差别比例税率，计税方法比较简便，即按应税营业额和适用税目税率直接计算纳税。在营业税的纳税审查中，重点是营业额和适用税目税率的审查。

(一)营业税纳税审查要点

审查营业税纳税情况，重点是审查计税营业额和适用税目税率是否准确，有无多计、少计或未计营业额的情况，有无错用税目税率的情况。

1. 审查计税营业额

营业税的计税依据是营业额。营业额是指纳税人提供应税劳务、转让无形资产或者销售不动产向对方收取的全部价款和价外费用。审查时，应根据不同行业会计制度的规定，通过审查“主营业务收入”、“其他业务收入”账户及有关的记账凭证、原始凭证，确定纳税人的收入是否已经全额入账；收入的入账时间是否符合会计制度；收费标准是否合理，有无营业额明显偏低且无正当理由的情况。在审查营业收入时，还应该审查纳税人的支出账户，重点审核支出账户的借方红字发生额或贷方蓝字发生额，并与相关的记账凭证、原始凭证相对照，看纳税人有无将取得的收入直接冲减费用、支出而减少纳税的情况。

审查计税营业额时，要注意税法中规定的差额计税方式。按照税法规定，以下情况采用差额计税方式，即以纳税人的全部收入减去相关费用后的余额作为计税依据。在审查过程中，对于应该采用差额计税方式缴纳营业税的，税务代理人应注意提醒纳税人扣除相应的费用。

2. 审查适用的税目税率

审查时，税务代理人要深入企业了解其经营范围或经营项目，并审查各收入明细账及有关凭证，核实纳税人是否按规定分别核算营业额。然后，根据营业税税目注释的有关规定，确定纳税人经营项目应适用的税目税率，并分别汇总计税营业额，再与纳税人填报的《营业税纳税申报表》相核对，看其应税项目适用的税目税率是否正确。如果纳税人兼营不同税目的应税行为，未能按规定分别核算不同税目的营业额，应注意审查纳税人是否从高适用税率计算了应纳税额。在审查金融保险业纳税人的适用税率时，要注意纳税人是否按规定的时间执行了调整的税率。

3. 审查营业税的申报缴纳情况

在审查计税营业额和适用税目税率的基础上，税务代理人应对照纳税人填报的《营业税纳税申报表》，审查"应交税费——应交营业税"明细账及有关凭证，核实其税款缴纳情况，看有无拖欠营业税的问题。

(二)应税劳务应纳税额的审查

1. 建筑业营业税纳税审查

建筑业务是使用建筑材料建造建筑物、构筑物并对其进行修缮、装饰以及安装各种设备工程作业的劳务活动。建筑业务的计税依据是从事建筑业务所取得的全部收入。

纳税人从事建筑业务所取得的收入，在不同的行业中会计核算也是不同的。施工企业通过设置"工程结算收入"账户进行核算，其他行业的建筑业务往往不是其主营业务，在会计上设置"其他业务收入"账户来核算。因此，注册税务师在审查中应根据纳税人不同的会计核算特点，重点审查以下几个方面：

(1)审查应税收入是否全额纳税。建筑业的营业额包括建筑安装企业向建设单位收取的工程价款(即工程造价)及工程价款之外的各种费用。审查时，税务代理人应首先了解工程项目名称、工期、价款结算办法等，然后参照工程承包合同明确销售实现时间或纳税义务发生时间，最后结合"工程结算收入"账户，看纳税人"工程价款结算账单"中确认的价款是否全额申报纳税。

(2)审查有无分解工程价款的现象。抽查"工程结算收入"、"工程施工"、"库存材料"、"其他业务收入"、"营业外收入"等有关账户的原始凭证和记账凭证，审查材料出库单等原始凭证，确定实际完成工作量的施工成本。应注意纳税人有无下列为逃避纳税而分解工程价款的情况：

①将工程耗用的材料不计入施工成本，而是直接冲减库存材料；

②将向发包单位收取的各种索赔款不作为计税收入，而计入"营业外收入"账户；

③将从建设单位获取的抢工费、全优工程奖和提前竣工奖计入"应付职工薪酬——福利费"账户，作为职工奖励基金；

④将材料差价款直接冲减工程结算成本或材料等账户，少计工程收入额。

(3)审查“应付账款”、“预收账款”、“应收账款”等往来明细账。

核对记账凭证及原始凭证，看有无将已结算的工程价款长期挂账不记收入的。在实际工作中，有的企业按合同规定预收工程款时，借记“银行存款”账户，贷记“预收账款”账户；办理工程价款结算时，仅按应收工程款与预收款的差额，借记“应收账款”账户，贷记“工程结算收入”账户，因而少纳营业税。也有的企业，对工期较长的工程项目，未按照规定的时间办理工程价款结算；对当月已完成的工作量既不填制已完工程月报表，也不编报已完工程价款结算账单，而是将按规定收取的全部工程款全部作为预收备料款和工程进度款挂在“预收账款”账户上，等到工程竣工时才办理工程价款结算，拖延收入入账时间，长期占用税款。税务代理人应首先审查“预收账款”明细账，如果发现某一项目的预收账款长期挂账，就说明可能存在上述问题。此时应审核其原始凭证，若有工程价款结算账单，则应根据工程进度等资料，确定结算期计税营业额。

(4)建筑业的总承包人将工程分包或转包给他人的，应对照分包、转包建筑安装工程合同及分包、转包工程的“工程价款结算账单”，核实“应付账款”等账户的核算内容，审查其营业额是否为工程的全部承包额减去付给分包或转包人的价款后的余额。应审查“应交税费——应交营业税”账户中的应交税金是否包含了总承包人应代扣代缴的营业税部分。

(5)从事建筑、修缮、装饰工程作业的纳税人，无论与对方如何结算，其营业额均应包括工程所用原材料及其他物资和动力的价款在内；从事安装工程作业的纳税人，要查看安装工程合同，凡所安装的设备价值作为安装产值的，其营业额应包括设备的价款在内。

(6)对于企业行政事业单位的自营施工单位为所在单位承担建筑安装工程的，应查验该纳税人是否为独立核算单位，是否与本单位结算工程价款，从而确定该施工项目是否确属于自建自用工程项目，有无借故“自建自用建筑物”而未计征营业税。

2. 金融、保险业营业税纳税审查

金融业务是指经营货币资金融通活动的业务，包括贷款、融资租赁、金融商品转让、金融经纪业务和其他金融业务等。我国税法规定，对存款或购入金融商品行为，不征收营业税。

在征收营业税时，一般贷款业务以贷款利息收入为计税依据；转贷业务以利息收入减去利息支出后的余额为计税依据；融资租赁业务以利息收入和手续费金额为计税依据；金融商品转让以卖出价减去买入价后的余额为计税依据；金融经纪业务和其他金融业务，以金融服务手续费为计税依据。税法同时规定，对金融机构往来业务暂不征收营业税。

税务代理人应从以下几个方面进行纳税审查：

(1)审查“利息收入”、“手续费收入”、“金融企业往来收入”、“汇兑收益”、“证券发行收入”、“租赁收益”、“其他业务收入”等收入明细账及相关记账凭证、原始凭证，核实其金融业务收入是否全额入账，看有无分解收入的情况。

(2)审查“利息支出”、“手续费支出”、“金融企业往来支出”、“汇兑损失”、“其他营业支出”等明细账及有关会计凭证，着重审查各支出账户贷方发生额或借方红字金额，看有无将取得的金融业务收入直接冲减费用支出的情况。

(3)将核实后的金融业务收入与《营业税纳税申报表》对照审查，看有无少报或瞒报计税收入、偷逃营业税的情况。审查时应注意减免税的界限，看有无因界限不清而少纳或多纳税款的情况。

保险业营业税的征税范围包括财产保险、人身保险、责任保险、信用保证保险等，但对保险公司开展的1年期以上返还性人身保险业务的保费收入，免征营业税。

保险业营业税计税依据是保险公司经营保险业务取得的保费收入；实行分保险的，以初保业务的全部保费收入减去付给分保人保费后的余额为计税依据。《保险企业会计制度》规定，保险费收入通过"保费收入"账户核算。审查时，应以"保费收入"账户为中心，结合相关会计资料进行核实：

(1)审查"保费收入"明细账及有关会计凭证，逐笔核实其保费收入额，看有无分解记账的问题。

(2)审查"销售费用"等明细账及有关会计凭证，逐笔核实其贷方发生额或借方红字金额，看有无将收入直接冲减费用的情况。

3. 邮电通信业营业税纳税审查

邮电通信业营业税征税范围包括提供的邮政和电信服务，其计税依据为经营邮电通信业务所取得的营业额。电信部门以集中受理方式为集团客户提供跨省的出租电路业务，由受理地区的电信部门按取得的全部价款减除分割给参与提供跨省电信业务的电信部门的价款后的余额为营业额计征营业税；对参与提供跨省电信业务的电信部门，按各自取得的全部价款为营业额计征营业税。此外，邮政储蓄业务按利差收入计税。

《邮电通信企业会计制度》规定，邮电通信企业的邮政收入、长话电信收入、市内电话收入在"通信业务收入"账户中核算；邮政电信物品销售收入、代办工程收入等在"其他业务收入"账户中核算。审查时，应根据上述收入账户结合相关会计资料进行审查核实：

(1)将"通信业务收入"明细账与"营业报告单"、"储蓄利差收入通知单"等原始凭证对照审查，看其主营业务收入是否全额入账；将"其他业务收入"明细账与有关会计凭证对照审核，核实其辅营业务收入情况。

(2)审查"通信业务成本"、"管理费用"、"其他业务支出"等支出明细账及有关凭证，看有无以收入直接冲减费用支出的情况；审查"营业款结算"、"预收账款"、"应付账款"等明细账及有关会计凭证，看有无将收入款项长期挂账而不作收入的情况。

(3)在核实计税收入后，对照审查《营业税纳税申报表》，看其纳税申报有无错误，是否存在少报或瞒报的问题。

4. 文化体育业营业税纳税审查

文化体育业营业税的征收范围包括文化业和体育业。文化业是指经营文化活动的业务，包括表演、播映、其他文化业和经营游览场所的业务。体育业是指举办各种体育比赛和为体育比赛或体育活动提供场所的业务。但是，以租赁方式为文化活动、体育比赛提供场所的业务，不按"文化体育业"税目征税，而按服务业税目"租赁业"征税；有线电视台收取的有线电视初装费，按"建筑业"税目征税；电台、电视台等单位收取的点歌费、节目费、广告播映费，按服务业税目中"广告业"征税。

文化体育业营业税的计税依据，是经营文化体育业所取得的营业收入额。但单位或个人进行演出，以全部票价收入或包场收入减去付给提供演出场所的单位、演出公司或经纪人费用后的余额为计税营业额。

在进行审查时，应重点审查营业额的核算和适用的税目税率。在核实营业额时，应审查“主营业务收入”、“其他业务收入”明细账及有关会计凭证，看其营业额是否全额入账；审查“营业费用”明细账及有关会计凭证，看有无将收入直接冲减费用的情况；审查“应收账款”、“应付账款”明细账及相关会计凭证，看有无将收入长期挂账、隐匿收入的情况。

5. 服务业营业税纳税审查

服务业征税范围包括代理业、旅店业、饮食业、旅游业、仓储业、租赁业、广告业、其他服务业等。审查时，应重点审查以下内容：

(1)审查“主营业务收入”、“其他业务收入”明细账及相关会计凭证，核实营业收入额；审查“主营业务成本”、“其他业务支出”、“营业费用”明细账的贷方发生额或借方红字金额，核实有无将收入直接冲减成本费用的情况；审查“应收账款”、“应付账款”等明细账，并抽查其记账凭证和原始凭证，看有无将收入长期挂往来账的问题。

(2)对于实行差额计税的情况，审查其营业额的核算是否正确。如旅游企业组织旅行团在中国境内旅游的，以收取的旅游费减去替旅游者支付给其他单位的房费、餐费、交通费、门票费和其他代付费用后的余额为营业额；旅游企业组织旅行团到境外旅游的，在境外改由其他旅游企业接团的，以全程旅游费减去付给该接团企业旅游费后的余额为营业额；对于代理广告业务的，应按收取全部收入减去付给广告发布者的广告发布费后的余额申报纳税。

除旅游、饮食服务企业以外的各类企业兼营服务业务，其服务业务收入是通过“其他业务收入”账户核算的；其服务业务成本、税金及附加，是通过“其他业务支出”账户核算的。税务代理人可通过“其他业务收入”、“其他业务支出”、“应付账款”、“应收账款”等账户及有关会计凭证和《营业税纳税申报表》等进行审查核实，其审查方法与上述办法相同。

(3)对照《营业税纳税申报表》，看其申报的营业额是否真实，主要应注意收入申报时间是否符合法律规定。

(4)在审查计税营业额、适用税目税率的基础上，可通过《营业税纳税申报表》、“应交税费——应交营业税”明细账及有关会计凭证，进一步查实税款计算缴纳情况，确定纳税人有无偷逃税款或拖欠税款的行为。

此外，财政部和国家税务总局 2013 年 5 月 27 日联合印发《关于在全国开展交通运输业和部分现代服务业营业税改征增值税试点税收政策的通知》，明确自 2013 年 8 月 1 日起，在全国范围内开展交通运输业和部分现代服务业营业税改征增值税试点的相关税收政策。《通知》明确，2013 年 8 月 1 日扩容后的“营改增”试点涉及的应税服务将包括陆路运输服务、水路运输服务、航空运输服务、管道运输服务、研发和技术服务、信息技术服务、文化创意服务、物流辅助服务、有形动产租赁服务、鉴证咨询服务、广播影视服务。税率方面，提供有形动产租赁服务，税率为 17%；提供有形动产租赁服务之外的现代服务业服务，税率为 6%。

6. 娱乐业营业税纳税审查

娱乐业营业税的征收范围包括经营歌厅、舞厅、卡拉 OK 歌舞厅，音乐茶座，台球、高尔夫球、保龄球场，游艺类娱乐场所，以及娱乐场所为顾客进行娱乐活动提供劳务的业务等。但娱乐场所开设的面向娱乐场所外所有顾客的小卖部、商店销售的货物，属于增值税的征收范围，应按规定计算缴纳增值税。

娱乐业营业税的计税依据是经营娱乐业向顾客收取的各项费用，包括门票收费、台位费、点歌费、烟酒和饮料收费，以及经营娱乐业的其他收费。对于经营有奖娱乐游艺活动的，不得扣除奖励支出。娱乐业实行5%～20%的幅度比例税率，具体税率由各省、自治区、直辖市人民政府决定。但自2001年5月1日起，对夜总会、歌厅、舞厅、射击、狩猎、跑马、游戏、高尔夫球、保龄球、台球、游艺、电子游戏厅等娱乐行为，一律按20%的税率征收营业税。

在审查时，应重点审查营业额的核算和适用的税率是否正确，尤其要注意审查纳税人提供的按税法规定统一适用20%税率的娱乐行为。

7. 转让无形资产应纳营业税的审查

转让无形资产，是指无形资产的所有者或使用者有偿转让无形资产所有权或使用权的行为，其征税范围仅限于“所转让的无形资产在我国境内使用”。纳税人转让无形资产以取得的全部价款和价外费用为计税依据。在会计核算上，企业往往通过设置“主营业务收入”或“其他业务收入”账户核算其转让收入；通过设置“主营业务成本”、“主营业务税金及附加”、“其他业务支出”账户核算其成本、税金及附加。

审查时，应重点审查下列内容：

(1)根据纳税人的行业属性，审查收入账户及有关会计凭证，逐笔核对转让收入额，看有无分解记账的情况。

(2)审查“无形资产”和相关支出账户及有关会计凭证，看有无将收入直接冲减无形资产的摊销价值或其他支出的情况。

(3)审查往来账项及有关会计凭证，看有无将已实现的收入长期挂往来账而不作收入的情况。

(4)根据核实后的无形资产转让收入额，对照审查《营业税纳税申报表》，看其有无少报或瞒报计税收入的情况。

8. 销售不动产应纳营业税的审查

纳税人销售不动产，以收取的全部价款和价外费用为计税依据。若所取得的价款明显偏低且无正当理由，税务机关有权按照税法规定的顺序进行调整。由于不同的企业会计核算不同，因此对房地产企业和其他企业应根据不同规定，结合有关账册，审查其收入额的确认是否正确。

第一，房地产开发企业销售不动产应纳营业税的审查要点。

(1)查阅房地产转让合同，弄清所转让房地产坐落地点、房产结构、转让金额及时间和价款结算办法等内容。同时，查阅房地产评估机构出具的评估报告。

(2)审查“经营收入”、“分期收款开发产品”等账户，并核对其记账凭证、原始凭证及房地产转让合同等资料，看其价格是否合理，已实现的收入是否全额入账，有无分解收入、减少营业额的情况。

(3)对采取预收款方式销售不动产的，应详细审查“预收账款”、“应付账款”等往来明细账及有关会计凭证，看有无将收入挂往来账而不纳税的情况。

(4)根据核实后的计税收入，包括已实现的经营收入和采取预收款方式收取的尚未转作经营收入的定金，对照审查《营业税纳税申报表》，看其申报的计税金额是否真实、准确。

第二，其他企业销售不动产应纳营业税的审查要点。

其他企业销售不动产，其收入、成本、费用、税金及附加均通过“固定资产清理”账户核算。

审查时，应以“固定资产清理”账户为中心，结合有关凭证资料进行审查核实。其审查要点如下：

(1)查阅“固定资产”账户和“固定资产登记簿”，看其房屋、建筑物等不动产有无减少的情况；若有，应进一步查明减少的原因，是发生毁损、报废还是对外出售。若是对外出售，应查阅其销售合同，弄清不动产的坐落地点、结构、面积、转让时间及金额和价款结算办法等内容。

(2)审查“固定资产清理”账户贷方发生额，对照会计凭证、销售合同等有关资料，审查已实现的销售收入是否全额入账，有无分解销售不动产销售额的情况。同时，注意审查该账户借方有无红字发生额；若有，应查阅相关会计凭证，看有无将实现的收入冲减固定资产净值或清理费用的情况。

(3)将“固定资产”、“营业外收入”、“营业外支出”等账户与有关记账凭证、原始凭证相对照，看有无将不动产的销售额未通过“固定资产清理”账户，而直接列作营业外收支的情况。

(4)审查“预收账款”或“应收账款”明细账及相关的会计凭证，核实企业采用预收款方式销售不动产所预收的定金数额。

(5)汇总已实现的不动产销售额和尚未转作不动产销售收入的预收定金，对照审查纳税人填报的《营业税纳税申报表》，看其申报情况是否真实、正确。也可以按核实后的销售额和规定的税率与“固定资产清理”账户借方记载的营业税账户贷方相关记载相核对，看其税款计算是否正确。若不相符，应通知纳税人补正。

第三节 所得税纳税审查代理实务

一、企业所得税纳税审查代理实务

企业所得税是对内资企业来源于中国境内、境外的生产经营所得和其他所得征收的一种收益税。企业所得税纳税审查的重点应在核实企业会计所得基础上，进行纳税调整，注册税务师纳税审查的基本环节包括收入总额、税前扣除项目、应纳税所得额和应纳所得税额的审查。

(一)收入总额的审查

企业所得税应税收入总额包括生产经营收入、财产转让收入、利息收入、租赁收入、特许权使用费收入、股息收入、其他收入。只有明确收入总额的范围之后，才能进行具体审查。

1. 销售收入(营业收入)审查要点

销售收入(营业收入)的审查比照流转税中销售收入代理审查的内容。

2. 其他业务收入审查要点

其他业务收入包括材料销售、固定资产出租、包装物出租、外购商品出售、无形资产转让、提供非工业性劳务等取得的收入。对其他业务收入应侧重审查收入的入账时间和入账金额是否正确，是否有漏计、少计其他业务收入或者通过往来账户少计其他收入的情况。税务代理人对其他业务收入的审查要点有：

(1)审查“其他应付款”等负债明细账，如发现有长期挂账且摘要记录不清的应付款时，要进一步审查记账凭证和原始凭证，判定是否属于隐匿收入的情况。

(2)审查银行存款日记账、现金日记账的借方对应账户，如发现对应账户不清或是应付款类账户,就要进一步审查会计凭证,落实问题。

(3)审查“包装物”、“材料物资”及“无形资产”明细账,看其减少时的会计凭证,判定性质,查明原因。看其是否属于出售转让的业务;若属于出售转让业务,根据会计分录判定企业是否按规定计入了其他业务收入。

3. 投资收益审查要点

投资收益是企业在对外进行股票、债券或其他投资活动中取得的收益。主要包括企业在对外投资中分得的利润、股利和债券利息,投资到期收回或者中途转让取得款项高于账面价值的差额,以及按照权益法核算的股票投资在被投资单位增加的净资产中所拥有的数额。

(1)对股票投资收益的审查

股票投资,一般采用成本法和权益法进行会计处理,具体采用哪种方法,要按股票投资比例和对被投资公司的影响力而定。当公司股票投资拥有的股权不对被投资公司的经营决策有重大影响时,应采用成本法。当公司股票投资对被投资公司的经营能施加重大影响时,应采用权益法。

采用成本法核算的企业,其审查要点包括:公司在未收回投资前,有无对“长期投资”账户的账面价值进行调整;公司有无将收到的股利,不作当期投资收益处理。

采用权益法核算的企业,其审查要点包括:核实投资公司的投资额;通过会计师事务所或发行公司所在地税务机关,查核发售股票公司的盈利或亏损数额,对其盈利或亏损数额应取得审定单位的法定证明;审查企业是否按投资比例计算所拥有权益的增加。在审查过程中,必须对投资双方的有关资料进行核对,看是否一致。

(2)对债券投资收益的审查

对债券投资收益的审查,首先审查应计利息是否正确。审查企业债券投资是否按债券的票面利率计提应计利息,计算是否正确;审查应计利息是否记入“投资收益”账户,有无漏记、少记或转作他用的情况。其次,审查溢价或折价摊销额的计算是否正确。最后,审查债券的转让收入与原账面金额的差额是否记入“投资收益”账户,同时,还要注意审查“投资收益”账户的期末余额是否转入“本年利润”账户,有无长期挂账不做本年收益处理的情况。

此外,对其他投资的审查,应注意收回其他投资时,其收回的投资与投出资金的差额是否做了增减投资收益处理。

(3)对联营投资收益的审查

投资方从联营企业分回利润,若投资方企业发生亏损的,应先用于弥补亏损;弥补亏损后仍有盈余的,应依照对联营企业补税的有关规定,按投资方企业法定税率与联营企业适用税率的差额计算补税。审查时,首先要注意审查从联营企业分得的利润是否记入企业的“投资收益”账户。其次,审查投资企业有无将分得的投资利润作为账外资金,并对被投资企业进行再投资不入账的情况。另外,审查企业有无将应分得的投资利润存放在被投资单位,或转投到其他企业或单位,或者挂在本企业往来结算账户,甚至作为“小金库”挪作他用等情况。

4. 营业外收入审查要点

营业外收入项目主要包括固定资产盘盈的净收益处理、罚款收入、因债权原因确实无法支付的应付款项、教育费附加返还款等。

对营业外收入的检查,主要审查应属营业外收入的项目,有无不及时转账,长期挂在“其他应付款”、“应付账款”账户的情况；有无将营业外收入直接转入企业税后利润，甚至做账外处理或直接抵付非法支出的情况。

税务代理人进行审查时，应从以下几个方面入手：

(1)审查收入凭证，看应计入营业外收入的款项有无计入其他账户的问题；如有问题，应及时转入“本年利润”账户中核算。

(2)审查往来结算账户的账面记录，如果其他应付款项长期挂账，或“其他应收款”账户出现贷方余额又长期未做处理，应及时转入本年利润和应税所得额，计征企业所得税。

(3)从账户的对应关系，审查记账凭证的会计处理是否正确。若发现有问题，应认真查阅会计凭证，查明问题，并调整有关账务，同时调增应税所得额。

(二)税前扣除项目的审查

税前扣除项目是指为生产、经营产品或提供劳务等所发生的按税法规定可准予扣除的各项直接费用和间接费用。税务代理人审查税前扣除项目时，当会计所得与计税所得的处理不一致时，应依照税收规定予以调整。税前扣除项目主要包括成本、费用、损失及税金。

1. 成本审查要点

成本对于企业利润和应税所得额能够产生直接影响，成本的审查也是所得税审查最复杂的内容。

(1)外购材料的审查

①审查购进材料的买价、采购费用。应重点审查原始凭证是否真实合法，采购费用支出是否符合规定。

②审查材料入库数量及材料超定额损耗的处理。对采用计划价格核算的，应审查“材料采购”明细账；对采用实际价格核算的，则应审查材料类明细账。将借方发生额与发票、材料入库单相对照，核实账面数量、入库数量与发票数量是否相符，材料采购价格差异、材料损耗是否合理。

③审查估价入账的材料重复入账的问题。应审查材料明细账借方发生额的摘要记录，有无从同一地点购进品名、数量、金额相同(或相近)的材料，再进一步审查记账凭证及所附原始凭证，对确认的估价入账材料月终未取得发票前是否做了红字冲销处理。

(2)发出材料的审查

①生产耗用材料的审查。首先，审查耗用材料数量。将“发料凭证汇总表”和“领料单”、“材料费用分配表”核对，如果领料单发料方向与“材料费用分配表”不一致，应审查有无非生产部门领用材料计入生产用料的。其次，审查耗用材料计价。发出材料采用计划价格核算的，可先比较各月的材料成本差异情况，如果变动幅度较大，应作为审查重点。

②非生产领用材料的审查。审查材料账户的贷方发生额及其对应科目，分析领料部门是否为生产管理部门。

③销售材料的审查。根据材料明细账贷方发生额，审查销售材料的数量、金额，以及销售材料的收入有无直接冲减材料成本的问题。

(3)低值易耗品的审查

①低值易耗品和固定资产界限的审查。根据税法有关固定资产的规定，审查企业有无将属于固定资产的生产资料按照低值易耗品处理，增加当期成本的问题。

②低值易耗品摊销的审查。采用一次摊销法的，应审查“低值易耗品”明细账的贷方发生额与“制造费用”、“管理费用”、“其他业务支出”明细账的借方发生额，注意有无以购代耗的问题。对采用分期摊销法的，应审查“低值易耗品”明细账的贷方发生额与“待摊费用”、“递延资产”明细账的借方发生额，审查有无缩短摊销期限、提高摊销额、加速摊销额；审查“低值易耗品——在用低值易耗品”账户的借方发生额，注意有无将未用的低值易耗品摊入当期成本的问题。

③低值易耗品残值收入的审查。根据领用部门填写的“低值易耗品报废单”审查使用期限、残值估价是否合理，报废的低值易耗品收回残料作价是否冲销已摊销价值，有无留在账外不入账或挂往来账的问题。

(4)材料盘盈、盘亏的审查

审查“待处理财产损溢——待处理流动资产损溢”明细账，与材料盘点表相核对，核实申报的材料盘盈、盘亏数量是否相符，审查有无擅自将盘亏转账处理、盘盈长时间挂账不作处理的问题。

(5)包装物的审查

①逾期包装物押金收入的审查。根据“包装物——出租包装物”和“包装物——出借包装物”明细账的借方发生额，查明包装物出租、出借时间和期限，通过审查“其他应付款——存入保证金”、“营业外收入”账户，收取包装物押金时开具的收款发票存根联等，审查有无逾期押金长期未清理、隐瞒租金收入的问题。

②包装物出租收入的审查。根据“包装物——出租包装物”明细账的借方发生额，查明包装物出租的时间和租金收入，与其他业务收入贷方发生额相核对，审查企业有无将租金收入长期挂往来账的情况。

(6)工资及福利费用的审查

①依据“工资分配表”、“职工名册”和其他有关资料，了解企业机构设置和人员配备情况，审查企业是否存在虚增本企业职工人数、扩大计税工资总额的问题。

②依据“工资结算表”中所列工资、奖金、补贴、津贴各项，审查实际支付的工资额是否符合规定标准，有无将非工资性支出计入工资总额，并擅自提高计税工资标准等问题。

(7)固定资产的审查

①固定资产增加与减少的审查

根据“固定资产”明细账掌握新增固定资产的情况，然后审查“在建工程”明细账借方有无运杂费或安装费等支出，有无只反映需安装的固定资产买价但没有反映运输、安装费用的；审查“固定资产”明细账贷方发生额及对应的“固定资产清理”明细账借方、“累计折旧”明细账借方，看转出的固定资产原价和已提折旧是否正确。审查“固定资产清理”明细账的借方发生额及原始凭证，有无不属于固定资产清理费用的支出计入。另外，了解报废、毁损的固定资产在清理过程中取得的变价收入、残料回收、过失人赔款、保险赔款等情况，结合“营业外收入”账户，看有无清理收入未入账的问题。

②固定资产折旧与修理的审查

固定资产折旧年限、折旧方法、预计残值一经确定，便不能任意变动。审查中应注意审查纳税人折旧额的变化与固定资产增减业务的对应关系。首先，根据“固定资产”明细账核实已提折旧情况，审查有无超过规定范围计提折旧的问题。其次，审查“累计折旧”明细账的贷方发生额，看各月提取的折旧金额是否均衡，对于折旧额突然增加或减少，应进一步审查当月购进和使用的固定资产的情况。再次，根据“固定资产”明细账和固定资产折旧计算表，审查固定资产的折旧年限和残值率是否符合税法的有关规定，有无未经批准擅自加速折旧的问题。根据“制造费用”、“管理费用”账户发生额与“预提费用”、“待摊费用”、“递延资产”明细账对照，审查原始凭证是否真实、合法，有无将应构成固定资产的支出作为当期费用入账、跨年度修理费用有无提前摊销的问题。

(8)销售成本的审查

①结转销售成本数量的审查。根据“产成品”明细账贷方发生额，结合销售发票及其他出库凭证进行审查，看与“产品销售成本”明细账结转销售成本的数量是否一致，有无将销货退回只冲减销售收入而不冲减产品销售成本的问题。

②结转销售成本金额的审查。对采用加权平均法或移动平均法计价的企业，可根据“产成品”明细账，审查产成品的计价是否正确。具体方法与审查发出材料的方法相同。

③对采用计划成本核算的企业，应审查“产品成本差异”明细账，核对计算结转销售成本的同时是否计算并结转产品成本差异。

(9)产品制造成本的审查

①生产费用的审查。审查各项费用的分配标准是否恰当，“费用分配表”的分配额与该项费用账户的发生额是否相符，有无将应由下期成本承担的费用提前在本期分配，有无将不应由产品成本负担的非生产项目的费用计入。

②制造费用的审查。根据“制造费用”明细账借方发生额，对照各项费用的原始凭证，审查费用发生的内容是否归属于本期的成本等。

③产品成本计算的审查。将期末在产品“盘存表”与“产品成本计算单”相核对，在核实产成品、在产品数量的基础上，根据各项费用在成本中所占的比重，将生产费用在完工产品、在产品之间进行分配。对采用原材料成本法的，应核实月初、月末在产品所耗用原材料的数量和计价是否正确；采用约当产量法的，应重点审查在产品成本是否包括了全部材料成本。

2. 期间费用审查要点

(1)管理费用的审查

①无形资产摊销的审查要点

对于无形资产摊销的审查，先要审查“无形资产”账户的借方发生额，结合其原始凭证，审查入账的金额是否真实，然后从“无形资产”账户的贷方发生额审查其摊销期限和金额是否正确。

②“递延资产——开办费”摊销的审查要点

审查开办费的入账金额是否真实，有无将计入固定资产和无形资产购建成本的支出列入开办费的，有无将应由投资者负担的费用支出列入开办费的，有无将开始生产经营后发生的费用计入开办费的，开办费摊销及比例是否符合规定。以“递延资产——开办费”账户借方逐项审查其开支内容，结合记账凭证和原始凭证审查开办费的列支是否属实、合理。将“递延资产——开办费”账户贷方与“管理费用——开办费摊销”核对，看摊销期是否正确，摊销金额是否均衡。

③坏账损失的审查要点

审查提取坏账准备的基数及比例是否准确，应收账款余额中有无采用分期收款销售方式而发生的应收账款，或按完工进度或实际完成的工作量等确定销售收入所发生的应收款项；当“坏账准备”账户贷方有余额时，有无不按本年应提额扣除其余额作为实提坏账准备数，而仍按计算数计提的；有无以后又收回已确认并转销的坏账损失的款项未冲销原转销数额的。审查“应收账款”贷方发生额与“银行存款”、“管理费用”账户借方发生额，结合原始凭证，看已确认并转销的坏账损失以后是否收回；如果收回后未冲销原转销数的，应将此并入应纳税所得额。

④管理费用的审查要点

除上述有关项目的内容外，还有一些其他费用项目，其检查主要是根据列支的项目对照制度规定，结合原始凭证，审查其真实性、合法性、合理性及应在本期列支的，有无拖后列支；不在本期列支的，是否提前列支。同时，要划分资本性支出和收益性支出的界限，防止将固定资产、在建工程的支出作为管理费用列支。

(2)财务费用的审查

财务费用的审查主要包括利息支出和汇兑损益的审查。根据“财务费用”明细账，审查利息费用，有无资本性利息支出(如建造、购置固定资产，开发无形资产以及筹建期的利息支出)，企业集资是否经过政府有关部门的批准，集资利息支出超出规定标准部分是否进行纳税调整。根据“财务费用”账户借方发生额核对“银行存款”明细账，审查企业有无不按期计算汇兑损益、虚列汇兑损失或者汇兑收益不抵减汇兑损失的问题。

(3)销售费用的审查

税务代理人应注意审查其开支是否属于销售费用的范围，有无将应计入材料采购成本的外地运杂费、应向购货方收回的代垫费用、业务应酬费开支以及违反财经纪律的开支列入销售费用的；开支是否属实，有无虚报冒领、营私舞弊的；销售费用在产品之间的分配是否正确。根据“产品销售费用”账户的借方发生额，对照有关凭证，审查开支是否真实、合理。根据贷方发生额，审查销售费用在销售产品之间的分配及分配标准是否合理，审查有无将免税产品应负担的费用分配给应税产品的。

3. 税金审查要点

产品销售税金包括消费税、营业税、城市维护建设税、资源税、土地增值税等。附加是指国家为了筹集教育经费，支持教育事业的发展，按企业实际缴纳的消费税、增值税、营业税额的一定比例计提的教育费附加。对产品销售税金及附加的审查，主要从产品销售税金及附加的预提、缴纳、结算三个方面来核查，看有无多提少缴或不缴的情况。

(1)预提税金及附加的审查

对预提税金及附加的审查，应在核实销售收入和适用税率的基础上，查看“应交税费”和“其他应交款”账户，看贷方发生额与纳税申报表上计提的应交税费及附加是否一致；如果不一致，则要查明原因。

(2)缴纳税金的审查

企业缴纳税金在“应交税费”明细账户的借方反映，应审查税款所属期限、实际缴纳期限是否正确，缴纳的税额是否与计提数一致，并要审阅各税完税凭证，分析缴纳税金的情况。有无提而不缴或将错提、多提的税金从“应交税费”账户借方非法转入其他账户的情况。

(3)结算税金的审查

年度终了,企业对缴纳各种税金的情况应进行汇算清缴,及时办理补退手续。

4. 损失审查要点

税前准予列支的损失是指企业在其经营过程中已经发生的经营亏损、投资损失、在营业外支出列支的其他损失。

(1)营业外支出的审查

营业外支出项目主要包括:固定资产盘亏、报废、毁损和出售的净损失,非季节性和非大修理期间的停工损失,公益救济性捐赠、赔偿金及违约金等。税务代理人审查时,应注意以下几个问题:

①根据"营业外支出"明细账借方发生额,对"摘要"栏内容逐笔审查,对金额较大、登记摘要不明或含糊的项目,应重点审查记账凭证和原始凭证所反映的经济业务内容,鉴别分析能否在营业外支出列支。

②对于一些规定有列支标准和审批手续的营业外支出项目,要检查是否有报批手续和符合规定的列支标准。例如,公益救济性捐赠支出,必须符合税法规定的条件和捐赠比例;再如,非常损失必须根据损失金额的大小,报送有关部门审批,并扣除过失人和保险赔偿后列入营业外支出。

(2)固定资产盈亏的审查

对固定资产盈亏的检查,要根据"待处理财产损溢——待处理固定资产损溢"账户,结合"固定资产"明细账,看核销盘亏固定资产是否已查明原因,有无批件,盘亏固定资产是原值还是净值,已提折旧是否冲减等。

(三)应纳税所得额的审查

应纳税所得额的审查是在计算得出会计期间利润总额的基础上,对按照税法的有关规定进行纳税调整,将会计所得调整为应税所得的情况进行审查。

1. 审查超过规定标准项目

即审查超过税法规定标准扣除的各种成本、费用和损失,而应予调增应纳税所得额部分。包括税法中单独作出明确规定的扣除标准,也包括税法虽未单独明确规定标准但财务会计制度已做了规定的部分,具体审核要点如下:

(1)工资、薪金支出

企业发生的合理的工资、薪金支出准予据实扣除。工资、薪金具体包括基本工资、奖金、津贴、补贴、年终加薪、加班工资等。

(2)职工福利费、职工教育经费、工会经费的扣除

纳税人提取职工工会经费、职工福利费、职工教育经费分别按照计税工资总额的2%、2.5%和14%计算,在所得税前扣除。税务代理人可通过审核"应付职工薪酬"账户的贷方发生额,"管理费用——工会经费"、"管理费用——职工教育经费"明细账借方发生额,凡企业按实际发放工资总额提取的三项经费,超出按计税工资总额提取的部分,调增应纳税所得额。如果企业实际工资总额低于计税工资总额,"三项经费"按实际工资总额提取。此外,税务代理人要注意有无不按规定提取的比例计提职工福利费、工会经费和职工教育经费的问题。

(3)利息支出

税务代理人可通过“财务费用——利息支出”、“预提费用”、“长期借款——应计利息”明细账借、贷方发生额的审核，结合纳税人的具体情况来确定是否要调整应纳税所得额。

(4)业务招待费

业务招待费是指企业在生产经营过程中发生的与生产经营有关的业务往来应酬费用。在提供确实记录(或单据)情况下，分别按规定比例在税前列支。

(5)公益救济性捐赠

通过“营业外支出”明细账，调阅支付凭证，审查捐赠的对象、金额、列支单据，凡直接向受赠人的捐赠不允许税前扣除。企业发生的公益性捐赠支出，在年度利润总额12%以内的部分，准予在计算应纳税所得额时扣除。

(6)提取折旧费

税务代理人主要通过审查“固定资产”、“累计折旧”账户及固定资产折旧计算表，采用验算、分析性复核等方式予以确认，凡多提折旧费用部分调增应纳税所得额。

(7)广告费用

广告费用是企业为销售商品或提供劳务而进行的宣传推广费用，企业申报税前扣除的广告费用必须同时符合税法规定条件才允许按规定比例在税前列支。税务代理人对广告费的审查，要注意审查“产品销售费用”等账户中有无广告费用支出；如有，应将相应记账凭证与原始凭证核对，看是否符合税法规定的申报扣除条件。另外，要注意特殊行业广告费的列支标准。自2001年1月1日起制药、食品(包括保健品、饮料)、日化、家电、通信、软件开发、集成电路、房地产开发、体育文化和家具建材等行业的企业，广告费税前扣除比例由2%调整为8%。

2. 审查不允许扣除项目

这是指审查税法不允许扣除但企业已作为扣除项目而予以扣除的各项成本、费用和损失，应调增应纳税所得额。

(1)资本性支出

通过审查“低值易耗品”、“管理费用”、“制造费用”、“财务费用”、“长期借款”、“在建工程”、“应付债券”等账户，确认企业有无将资本性支出做收益性支出处理，有无将应资本化的利息费用作为期间费用；若有，做相关调账处理，调增应纳税所得额。

(2)无形资产受让开发支出

《企业所得税暂行条例实施细则》规定，无形资产开发支出未形成资产的部分可作为支出准予扣除，已形成的无形资产不得直接扣除，须按直线法摊销。税务代理人应通过“管理费用”、“制造费用”、“无形资产”等账户，结合查询等方法予以确认，判明是否要调增应纳税所得额。

(3)违法经营罚款和被没收财物损失项目

此项是指纳税人生产、经营违反国家法律、法规和规章，被有关部门处以罚款以及被没收财物的损失，属于计算应纳税所得额时不允许扣除的项目。税务代理人应通过“营业外支出”、“管理费用”、“其他业务支出”等账户的审查，将上述支出金额调增应纳税所得额。

(4)税收滞纳金、罚金、罚款项目

现行会计制度允许企业将该项支出在“营业外支出”科目中核算，所以税务代理人应通过“营业外支出”、“以前年度损益调整”等账户的审查，将该项支出在计算应纳税所得额时予以剔除，以调增应纳税所得额。

(5)灾害事故损失赔偿

按税法规定，该损失赔偿的部分在计算应纳税所得额时不得扣除，税务代理人应通过“固定资产清理”、“待处理财产损溢”、“营业外支出”及“银行存款”、“其他应收款”等账户的审查，以判明企业对应该得到或已得到损失赔偿的部分账务处理是否正确；若不正确，作相关调账处理，进而调增应纳税所得额。

(6)非公益救济性捐赠

现行会计制度规定，该项支出在“营业外支出”科目中核算，所以税务代理人应通过“营业外支出”等科目的审核，以判明是否存在非公益救济性捐赠支出；若有，在计算应纳税所得额时，全额予以剔除，以调增应纳税所得额。同时，税务代理人要注意严格按税法规定，正确区分公益救济性捐赠与非公益救济性捐赠的界限，以准确调整应纳税所得额。

(7)各种赞助支出

这是指各种非广告性质的赞助支出不得在税前列支。税务代理人要注意通过对赞助支出取得原始单据的审核，以判明企业的赞助支出是否属于广告性质的赞助；若是广告性质的赞助支出，可以在所得税前列支。同时，税务代理人可以审查“营业外支出”、“产品销售费用”等账户，调阅相关原始凭证，核实后即可予以确认，对于非广告性质的赞助支出全额调增应纳税所得额。

(8)与收入无关的支出

这是指与企业生产经营无关的支出部分。税务代理人在对“营业外支出”、“其他业务支出”、“管理费用”、“财务费用”等科目的审核过程中，若发现类似与企业收入无关的支出，应予以调账，进而调增应纳税所得额。

3. 审查应税收益项目

审查应税收益项目，是指审查纳税人根据税法及有关政策规定应计入应纳税所得额的收益，以及由于其他原因少提或未计入应纳税所得额而应补报的收益。税务代理人主要应注意对如下项目的审查：

(1)无赔款优待

企业参加财产保险和运输保险，按规定缴纳的保险费用，准予扣除。保险公司给予企业的无赔款优待，须计入应纳税所得额。

(2)已收回的坏账准备

企业按财政部的规定提取的坏账准备金和商品削价准备金，准予在计算应纳税所得额时扣除；纳税人已作为支出、亏损或坏账处理的应收款项，在以后年度全部或部分收回时，应计入收回年度的应纳税所得额。税务代理人要注意按现行财务会计制度规定，企业发生的坏账损失，冲减坏账准备金；收回已核销的坏账，增加坏账准备金。此处财务制度与税法规定不同，应该遵守税法规定计入应纳税所得额，所以税务代理人可通过“坏账准备”、“应收账款”、“银行存款”等账户予以确认。

(3)其他少计、未计应税收益

这是指企业应计而未计或少计应纳税所得额而应补报的收益，对属于计算上的差错或其他特殊原因而多报的收益，可用“－”号表示。

4. 其他纳税调整项目的审查

主要审查按财务制度规定计入当期会计所得，而根据现行税收规定应从当期应税所得抵减的项目。

税务代理人应审查企业以前年度亏损弥补期限及结转的计算是否正确，有无少转或多转亏损的问题。根据企业所得税纳税调整项目表上的弥补亏损金额，对照以前年度税务机关调整后的亏损额，核实本年度可弥补亏损金额，对不符合规定的应加以调整，按调整后的金额弥补亏损。

（四）应纳所得税额的审查

根据企业纳税申报表应纳税额的计算，在进行减免税额或应补税额的调整的基础上，确定企业实际应缴的所得税税额，年终汇算清缴应补退所得税税额。

1. 减免税额的审查要点

根据企业申报的减免税额，核对适用的减免税政策与计算方法，确认政策依据、审批手续是否符合减免税规定，有无擅自减免或多计减免税的问题。特别是校办企业、福利企业、安置待业人员就业的劳服企业更应重点审查其减免税条件是否具备，有无虚假申报骗取减免税的问题。

2. 应补税额审查要点

企业所得税的纳税方法是按期预缴，年终汇算清缴。注册税务师应审查"应交税费——应交所得税"明细账的借方发生额，与已缴税款原始凭证和纳税申报表相核对确定实缴税款，再将全年应缴入库的所得税额与已纳税额相核对，确定企业年终应补退所得税额。对于取得联营分回利润、股息和境外收益的企业，应审查因适用税率的差异，投资方企业应补缴的所得税额。

二、个人所得税纳税审查代理实务

个人所得税是对居民和非居民取得的个人所得征收的一种税，征税时对各项不同所得采取了不同的计税方法。所以，对个人所得税的计税依据，应按不同项目分别审查。在日常代理业务中，涉及业务比较普遍的是工资、薪金所得，劳务报酬所得，利息、股息、红利所得。

（一）工资、薪金所得审查要点

工资、薪金所得是通过任职和受雇形式取得的个人收入，判定某项所得是属于工资薪金所得还是属于劳务报酬所得，可从纳税人与任职单位存在的雇佣或非雇佣关系方面，判定是否属于非独立劳务。如存在雇佣关系，就属于非独立劳务，应按"工资薪金所得"税目征税；否则，应按"劳务报酬所得"税目征税。

1. 工资、薪金收入审查要点

（1）中方个人工资、薪金收入的审查要点

①审查代扣代缴义务人代扣的税款是否及时申报缴纳。

②审查纳税人一个月内从两个或两个以上单位或个人处取得工资薪金所得，或者取得两次或两次以上的工资薪金是否按规定合并计算纳税，有无分别计算而少纳税款的问题。

③对纳税人或扣缴义务人代扣代缴税款情况检查时，还应检查有无扩大减除费用标准或分次多扣费用的情况；有无虚列人数，降低工资、薪金所得水平的现象。

(2)外籍个人(包括港澳台同胞)工资、薪金收入的审查要点

外籍个人的情况比较复杂,在审查前,应了解外籍个人的工资、薪金的构成、聘任期限职务、福利待遇以及国籍、在华时间等情况。

①外籍个人在境内担任企业董事或高层管理职务,在境内连续或累计居住超过 90 日,或在税收协定规定期间在境内连续累计居住超过 183 日但不满一年的个人,是否对以前月份来源于中国境内而由境外支付的所得一并申报纳税。审查时,可根据外籍个人提供的派遣单位开具的原始明细工资单(包括奖金、津贴证明资料),与"个人所得税月份申报表"相对照,审核申报收入是否真实,是否按规定从入境第一日开始计算。

②外商投资企业的董事长同时担任企业直接管理职务,应审查其是否分别就董事长身份取得董事费和以雇员身份取得工资薪金所得缴纳个人所得税。对以董事费名义和分红形式取得的收入,应划分从事企业日常管理工作每月应取得的工资、薪金额,按工资、薪金所得计算纳税。

③企业以实物向雇员提供福利,如向外籍雇员提供的汽车、住房等个人消费品,应根据不同情况做不同的纳税处理。注册税务师应审查所购房屋产权证和车辆发票,如房屋产权证和车辆发票均填写职员姓名,并在满足一定条件后,房屋、车辆属于职员,这种情况应按规定申报纳税。纳税义务发生时间为取得实物的当月,将实物折合为现金,在规定工作年限内(大于 5 年的按 5 年计算)按月平均计算纳税。

2. 税前扣除额审查要点

(1)根据纳税人"工资结算单"对照个人所得税计算表,逐项核实扣除项目,如有无以误餐费的名义向职工发放补贴不计入工资收入而作为税前扣除的。

(2)纳税人从两个或两个以上的单位和个人处取得工资、薪金所得,应根据"个人所得税月份申报表"和"扣缴个人所得税报告表"审查有无重复计算扣除问题。特别是对外籍个人在境内担任高层管理职务,居住时间超过 183 日,对以前月份境外收入一并纳税时,是否有重复扣除的问题。

3. 应纳税所得额的审查要点

(1)审查个人所得税的计算方法。对于企业为个人负担税款的,应审查是否按规定将不含税工资薪金收入换算成含税所得计算纳税;个人一次取得数月奖金或年终加薪、劳动分红,是否单独作为一个月的工资薪金所得计算所纳税款,有无重复扣除费用问题。

(2)审查计算个人所得税适用的税率和速算扣除数是否正确。

(3)对于居民纳税人来源于中国境外的应税所得,按照该国税法规定实际已缴纳的个人所得税额,审查是否持有完税凭证原件,扣除额是否超过按税法规定计算的扣除限额。

(二)其他应税所得审查要点

其他应税所得,包括承包承租经营所得,劳务报酬所得,特许权使用费所得,财产租赁、转让所得,利息、股息、红利所得。由于税务代理涉及较多的是劳务报酬所得和利息、股息、红利所得,故择要阐述。

1. 劳务报酬所得审查要点

企业向个人支付劳务报酬,一般是到税务机关代开"临时经营发票",首先应审查企业取得发票是否合法,是否按规定计算纳税。纳税人为个人负担税款时,应审查是否将不含税的劳务

报酬收入换算成含税收入。

2. 利息、股息、红利所得审查要点

(1)企业向个人支付利息的审查

根据“财务费用”明细账借方发生额、“其他应付款”明细账贷方发生额等有关凭证，了解企业是否有职工个人集资，审查企业支付集资利息费用，对于支付的集资是否按规定代扣代缴税款，企业为个人负担税款的是否将不含税的利息收入换算成含税的收入纳税，对职工个人出资缴纳的风险抵押金利息收入是否按利息所得处理。

(2)企业向个人支付股息、红利的审查

根据企业“利润分配——应付利润”明细账及有关原始凭证，审查支付对象有无个人，对于外国投资者从企业取得的股息(利润)、红利暂免征收个人所得税，对于中国公民取得的股息、红利应按规定纳税。

3. 对捐赠扣除计税的审查要点

(1)审查纳税人的公益性捐赠是否通过了中国境内非营利性的社会团体、国家机关。我国税法规定，只有通过社会团体、国家机关的捐赠才允许从应纳税所得额中扣除。未经过上述机关、团体的捐赠，即由纳税人直接向受益人的捐赠不得扣除。这里所称的社会团体，包括中国青少年发展基金会、希望工程基金会、宋庆龄基金会、减灾委员会、中国红十字会、中国残疾人联合会、全国老年基金会、老区促进会，以及经民政部门批准成立的其他非营利性的公益性组织。在具体审查方法上，可以结合纳税人的自行申报，与办理捐赠事宜的有关社会团体、国家机关取得联系，落实纳税人的捐赠行为是否真实。

(2)审查捐赠款是否用于教育事业、其他公益事业以及遭受自然灾害的地区或贫困地区，捐赠款是否超过允许扣除的比例。不符合以上条件的，不予在税前扣除。防止纳税人利用公益性捐赠扣除项目少缴纳税款。

(3)纳税人通过社会团体、国家机关的公益性捐赠超过扣除限额的部分，应由纳税人自行负担，不得以任何形式抵减税款。

本章回顾

1. 税务审查代理是税务代理人以国家税收政策、税收法规、征管制度和财会制度为依据，对纳税人(被代理人)是否按国家税法规定计算缴纳税款、履行纳税义务的情况进行的审查监督代理活动。

2. 税务审查代理审查的内容主要是：纳税人的核算是否符合《企业会计准则》、《企业财务通则》和分行业财务制度及会计制度；计税是否符合税收法规，是否符合法定计税公式，重点是审查计税依据和税率；纳税人有无不按纳税程序办事，违反征管制度的情况，主要审查纳税人税务登记、凭证管理、纳税申报、缴纳税款等方面的情况。

3. 税务审查代理的基本程序是从接受被代理人的税务审查授权后到结束税务审查的工作步骤。按照这种审查程序有计划、有目的地进行税务审查，是提高工作效率、保证质量的需要。税务审查代理一般分为准备阶段、实施阶段、终结阶段三个步骤。

4. 税务审查的基本方法分为两大类：一类是一般性方法，主要是掌握审查的步骤，确定如何深入审查的线索及思路。主要有顺查法和逆查法、详查法和抽查法、核对法和查询法、比较分析法和控制计算法。另一类是应用性方法，主要是掌握报表、账簿、凭证的审查方法。

5. 代理增值税一般纳税人的纳税审查，一般应遵循增值税的计税规律确定审查环节，重点审查征税范围、销售额与销项税额、进项税额的结转与进项税额的转出、应纳税额与出口货物退(免)税。

6. 代理消费税的纳税审查，应遵循消费税的有关规定，进行计税依据的审查，适用税目、税率及税额的审查，应纳税额的审查。

7. 在营业税的纳税审查中，重点是营业额和适用税目税率的审查。

8. 企业所得税纳税审查的重点应在核实企业会计所得的基础上，进行纳税调整。注册税务师纳税审查的基本环节包括收入总额、税前扣除项目、应税所得额和应纳所得税额的审查。

复习思考题

1. 什么是税务审查代理？注册税务师代理纳税审查的内容包括哪些？

2. 税务审查代理的基本程序和基本方法是什么？

3. 流转税代理纳税审查的重点是什么？

4. 所得税代理纳税审查的重点是什么？

知识巩固与拓展训练

一、单项选择题

1. 销售利润的审查应着重分析(　　)。

A. 资产负债表　　B. 损益表　　C. 现金流量表　　D. 财务状况变动表

2. 按照会计核算程序，从审查原始凭证开始，顺次审查账簿，核对报表，最后审查纳税情况的审查方法叫(　　)。

A. 顺查法　　B. 详查法　　C. 核对法　　D. 比较分析法

E. 逆查法

3. 进项税额抵扣凭证的审查要点是审查进项抵扣凭证，应结合(　　)等账户进行。

A.“库存出口商品”、“应交税费——应交增值税(进项税额)”

B.“销售收入”、“应付职工薪酬——福利费”、“长期投资”、“应交税费——应交增值税”

C.“固定资产”、“应付职工薪酬——福利费”、“长期投资”、“应交税费——应交增值税”

D.“固定资产”、“应付职工薪酬——福利费”、“累计折旧”、“应交税费——应交增值税”

4. 对固定资产盈亏的检查，要根据“待处理财产损溢——待处理固定资产损溢”账户，结合(　　)进行。

A.“固定资产”明细账　　B.“固定资产”总账

C.“预提费用”账户　　D.“待摊费用”账户

5. 税前扣除项目是指为生产、经营产品或提供劳务等所发生的按税法规定可准予扣除的各项直接费用和间接费用。税务代理人审查税前扣除项目，当会计所得与计税所得的处理不一致时，应依照(　　)予以调整。

A. 税收规定　　B. 会计规定
C. 税收规定或会计规定　　D. 税收规定和会计规定

二、多项选择题

1. 代理纳税审查的方法包括(　　)。

A. 顺差法　　B. 详查法　　C. 询问法　　D. 比较分析法

2. 账务调整的基本方法包括(　　)。

A. 红字冲销法　　B. 补充登记法　　C. 画线更正法　　D. 综合账务调整法

3. 税务审查终结阶段主要应做好以下几方面工作:(　　)。

A. 撰写税务审查报告　　B. 填制查账报告表
C. 呈报有关部门及人员　　D. 编制和整理审查工作底稿

4. 损益表是反映企业在一定时期内利润(亏损)的报表,审查重点是(　　)。

A. 销售收入　　B. 产品销售成本　　C. 利润总额　　D. 产品销售费用

5. 资本利润率等于(　　)。

A. $\frac{\text{利润总额}}{\text{资本金总额}}\times100\%$　　B. $\frac{\text{利税总额}}{\text{销售净额}}\times100\%$

C. $\frac{\text{利税总额}}{\text{成本费用总额}}\times100\%$　　D. $\frac{\text{利润总额}}{\text{销售净额}}\times100\%$

三、判断题

1. 税务审查代理与税务会计代理不同,其侧重点是审查纳税情况,主要是审查纳税人是否按时履行了纳税义务及履行程度如何。(　　)

2. 税务审查代理一般可分为准备阶段、实施阶段、调整阶段和终结阶段四个步骤。(　　)

3. 税务审查报告是税务审查代理工作的书面总结,是向税务机关汇报纳税情况审查结论的重要资料。它由文字报告、查账报告表及其他证明材料组成。(　　)

4. 对外来原始凭证的审查的重点是:一是审查凭证的合法性,二是审查凭证的真实证,三是审查凭证的完整性。(　　)

5. 对增值税征税范围的审查,首先需要审查纳税人是否满足增值税一般纳税人的认定条件,其次审查增值税征税范围的情况,再次审查销售收入的结算方式。(　　)

四、综合分析题

某服装厂是一家中型国有企业,会计核算较健全,2013 年度在职职工 260 人。注册税务师于 2014 年 2 月受企业委托对该厂 2013 年全年损益进行审查,取得与纳税所得有关的具体资料如下:

1. 企业相关情况说明

(1)该厂坏账损失采用“备抵法”核算,按年末应收账款余额的 5‰计提坏账准备。

(2)该厂全年营业收入 950 万元,利润总额 120 万元,预缴企业所得税 28.8 万元,该厂前年度亏损,详见企业 2013 年度企业所得税纳税申报表。

(3)假定同期银行贷款的年利率为7%。

2. 企业相关账户资料

(1)“财务费用”账户中利息支出金额10万元，其中5万元为本企业发生的应付债券利息支出。

(2)“管理费用”账户中列出业务招待费金额7.2万元。

(3)“应收账款”账户年末余额为70万元，“坏账准备”账户年末贷方余额为0.85万元。

(4)“营业外支出”账户中，因排污处理不合规定，被环保部门处以罚款4.5万元；向国家希望工程捐款8万元，其中6万元通过希望工程基金会捐赠，2万元直接捐赠给某贫困地区。

(5)“投资收益”明细账中，列有国库券利息收入4万元。

要求：根据上述资料，确定2013年应纳税所得额、应纳所得税额、汇算清缴应补(退)税额，编制企业所得税纳税申报表。

第八章 税务行政复议的代理

第一节 税务行政复议概述

为了保障和监督税务机关依法行使职权，防止和纠正违法或者不当的税务行政行为，保护纳税人和其他税务当事人的合法权益，国家赋予纳税人和其他税务当事人申请税务行政复议的权利。

税务行政复议是我国行政复议制度的一个重要组成部分。税务行政复议是指纳税人和其他税务当事人（扣缴义务人、纳税担保人）认为税务机关及其工作人员作出的税务具体行政行为侵犯了自己的合法权益，依法向作出具体行政行为的税务机关的上一级税务机关或法律规定的税务机关（复议机关）提出申请，要求重新审理，由复议机关依法裁决税务争议的行为。税务行政复议是解决税务行政争议的一项重要的法律制度，通过税务行政复议可以解决税务争端，纠正税务处理不当或错误，监督和维护税务机关正确执法，维护当事人合法权益，减少纠纷和诉讼，提高税收工作效率。

为了保证税务行政复议工作的顺利开展，规范税务行政复议行为，我国于1989年颁布实施了《税务行政复议规则（试行）》，之后又经过数次修改。2004年1月17日，国家税务总局第一次局务会议审议并通过《税务行政复议规则（暂行）》，自2004年5月1日起施行。为了充分发挥行政复议解决税务行政争议的作用，保护公民、法人和其他组织的合法权益，监督和保障税务机关依法行使职权，根据《中华人民共和国行政复议法》、《中华人民共和国税收征收管理法》和《中华人民共和国行政复议法实施条例》，同时结合税收工作的实际，2009年12月15日国家税务总局第二次局务会议审议通过了《税务行政复议规则》，该规则自2010年4月1日起实行。此前的《税务行政复议规则（暂行）》同时废止。

另外，我国《税收征管法》第八十八条对纳税争议、税收行政处罚、强制执行措施等方面的行政复议作出了明确规定。这对于进一步加强社会主义民主法制建设，保护纳税人的合法权益，维护和促进税务机关依法办税、依法治税等，都具有十分重要的意义。

一、税务行政复议的特点

税务行政复议不同于一般的行政处理，也不同于行政调解、行政仲裁等行为，但它毕竟是一种行政行为。除了具有一般行政复议的共性外，还有其自身的特点：

第一，税务行政复议的对象具有特定性。税务行政复议的调整对象是税务机关作出的具体行政行为所引起的税务争议。税务行政争议是指税务机关在税收征收管理过程中，同税务行政相对人之间因征税和违章处理等税务具体行政行为而引起的纠纷。它是税务行政复议的基础，没有税务行政争议，便没有税务行政复议。

第二，税务行政复议的前提是被代理人不服税务机关的处理决定。这是由行政复议对当事人进行行政救济的目的所决定的。如果当事人认为税务机关的处理合法、适当，或税务机关还没有作出处理，当事人的合法权益没有受到侵害，就不存在税务行政复议。

第三，税务行政复议因当事人的申请而产生。当事人提出申请是引起税务行政复议的重要条件之一。当事人不申请，就不可能通过行政复议这种形式获得救助。

第四，税务行政复议的双方当事人是固定的。税务行政复议是以税务行政相对人为复议申请人，以作出税务具体行政行为的税务机关为复议被申请人，税务机关包括各级税务局、税务分局和税务所。

当事人对行政复议决定不服的，可以向法院提请行政诉讼。

二、税务行政复议的原则

税务行政复议的原则是复议机关在处理和解决税务争议案件时所必须遵守的具有指导意义的基本原则。我国《行政复议法》和国家税务总局发布的《税务行政复议规则（暂行）》规定了以下行政复议的基本原则：

1. 复议机关依法独立行使复议权的原则

复议机关依法独立行使复议权的原则包括以下两层含义：

(1)税务行政复议机关应依法行使复议权，以事实为依据，以法律为准绳。

(2)复议机关应依法独立行使职权，不受其他国家机关、社会团体和个人的干涉。

2. 一级复议原则

税务行政复议实行一级复议制度。所谓一级复议，是指申请人不服原处理机关的具体行政行为，依法向上一级税务机关申请复议。对复议裁决仍不服的，申请人应当在规定的时间内向人民法院起诉，通过司法程序解决税务争议，而不得以同一事实和理由再逐级向税务机关申请复议。

3. 合法性与适当性全面审查的原则

这是最重要的一条原则，也是税务行政复议和税务行政诉讼的最大区别。税务行政诉讼只对具体税务行政行为的合法性进行审查，而税务行政复议要求复议机关对税务机关的具体行政行为既要进行合法性审查，也要进行适当性审查，也就是对税务机关的自由裁量权进行相应的审查。通过全面审查，以确定具体行政行为是否合法、适当。

4. 税务行政复议遵循合法、公正、公开、及时、便民原则

《行政复议法》规定，行政复议机关履行行政复议职责，应当遵循合法、公正、公开、及时、便民的原则，坚持有错必纠，保障法律、法规的正确实施。

5. 书面复议原则

税务行政复议一般以书面形式审理。税务行政复议一般不进行公开审理，无须双方当事人到场辩论，只进行书面审查并作出裁决。

6. 复议期间不停止执行原则

除法律另有规定外，税务行政复议期间不停止原具体行政行为的执行。这是由税务具体行政行为的效力先定性决定的，即税务具体行政行为一经作出，不论事实上是否合法，均推定

为合法。如果复议期间停止执行，则合法的征税决定无法执行，税务行政法律秩序处于极不稳定状态，国家和社会公共利益将受到极大的损害。

三、税务行政复议的作用

税务行政复议制度是我国税收争议法律制度的重要组成部分。充分发挥税务行政复议的作用，既有利于保护纳税人的合法权益，又有利于加强税务机关内部的监督控制，促进依法治税。其作用主要表现在以下几个方面：

(1)通过税务行政复议，可以及时解决税务纷争，一方面有利于维护国家税法的权威性和统一性，促进税务机关依法治税、依法征税；另一方面有利于保护纳税人的合法权益，促进征纳关系，体现税法公正。

(2)通过税务行政复议，可使一部分税务争议案件在税务机关内部得到解决，从而减轻司法部门的压力。

(3)通过税务行政复议，上级税务机关可以检查和了解下级税务机关及其工作人员的行政执法活动，有利于加强税务机关内部的检查监督，减少征管过程中出现的执法不当或违反税收法规的行为，从而促使税务机关及其工作人员依法执政，秉公执法。上一级税务机关对相对人提出复议的要求给予答复，其实质是行使领导监督权，从行政管理上来维护税收执法活动的严肃性、公平性和规范性。

(4)税务行政复议是对税务机关执法的监督和税务行政相对人的救助。《税收征管法》赋予税务机关一定的税务行政执法权，同时也赋予纳税人维护自身合法权益的权利。纳税人、扣缴义务人、纳税担保人或其他税务争议人认为税务机关的执法活动有侵害自己权益的，有权向作出决定的税务机关的上一级税务机关提出重新裁决，相对人通过这一方式保护了自身的合法权益，有效监督了税务机关的执法活动。

四、税务行政复议的受案范围

根据《税务行政复议规则(暂行)》的规定，税务行政复议的受案范围仅限于税务机关作出的税务具体行政行为。税务具体行政行为是指税务机关及其工作人员在税务行政管理活动中行使行政职权，针对特定的公民、法人或者其他组织，就特定事项所作出的单方行为。根据《税务行政复议规则(暂行)》，复议机关受理申请人对下列具体行政行为不服而提出的行政复议申请：

1. 税务机关作出的征税行为，包括：确认纳税主体、征税对象、征税范围、减税、免税及退税、适用税率、计税依据、纳税环节、纳税期限、纳税地点以及税款征收方式等具体行政行为；征收税款，加收滞纳金；扣缴义务人、受税务机关委托征收的单位作出的代扣代缴、代收代缴行为。

2. 行政许可、行政审批行为。

3. 发票管理行为，包括发售、收缴、代开发票等。

4. 税务机关作出的税收保全措施、强制执行措施。税收保全措施包括：税务机关书面通知银行或者其他金融机构冻结存款；扣押查封价值相当于应纳税款的商品、货物或其他财产。强制执行措施包括：书面通知银行或者其他金融机构从其存款中扣缴税款；变卖、拍卖扣押、查封的商品、货物或者其他财产。

5. 税务机关作出的行政处罚行为:(1)罚款;(2)没收财物和违法所得;(3)停止出口退税权。

6. 税务机关不依法履行下列职责的行为:(1)颁发税务登记证;(2)开具、出具完税凭证、外出经营活动税收管理证明;(3)行政赔偿;(4)行政奖励;(5)其他不依法履行职责的行为。

7. 税务机关作出的资格认定行为。

8. 税务机关不依法确认纳税担保行为。

9. 政府信息公开工作中的具体行政行为。

10. 税务机关作出的纳税信用等级评定行为。

11. 税务机关作出的通知出入境管理机关阻止出境行为。

12. 税务机关作出的其他具体行政行为。根据税务行政复议与税务行政诉讼承接关系的不同,可以把税务行政复议分成必经复议和选择复议两种程序:纳税人、扣缴义务人及纳税担保人对上述受案范围中的第1项行为不服的,应当先向复议机关申请行政复议,对行政复议决定不服,可以再向人民法院提起行政诉讼,属于必经复议。其余各项则属于选择复议范围,即纳税人、扣缴义务人、纳税担保人及其他行政相对人就上述范围内的具体行政行为发生复议,可以先申请税务行政复议,如对复议决定不服,再向人民法院起诉,也可以直接向人民法院起诉。

税务行政复议机关受理税务行政复议案件,既是税务机关的一种权利,也是税务机关的一项义务,无正当理由不得拒绝。

此外,纳税人及其他当事人认为税务机关的具体行政行为所依据的下列规定不合法,在对具体行政行为申请行政复议时,可一并向复议机关提出对该规定的审查申请:

(1)国家税务总局和国务院其他部门的规定;

(2)其他各级税务机关的规定;

(3)地方各级人民政府的规定;

(4)地方人民政府工作部门的规定。

五、税务行政复议的参加人

税务行政复议的参加人是指在税务行政复议机关的组织下,依法参加税务行政复议活动的申请人、被申请人、第三人和代理人。税务行政复议参加人的具体划分如图8—1所示。

(一)税务行政复议的申请人

税务行政复议的申请人,是指认为税务机关的具体行政行为直接侵犯其合法权益,依法向税务行政复议机关申请行政复议的公民、法人或其他组织,也包括在中华人民共和国境内向税务机关申请行政复议的外国人、无国籍人和外国组织。

有权申请行政复议的公民死亡的,其近亲属可以申请行政复议;有权申请行政复议的公民为无行为能力人或者限制行为能力人,其法定代理人可以代理申请行政复议。

有权申请行政复议的法人或者其他组织发生合并、分立或终止的,承受其权利义务的法人或者其他组织可以申请行政复议。

合伙企业申请行政复议的,应当以工商行政管理机关核准登记的企业为申请人,由执行合

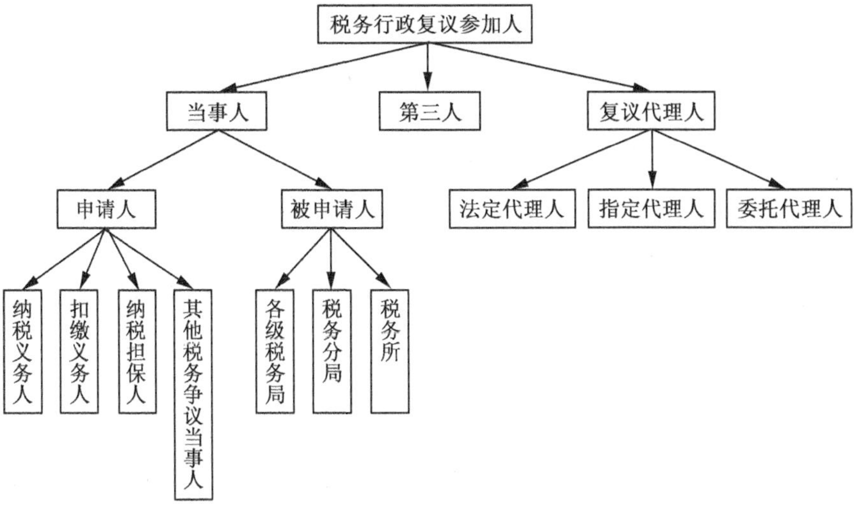

图8—1　税务行政复议参加人

伙事务的合伙人代表该企业参加行政复议;其他合伙组织申请行政复议的,由合伙人共同申请行政复议。

虽非具体行政行为的相对人,但其权利直接被该具体行政行为所剥夺、限制或者被赋予义务的第三人,在行政行为相对人没有申请行政复议时,可以单独申请行政复议。

作为行政复议的申请人,应当具备以下条件:

(1)申请人是以自己的名义行使申诉权;

(2)申请人是税务机关具体行政行为的承受者;

(3)申请人提出的复议内容属于税务行政复议的受案范围;

(4)申请人以书面形式提出自己的复议请求。

同一行政复议案件申请人超过5人的,应当推选1～5名代表参加行政复议。

(二)税务行政复议的被申请人

纳税人及其他当事人对税务机关的具体行政行为不服申请行政复议的,作出具体行政行为的税务机关是被申请人。具体来说有以下几种情况:

(1)申请人对税务机关作出的征税行为或其他具体行政行为不服申请复议的,该税务机关为被申请人。

(2)对税务机关的派出机构按照税收法律、法规,以自己的名义作出的具体行政行为不服申请复议的,该派出机构为被申请人。

(3)对法律、法规规定需要由上级机关批准的具体行政行为不服申请行政复议的,最初报请批准的税务机关是被申请人。

(4)对税务机关委托代征人、扣缴义务人作出的代征、代缴税款行为不服申请行政复议的,该委托税务机关是被申请人。

(5)作出具体行政行为的税务机关被撤销、合并的,继续行使其职权的税务机关是被申请人。

(三)税务行政复议的第三人

与申请行政复议的具体行政行为有利害关系的其他公民、法人或者其他组织,可以作为第三人参加行政复议。这里所说的"利害关系",一般是指经济上的债权、债务关系和股权控股关系等。税务行政复议的第三人,经税务行政复议机关批准,可以参加税务行政复议活动。

(四)税务行政复议的代理人

税务行政复议的代理人是指接受当事人的委托,以被代理人的名义,在法律规定或当事人授予的权限范围内,为代理复议行为而参加复议的个人。

申请人、第三人可以委托1～2名代理人代为参加行政复议;被申请人不得委托代理人代为参加行政复议。

六、税务行政复议的管辖

税务行政复议的管辖是指税务行政复议机关之间受理税务行政复议案件的具体分工和权限划分,也即解决某一具体的税务行政复议案件应由哪一个税务机关受理的问题。根据《行政复议法》和《税务行政复议规则(暂行)》的规定,我国税务行政复议管辖原则上实行由上一级税务机关管辖的一级复议制度。具体内容如下:

1. 对各级国家税务局的具体行政行为不服的,向其上一级国家税务局申请行政复议。

2. 对各级地方税务局的具体行政行为不服的,可以选择向其上一级地方税务局或者该税务局的本级人民政府申请行政复议。

省、自治区、直辖市人民代表大会及其常务委员会、人民政府对地方税务局的行政复议管辖另有规定的,从其规定。

3. 对国家税务总局的具体行政行为不服的,向国家税务总局申请行政复议。对行政复议决定不服,申请人可以向人民法院提起行政诉讼,也可以向国务院申请裁决,国务院的裁决为终局裁决。

4. 对下列税务机关的具体行政行为不服的,按照下列规定申请行政复议:

(1)对计划单列市税务局的具体行政行为不服的,向省税务局申请行政复议。

(2)对税务所(分局)、各级税务局的稽查局的具体行政行为不服的,向其所属税务局申请行政复议。

(3)对两个以上税务机关共同作出的具体行政行为不服的,向共同上一级税务机关申请行政复议;对税务机关与其他行政机关共同作出的具体行政行为不服的,向其共同上一级行政机关申请行政复议。

(4)对被撤销的税务机关在撤销以前所作出的具体行政行为不服的,向继续行使其职权的税务机关的上一级税务机关申请行政复议。

(5)对税务机关作出逾期不缴纳罚款加处罚款的决定不服的,向作出行政处罚决定的税务机关申请行政复议。

但对已处罚款和加处罚款都不服的,一并向作出行政处罚决定的税务机关的上一级税务机关申请行政复议。有上述(2)、(3)、(4)、(5)项所列情形之一的,申请人也可以向具体行政行为发生地的县级地方人民政府提出行政复议申请,由接受申请的县级地方人民政府依法转送。

第二节　税务行政复议的基本程序

税务行政复议程序是指税务行政复议在解决税务行政争议的过程中所遵循的方式和步骤，通常包括复议的申请、受理、审理和决定四个主要环节。税务行政复议程序如图8－2所示。

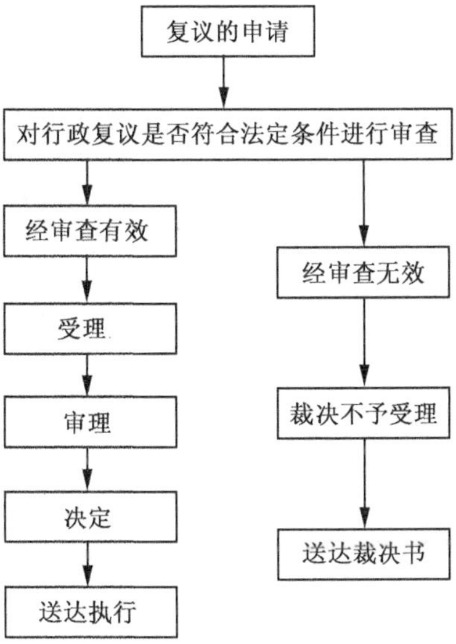

图8－2　税务行政复议程序

一、税务行政复议的申请

对纳税人而言，为了维护自己的合法权益，行使法律赋予自己的要求税务机关对其行政行为进行行政复议的权利，要按照法律法规的规定提出复议申请。现行的行政复议规则对税务行政复议的申请作出了明确规定。

(一)税务行政复议申请的基本规定

1. 申请人可以在知道税务机关作出具体行政行为之日起60日内提出行政复议申请。因不可抗力或者被申请人设置障碍等其他正当理由耽误法定申请期限的，申请期限自障碍消除之日起继续计算。

2. 纳税人、扣缴义务人及纳税担保人对前述受案范围的第1项和第6项中第(1)、(2)、(3)小项行为不服的，应当先向复议机关申请行政复议，对行政复议决定不服，可以再向人民法院提起行政诉讼。申请人按照规定申请行政复议的，必须先依照税务机关根据法律、行政法规确定的税额、期限，缴纳或者解缴税款及滞纳金或者提供相应的担保，方可在实际缴清税款和滞纳金后或者所提供的担保得到作出具体行政行为的税务机关确认之日起60日内提出行政复议申请。申请人对受案范围除第1项和第6项中第(1)、(2)、(3)小项行为以外的其他具体行政行为不服，可以申请行政复议，也可以直接向人民法院提起行政诉讼。

3. 申请人申请行政复议，可以书面申请，也可以口头申请。书面申请的应填制《复议申请书》;口头申请的,复议机关应当场记录申请人的基本情况,行政复议请求,申请行政复议的主要事实、理由和时间。《复议申请书》应载明下列内容:

(1)申请人的基本情况,包括公民的姓名、性别、出生年月、身份证件号码、工作单位、住所、邮政编码、联系电话,法人或其他组织的名称、住所、邮政编码、联系电话和法定代表人或者主要负责人的姓名、职务。

(2)被申请人的名称。

(3)行政复议请求,申请行政复议的主要事实和理由。

(4)申请人的签名或盖章。

(5)申请行政复议的日期。

4. 申请人向复议机关申请行政复议,复议机关已经受理的,在法定行政复议期限内申请人不得再向人民法院提起行政诉讼;申请人向人民法院提起行政诉讼,人民法院已经依法受理的,不得再申请行政复议。

5. 复议决定作出以前,申请人撤回复议申请,或者被申请人改变所做的具体行政行为,申请人同意并撤回复议申请的,经复议机关同意并记录在案,可以撤回。申请人撤回复议申请,不得以同一事实和理由再申请复议。

6. 申请人向复议机关申请行政复议时,可以一并提出行政赔偿请求。复议机关对符合国家赔偿法有关规定应予赔偿的,在决定撤销、变更具体行政行为或者确定具体行政行为违法时,应当同时决定被申请人依法给予赔偿。

申请人在申请行政复议时没有提出行政赔偿请求的,复议机关在依法决定撤销或者变更原具体行政行为确定的税款、滞纳金、罚款,以及对财产的扣押、查封等强制执行措施时,应当同时责令被申请人退还税款、滞纳金和罚款,解除对财产的扣押、查封等强制执行措施,或者赔偿相应的价款。

(二)申请复议的条件

行政复议申请符合下列规定的,行政复议机关应当受理:

1. 属于行政复议范围。

2. 在法定申请期限内提出。

3. 有明确的申请人和符合规定的被申请人。

4. 申请人与具体行政行为有利害关系。

5. 有具体的行政复议请求和理由。

6. 对征税行为不服申请行政复议的,必须先行解缴或缴纳税款、滞纳金或提供相应担保;对逾期不缴纳罚款加处罚款的决定不服的,应当先缴纳罚款和加处罚款。

7. 属于收到行政复议申请的行政复议机关的职责范围。

8. 其他行政复议机关尚未受理同一行政复议申请,人民法院尚未受理同一主体就同一事实提起的行政诉讼。

为了保障行政机关的正常工作秩序,国家以法律形式对当事人依法提起复议的权利在时效上做了限制性规定,即当事人未在规定的时间内提出复议就等于放弃了复议的权利,也就丧失了复议权,就必须履行行政机关的决定;否则,行政机关可依法强制执行。

二、税务行政复议的受理

(一)对复议申请的审查

复议机关收到复议申请以后,应当在5日内进行审查。审查的内容主要是复议申请是否符合法定条件、复议请求是否超过法定期限、复议申请提出前是否已经向人民法院提出诉讼等。

(二)对复议申请的处理

复议机关对复议申请进行审查后,视情况分别作出处理。

1. 决定受理

复议机关在税务行政相对人提出复议申请后,经审查符合条件的,予以受理。

对符合规定的行政复议申请,自复议机关收到之日起即为受理;受理行政复议申请,应当书面告知申请人。

复议机关收到行政复议申请后未按规定期限审查并作出不予受理决定的,视为受理。

纳税人及其他当事人依法提出行政复议申请,复议机关无正当理由而不予受理且申请人没有向人民法院提起行政诉讼的,上级税务机关应当责令其受理;必要时,上级税务机关也可以直接受理。

申请人的复议申请已被复议机关受理的,在复议审理期限内不得向人民法院起诉。

2. 决定不予受理

对不符合条件的复议申请,复议机关应当裁决不予受理并告知其不予受理的理由。对有下列情形之一的行政复议申请,决定不予受理:

(1)不属于行政复议的受案范围;

(2)超过法定的申请期限;

(3)没有明确的被申请人和行政复议对象;

(4)已向其他法定复议机关申请行政复议,且被受理;

(5)已向人民法院提起行政诉讼,人民法院已经受理;

(6)申请人就纳税发生争议,没有按规定缴清税款、滞纳金,并且没有提供担保或者担保无效;

(7)申请人不具备申请资格。

对不予受理的,复议机关应制作《不予受理裁决书》,书面告知申请人不予受理的理由及拥有的诉权。申请人若对不予受理的裁决不服,可以在收到裁决书之日起15日内就不予受理裁决事项向人民法院起诉。

在申请人的复议申请符合行政复议法有关规定的情况下,复议机关对该申请经审查发现本机关不具有管辖权时,应当告知申请人向有管辖权的复议机关提出复议申请。

对复议申请书内容不完备的,复议机关应当把复议申请书发还给申请人,制作《限期补正通知书》,书面通知申请人复议申请书所缺少的内容。申请人应在通知书规定的期限内将书面补正材料送交复议机关,逾期未补正的,将被视为未作出复议申请。

(三)行政复议期间停止具体行政行为执行的情形

行政复议期间具体行政行为不停止执行;但有下列情形之一的,可以停止执行:

(1)被申请人认为需要停止执行的。

(2)复议机关认为需要停止执行的。

(3)申请人申请停止执行,复议机关认为其要求合理,决定停止执行的。

(4)法律规定停止执行的。

(四)行政复议期间行政复议中止的情形

行政复议期间,有下列情形之一的,行政复议中止:

(1)作为申请人的公民死亡,其近亲属尚未确定是否参加行政复议的。

(2)作为申请人的公民丧失参加行政复议的能力,尚未确定法定代理人参加行政复议的。

(3)作为申请人的法人或者其他组织终止,尚未确定权利义务承受人的。

(4)作为申请人的公民下落不明或者被宣告失踪的。

(5)申请人、被申请人因不可抗力,不能参加行政复议的。

(6)行政复议机关因不可抗力原因暂时不能履行工作职责的。

(7)案件涉及法律适用问题,需要有权机关作出解释或者确认的。

(8)案件审理需要以其他案件的审理结果为依据,而其他案件尚未审结的。

(9)其他需要中止行政复议的情形。

(五)行政复议期间行政复议终止的情形

行政复议期间,有下列情形之一的,行政复议终止:

(1)申请人要求撤回行政复议申请,行政复议机构准予撤回的。

(2)作为申请人的自然人死亡,没有近亲属或者其近亲属放弃行政复议权利的。

(3)作为申请人的法人或者其他组织终止,其权利义务的承受人放弃行政复议权利的。

(4)申请人与被申请人经行政复议机构准许达成和解的。

(5)行政复议申请受理后,发现其他行政复议机关已经先于本机关受理,或者人民法院已经受理的。

行政复议中止的前三种情形,在满 60 日行政复议中止的原因仍未消除的,行政复议终止。行政复议终止,应当书面告知当事人。

三、税务行政复议的审理

税务行政复议的审理,是复议程序的核心环节,通过审理,得出解决税务争议的结论。

复议机关对被申请人作出的具体行政行为所依据的事实证据、法律程序、法律依据及设定的权利义务内容之合法性、适当性进行全面审查。

(一)税务行政复议审理的规定

1. 审理方式。税务行政复议案件的审理有两种基本方式:一是书面审理,二是直接审理。所谓书面审理,是指税务行政复议机关只根据全部案卷材料进行审查,并作出复议决定的审理方式。所谓直接审理,是指税务行政复议机关除了审查案卷材料外,还通知申请人、被申请人、第三人及有关人员到复议机构,就有关问题进行调查以听取各方意见并作出复议决定的审理方式。根据规定,税务行政复议案件的审理以书面审理为主,以直接审理为辅。

2. 审理准备。税务行政复议机关受理复议申请后,应在受理之日起 7 日内将《复议申请书》副本或者行政复议申请笔录复印件发送被申请人。被申请人应当在收到《复议申请书》副本或者行政复议申请笔录复印件之日起 10 日内，提出书面答复，向复议机关提交作出具体行政行为的证据、依据或其他有关材料。被申请人不按照规定提出书面答复，提交当初作出具体行政行为的资料和依据的，应决定撤销该具体行政行为。

3. 申请人和第三人可以查阅被申请人提出的书面答复，以及作出具体行政行为的证据、依据和其他有关材料，除涉及国家秘密、商业秘密或者个人隐私者外，复议机关不得拒绝。

4. 在行政复议中，被申请人对其作出的具体行政行为负有举证责任。

5. 在行政复议过程中，被申请人不得自行向申请人和其他有关组织或者个人搜集证据。

6. 申请人在申请行政复议时，依据规定一并提出对有关规定的审查申请的，复议机关对该规定有权处理的，应当在 30 日内依法处理；无权处理的，应当在 7 日内按照法定程序转送有权处理的行政机关依法处理，有权处理的行政机关应当在 60 日内依法处理。处理期间，中止对具体行政行为的审查。

复议机关在对被申请人作出的具体行政行为进行审查时，认为其依据不合法，本机关有权处理的，应当在 30 日内依法处理；无权处理的，应当在 7 日内按照法定程序转送有权处理的国家机关依法处理。处理期间，中止对具体行政行为的审查。

7. 审理期限。税务行政复议的审理期限分为一般的复议期限和延长的复议期限。一般的复议期限是指税务行政复议机关应当自受理复议申请之日起 60 日内作出复议决定。延长的复议期限是指对于案情复杂的案件，税务机关不能在规定的期限内作出复议决定，经税务机关的负责人批准，可以适当延长，但最多不超过 30 日，并应告知申请人和被申请人。

(二)税务行政复议审理的程序

税务行政复议审理的程序主要包括两个阶段：调查取证和制作审理报告。

1. 调查取证

复议人员通过对复议材料的审阅，找出双方当事人争执的焦点，对双方当事人争执的事实进行深入调查研究，核实有关证据，从而认定具体行政行为是否适当、合法。

2. 制作审理报告

审理人员应就案件的事实情况写出审理报告，提交复议委员会通过集体研究、讨论后提出处理意见，制作《行政复议决定书》，报送税务复议机关法定代表人签署意见。

四、税务行政复议的决定

复议决定是税务行政复议机关对复议申请案件审理后作出的裁决。复议机关应当自受理申请之日起 60 日内作出行政复议决定。情况复杂、不能在规定期限内作出行政复议决定的，经复议机关负责人批准，可以适当延长，并告知申请人和被申请人，但是延长期限最多不超过 30 日。税务复议机关应当遵守这一法定期限，不得延误，否则属违法行为。如果税务行政复议机关超过规定期限未作出复议决定的，复议申请人可就申请事项于复议期满后 15 日内直接向人民法院提起行政诉讼。

(一)税务行政复议决定的作出

法制工作机构应当对被申请人作出的具体行政行为进行合法性与适当性审查，提出意见，经复议机关负责人同意，按照下列规定作出行政复议决定：

1. 具体行政行为认定事实清楚，证据确凿，适用依据正确，程序合法，内容适当的，决定维持。

2. 被申请人不履行法定职责的，决定其在一定期限内履行。

3. 具体行政行为有下列情形之一的，决定撤销、变更或者确认该具体行政行为违法；决定撤销或者确认该具体行政行为违法的，可以责令被申请人在一定期限内重新作出具体行政行为：

(1)主要事实不清、证据不足的；

(2)适用依据错误的；

(3)违反法定程序的；

(4)超越或者滥用职权的；

(5)具体行政行为明显不当的。

复议机关责令被申请人重新作出具体行政行为的，被申请人不得以同一事实和理由作出与原具体行政行为相同或者基本相同的具体行政行为；但复议机关以原具体行政行为违反法定程序而决定撤销的，被申请人重新作出具体行政行为的，不受前述限制。

4. 被申请人不按照规定提出书面答复，提交当初作出具体行政行为的证据、依据和其他有关材料的，视为该具体行政行为没有证据、依据，决定撤销该具体行政行为。

(二)《行政复议决定书》的制作

复议机关作出行政复议决定，应当制作《行政复议决定书》，书面通知申请人，复议机关负责人签名，并加盖公章。一般情况下，《行政复议决定书》应包括以下内容：复议参加人的基本情况，申请复议的主要请求和理由，复议决定所认定的事实、理由以及适用何种法律、法规和规章，经过审理所作出的处理结论等。

复议决定作出后，应立即送达复议当事人。《行政复议决定书》由税务机关直接送达或邮寄送达复议参加人。《行政复议决定书》一经送达，即发生法律效力。

(三)税务行政复议决定的履行

申请人应依法在接到决定书之日起 15 日内履行。申请人对复议决定不服的，可以在接到复议决定书之日起 15 日内向人民法院起诉。申请人逾期不起诉又不履行行政复议决定，或者不履行最终裁决的行政复议决定的，按照下列规定分别处理：维持原具体行政行为的复议决定，由最初作出具体行政行为的税务机关(被申请人)申请人民法院强制执行，或依法强制执行；改变原具体行政行为的复议决定，由复议机关依法强制执行或申请人民法院强制执行；对于罚款，税务机关应当向人民法院提交《强制执行申请书》及有关法律文书，依法申请人民法院强制执行。被申请人拒绝复议决定的，复议机关可以直接或者建议有关部门对其法定代表人给予行政处分。复议机关责令被申请人重新作出具体行政行为的，被申请人不得以同一事实和理由作出与原具体行政行为相同或者基本相同的具体行政行为。

被申请人应当履行行政复议决定。被申请人不履行或者无正当理由拖延履行行政复议决定的，复议机关或者有关上级行政机关应当责令其限期履行。

第三节　税务行政复议代理实务

代理税务行政复议是指税务代理机构接受被代理人的委托，以被代理人的名义，在法律规定或者被代理人授予的权限范围内，按照一定的程序对引起争议的税收具体行政行为向上一级税务机关提出复议申请，以维护被代理人合法权益的一种活动。

一、代理税务行政复议的特征

(1)代理税务行政复议的调整对象是税务机关作出的具体行政行为所引起的税务争议。

(2)代理税务行政复议的前提是被代理人不服税务机关的处理决定。

(3)代理人在代理权限内独立参加复议活动，按自己的意愿行事，产生的法律后果由被代理人承担。

(4)代理活动的日的是保护被代理人的利益。

二、代理税务行政复议的过程

代理税务行政复议的活动，一般来说需要经历以下三个阶段：准备阶段、实施阶段和结束阶段。

(一)代理税务行政复议的准备阶段

在这一阶段，税务代理机构应首先根据被代理人的要求代为办理税务行政复议的委托申请，全面了解被代理人的情况，分析税务机关的处理决定，判断税务机关的处理有无不当之处，决定是否可以接受委托。若可以接受，则与被代理人签订委托代理协议书。

1. 了解客户的基本情况

税务代理机构在决定是否接受委托之前，必须先了解客户及委托事项的基本情况。税务代理机构可采用询问、观察、调查等方式，全面、详细地了解企业的基本情况，如企业的性质、生产经营情况、经营成果等。税务代理机构还必须以独立、客观的立场来调查了解产生税收争议的原因、过程与结果，税务机关最后的决定，征纳双方各自的主张和论据，税收法律、法规有关争议问题的解释，税务机关对以往类似问题的判例，纳税人、扣缴义务人请求复议的理由与要求等。税务代理机构应重点了解税务机关作出具体行政行为所依据的税收政策和企业的涉税行为及其会计核算资料及有关合同、协议等证明材料。同时，还应对照法律、法规的规定，判断委托人提出复议申请是否正当；若是委托人出于某种不正当的目的提出的，税务代理机构则不能接受委托。

2. 审查是否符合申请复议的条件

审核纳税人、扣缴义务人申请复议的条件是否具备，如申请复议的内容是否为受案和管辖范围，申请的时限是否符合法定的复议期限，如因纳税问题提请复议是否按照税务机关的要求缴纳了税款和滞纳金等。

(1)申请人应符合法律规定的条件。申请人即税务代理活动的委托人，必须是认为税务机关的具体行政行为侵犯其合法权益依法向税务行政复议机关提出复议申请的公民、法人或其他组织以及外国人、无国籍人、外商投资企业、国有企业和其他外国组织，具体指纳税义务人、扣缴义务人、纳税担保人或者其他税务争议当事人；属于特殊情况的，应符合特殊规定。

(2)被申请人必须是税务机关或其授权的组织。税务行政复议的被申请人，是指作出引起争议的具体行政行为的税务机关。税务行政复议的被申请人有两个基本条件：一是税务行政执法主体，即享有国家税收征收管理职权的税务机关；二是该具体行政行为的作出者。

(3)有具体的复议请求和事实根据。申请人应向复议机关提出裁决的复议申请,并以事实说明理由。

(4)复议请求属于税务行政复议的受案范围。根据《税收征管法》、《行政复议法》和《税务行政复议规则(暂行)》的规定,税务行政复议的受案范围仅限于税务机关作出的税务具体行政行为。

(5)属于税务行政复议机关管辖范围。

(6)复议申请应在法定期限内提出。税务代理人受托代理的复议申请,必须在法定期限内,否则不能代理。

(7)法律、法规规定的其他条件。

3. 明确代理风险

由于税收争议多属于较为疑难复杂的问题,征纳双方都很敏感,直接涉及纳税人、扣缴义务人的税收权益,处于中介地位的代理人即使以完全独立、客观的立场来分析判断税收争议,仍要承担较高的代理风险。代理风险主要来自以下三个方面:

(1)纳税人、扣缴义务人提供有关税收争议资料的合法性与可信程度。如果纳税人、扣缴义务人单从自己的税收权益考虑,不能正视国家的税收政策、法规和主管税务机关的有关规定,就会过分偏执自我判断,不能提供客观全面的指导,会使代理人陷入被动。

(2)税务机关作出的具体行政行为虽然有明显的缺陷和不足,但是,主管税务机关的领导和具体执行人员,不能客观分析执行过程中存在的问题并加以纠正,或不能正确处理维护税务机关的执法权威与保护纳税人、扣缴义务人合法权益的关系,也会人为地增加困难,甚至功亏一篑。

(3)代理人在决定受托代理之前,对产生税收争议的前因后果未加详细调查分析而盲目代理,或者由于代理解决税收争议的方式及策略方面的失误也会无功而返。

分析代理税务行政复议的风险,实质上是从独立、客观的立场判断税收争议双方谁是谁非,以及代理争议获得诉愿实现的程度,它是确定税务行政复议代理的重要前提之一。

4. 接受委托,签订协议书

税务代理机构在进行上述审查之后,认为可以接受委托的,将审查内容整理成工作底稿,经由委托人审阅并签署意见。在进一步磋商代理事项、价格和收费方法后,可签订《税务代理协议书》。

(二)代理税务行政复议的实施阶段

1. 代理提出复议申请

(1)税务代理机构代委托方向税务行政复议机关申请复议,应当填写复议申请书,以书面形式提出复议申请。这是申请人明确表述复议请求的方式。税务行政复议申请书分正、副本两份,代理人应认真、规范地填写各栏目的内容,简单清晰地表达申请复议的要求和理由,针对税务机关的具体行政行为提出持有异议的论据并进行充分的准备。

税务代理机构向税务行政复议机关提交复议申请时,应同时出具委托代理协议书。在法定的申请期限内,如因不可抗力而延误申请,代理人应在障碍消除后的10日内,向复议机关申请延长复议申请期限,并填写延长复议申请期限报告书,填写时要注意格式和方法。

(2)在向税务行政复议机关提交复议申请书之后10日内,代理人可视下列情况分别处理:

复议机关决定受理复议申请，应做好参加审理的准备；复议机关要求限期补正，应按限定的时间提供有关资料；复议机关通知不予受理，如果申请人对此不服，可以指导申请人自收到通知之日起15日内就复议机关不予受理的裁决向人民法院起诉。

2. 提供有关资料，代理参加税务行政复议的审理

审理是复议机关对决定受理的复议申请，审查其具体行政行为合法性和适当性的过程，它是复议机关最终作出复议决定的基础。复议机关对复议案件的审理可采取两种形式：书面审理和公开审理。其中，书面审理为主要审理形式。代理人应当及时提交书面证明材料或者参加公开审理，陈述事实，提供证据，以事实为依据，以法律为准绳，维护委托人的合法权益。代理人应根据审理过程中案情的发展而加以运作，力争复议请求的圆满解决。

(1)在采取书面审理的方式下，被申请人自收到《复议申请书》之日起10日内，向复议机关提交答辩书和有关证据材料，为支持原具体行政行为提供事实和法律方面的辩护。复议机关对争议双方所提出的论点和论证进行分析研究，责成专人调查取证，经复议委员会集体审议后作出复议决定。代理人应密切注意案情的发展，及时提交书面证明材料，并针对原具体税务行政行为在合法性与适当性方面存在的问题，补充和完善复议申请书的证据材料，指导申请人在复议机关调查取证时提供更详尽有力的证据。

(2)在采取公开审理的方式下，代理人要与被申请人就税收争议进行辩论，公开陈述申请人的复议请求，论证税务机关作出的具体行政行为在事实认定、适用法律及执法程序中存在的问题。因此，公开审理实际上是通过税收争议双方的公开辩论，使税务行政复议机关查明事实真相，解决疑难复杂的税收争议问题。代理人参加公开审理，要做好充分的准备，在公开辩论中做到知己知彼，为维护纳税人、扣缴义务人的合法权益进行不懈的努力。

(三)代理税务行政复议的结束阶段

1. 分析复议决定，制定代理策略

税务行政复议机关经过审理，作出复议决定，并向复议参加人送达复议决定书，标志着税务行政复议这一行政裁决税收争议程序的结束。复议决定的结论不同，其后操作的代理策略也要有所区别。

(1)在复议机关作出维持原具体行政行为的决定时，意味着对代理复议的请求予以否认，该项税务代理未能达到预定目的，代理人应作客观冷静的分析，并视不同情况采取下列措施：

第一，如果是由于税务行政复议机关未在复议中履行审查职责，或者有意偏袒下级税务机关作出的原具体行政行为，对其认定事实以及适用法律、法规和执法程序方面存在的问题未加以纠正，代理人应指导申请人请求司法救助，在法定期限内向人民法院提起诉讼，以求得税收争议的司法裁决。

第二，如果是由于申请人隐瞒了某些重要的事实及过程并提供了不真实的资料，误导税务代理人，使其作出错误的判断，税务代理机构应以书面形式通知委托方和当地税务机关终止代理关系，并追究委托方的责任。

第三，如果是税务代理人对复议所依据的有关政策、法律、法规掌握不足，理解不当，或审阅申请复议条件、整理工作底稿时未做详尽的调查取证，导致判断错误，代理人应以书面形式向申请人作出说明，并承担相应的责任。

(2)在复议机关作出变更、撤销原具体行政行为的决定时，表明对代理复议的请求给予部

分或全部肯定，该项税务代理的结局比较理想。代理人应总结经验，并以书面形式告知申请人如何执行税务复议决定，原已执行的税务行政行为如何纠正，所涉及的应纳税款、滞纳金、罚款的退还应如何办理等。

(3)在复议机关认为原具体行政行为有程序上的不足，需要由被申请人补正时，代理人可根据申请人的复议请求决定是否服从上级税务机关的裁决。如果原具体行政行为除有执法上、程序上的不足外，还存在所依据事实、根据不足和相互矛盾以及超越和滥用职权等问题，已经侵害了纳税人的合法权益，而复议决定未加以纠正，代理人仍可与申请人研究通过进一步的申诉得到解决。

(4)在复议机关对原税务机关的不作为行为作出决定，要求其在一定期限内履行时，代理人应尽快与税务机关沟通，将所请求的办税事项予以完成，并以书面形式告知申请人。

2. 总结代理工作，编写代理报告

完成了代理工作，代理人应对整个代理过程进行总结，总结经验，找出工作中的不足，向委托方提出好的建议和改进措施，为今后的工作打好基础。对于行政复议决定，税务代理人应就决定内容完成工作底稿，写出代理报告。代理报告一般应包括以下几个方面：

(1)被代理人(委托方)的名称、地址；

(2)委托代理事项；

(3)代理人的权限、职责和审查的初步意见，主要负责人等情况；

(4)税务行政复议机关审理的起止时间、过程及最后结果；

(5)代理结束时间、双方签名盖章。

[例8—1] 某超市是增值税一般纳税人，2014年8月发生洗衣机销售额180 000元，彩电销售额317 000元，在销售过程中收到送货费15 000元，该企业当月纳税申报情况如下：

应纳增值税＝(180 000＋317 000)×17％＝84 490(元)

应纳营业税＝15 000×5％＝750(元)

应纳城建税＝(84 490＋750)×7％＝5 966.8(元)

应纳教育费附加＝(84 490＋750)×3％＝2 557.2(元)

通过银行将上述税款办理了缴纳手续。同年10月，主管税务局稽查人员对该企业8月份的经营和财务核算情况进行了检查，并作出如下处理决定：

送货费15 000元属于混合销售行为，应缴纳增值税。需补交：

增值税＝15 000÷(1＋17％)×17％＝2 179.49(元)

教育费附加＝2 179.49×3％＝65.38(元)

加收滞纳金＝(2 179.49＋65.38)×2‰×2×30＝269.38(元)

并要求在月底前办理税款和滞纳金入库手续。该超市对此很不理解，请大红税务师事务所代理申请复议。

请回答：

(1)税务局的处理决定是否正确？为什么？

(2)申请复议需要具备哪些条件？

(3)请你以大红税务师事务所名义代该企业写一份复议申请书。

答：

(1)税务机关的处理决定正确。依据是《增值税暂行条例实施细则》第五条的规定，属于混合销售行为，应征增值税。

(2)企业的复议属于"必经复议"，应具备如下条件：

①必须是对税务机关作出的征税行为不服申请的复议。

②在申请复议前，企业必须依法到指定的地点按指定的时间补交税款及滞纳金。

③必须在收到税务机关填发缴税凭证之日起60日内提出申请。

(3)税务复议申请书应具备以下主要内容：

①该企业的名称、地址、法定代表人姓名及职务。

②被申请税务机关的名称及职务。

③申请复议的要求和理由。

④附送相关证明材料(如税单)。

⑤注明提出复议申请的日期。

本章回顾

1. 税务行政复议是解决税收争议的一种重要方式，能够保障和监督税务机关依法行使税收执法权，防止和纠正违法或者不当的税务具体行政行为，保护纳税人和其他税务当事人的合法权益。《行政复议法》和《税务行政复议规则(暂行)》是税务行政复议的依据。

2. 税务行政复议具有不同于一般行政处理也不同于行政调解、行政仲裁等行为的特点：税务行政复议的对象是税务行政争议；税务行政复议以当事人不服税务机关及其工作人员作出的税务具体行政行为为前提；税务行政复议因当事人的申请而产生；税务行政复议的双方当事人是固定的；复议不适用调解原则；税务行政复议与行政诉讼相衔接。

3. 税务行政复议制度是我国税收争议法律制度的重要组成部分，有着非常重要的作用。税务行政复议应遵循下列原则：复议机关依法独立行使复议权的原则；一级复议原则；合法性与适当性全面审查的原则；税务行政复议遵循合法、公正、公开、及时、便民原则；书面复议原则；复议期间不停止执行原则。

4. 根据《行政复议法》和《税务行政复议规则(暂行)》的规定，我国税务行政复议管辖原则上实行由上一级税务机关管辖的一级复议制度，特殊情况遵循特殊规定。

5. 税务行政复议参加人包括复议申请人、被申请人、第三人及复议代理人。申请人、第三人可以委托代理人代为参加行政复议；被申请人不得委托代理人代为参加行政复议。

6. 根据规定，税务行政复议的受案范围仅限于税务机关作出的税务具体行政行为。具体内容包括：税务机关作出的征税行为；税务机关作出的税收保全措施；税务机关未及时解除保全措施，使纳税人及其他当事人合法权益遭受损失的行为；税务机关作出的强制执行措施；税务机关作出的行政处罚行为；税务机关不予依法办理或者答复的行为；税务机关作出的取消增值税一般纳税人资格的行为；收缴发票、停止发售发票；税务机关责令纳税人提供纳税担保或者不依法确认纳税担保有效的行为；税务机关不依法给予举报奖励的行为；税务机关作出的通知出境管理机关阻止出境的行为；税务机关作出的其他具体行政行为。

7. 税务行政复议程序是指税务行政复议在解决税务行政争议的过程中所遵循的方式和步骤，通常包括复议的申请、受理、审理和决定四个主要环节。

8. 代理税务行政复议是指税务代理机构接受被代理人的委托，以被代理人的名义，在法律规定或者被代理人授予的权限范围内，按照一定的程序对引起争议的税收具体行政行为，向上一级税务机关提出复议申请，以维护被代理人合法权益的一种活动。

9. 代理税务行政复议的活动，一般来说需要经历三个阶段，即准备阶段、实施阶段和结束阶段。代理人应根据不同阶段的要求履行代理义务。

复习思考题

1. 税务行政复议应遵循哪些原则？
2. 税务行政复议的管辖具体是如何规定的？
3. 税务行政复议的受案范围包括哪些内容？
4. 税务行政复议的基本程序包括哪些环节？
5. 申请人提出复议申请应符合哪些条件？
6. 税务行政复议的决定有哪几种情况？分别适用于什么情况？
7. 在代理税务行政复议的准备阶段，代理人需要做哪些工作？
8. 在代理税务行政复议的实施阶段，代理人需要做哪些工作？
9. 在代理税务行政复议的结束阶段，代理人需要做哪些工作？

知识巩固与拓展训练

一、单项选择题

1. 下列行为中，属于税务机关作出的行政处罚行为是（　　）。

A. 扣押、查封商品、货物或者其他财产

B. 书面通知银行或者其他金融机构从其存款中扣缴税款

C. 变卖、拍卖扣押、查封的商品、货物或者其他财产

D. 没收财物和违法所得

2. 申请人可以在知道税务机关作出具体行政行为之日起（　　）日内提出行政复议申请。

A. 15　　B. 30　　C. 60　　D. 90

3. 复议机关收到复议申请以后，应当在（　　）日内进行审查。

A. 3　　B. 5　　C. 10　　D. 15

4. 复议决定是税务行政复议机关对复议申请案件审理后作出的裁决。复议机关应当自受理申请之日起（　　）日内作出行政复议决定。

A. 30　　B. 60　　C. 7　　D. 10

5. 某纳税人经税务机关实施纳税检查后认定其具有偷税行为。处以补缴税款、罚款及滞纳金，纳税人不服，在补交完税金但未上交罚款和滞纳金的情况下，委托某税务师事务所代理复议，填写并向税务行政复议机关提交了《复议申请书》，税务行政复议机关答复为（　　）。

A. 决定受理　　B. 不予受理

C. 要求申请人限期改正　　　　D. 移送其他税务机关

二、多项选择题

1. 税务行政复议的特点有(　　)。

A. 税务行政复议的对象具有特定性

B. 税务行政复议的前提是被代理人不服税务机关的处理决定

C. 税务行政复议因当事人的申请而产生

D. 税务行政复议实行一级复议制度

E. 复议期间不停止执行

2. 税务行政复议参加人是指在税务行政复议机关的组织下,依法参加税务行政复议活动的(　　)。

A. 申请人　　B. 被申请人　　C. 第三人　　D. 代理人

3. 作为行政复议的申请人,应当具备(　　)。

A. 申请人是以自己的名义行使申诉权

B. 申请人是税务机关具体行政行为的承受者

C. 申请人提出的复议内容属于税务行政复议的受案范围

D. 申请人以书面形式提出自己的复议请求

E. 申请人是以被申请人的名义行使申诉权

4. 对不符合条件的复议申请,复议机关应当裁决不予受理并告知其不予受理的理由。下列情况中,属于决定不予受理的有(　　)。

A. 不属于行政复议的受案范围

B. 属于行政复议的受案范围

C. 超过法定的申请期限

D. 有明确的被申请人和行政复议对象

E. 已向人民法院提起行政诉讼,人民法院已经受理

5. 注册税务师完成了代理工作,编写的代理报告一般应包括(　　)等方面内容。

A. 被代理人(委托方)的名称、地址

B. 委托代理事项

C. 代理人的权限、职责和审查的初步意见

D. 代理人(受托方)的名称、地址

E. 代理结束时间、双方签名盖章

三、判断题

1. 税务行政复议是解决税务行政争议的一项重要的法律制度。　(　　)

2. 税务行政复议机关受理税务行政复议案件,既是税务机关的一种权利,也是税务机关的一项义务,可以拒绝受理。　(　　)

3. 对各级税务机关作出的具体行政行为不服的,向其上一级税务机关或法院申请行政复议。　(　　)

4. 税务行政复议程序是指税务行政复议在解决税务行政争议的过程中所遵循的方式和步骤，通常包括复议的申请、受理、审理和决定四个主要环节。（ ）

5. 税务行政复议审理的程序主要包括三个阶段：调查取证阶段、审理阶段和制作审理报告。（ ）

四、综合分析题

某家电公司是增值税一般纳税人。2014 年 12 月，主管税务局稽查人员对该企业 11 月份的经营和财务核算情况进行了检查，发现该公司将在销售过程中收到的送货费按营业税计算并缴纳，于是作出了补交税款、罚款及滞纳金的处理决定，该公司对此很不理解，请岳达税务师事务所代理申请复议。

请回答：

(1)税务局的处理决定是否正确？为什么？

(2)申请复议需要具备哪些条件？代理行政复议的过程有哪些？

(3)请你以岳达税务师事务所名义代该企业写一份复议申请书。

第九章 涉税文书制作的代理

第一节 涉税文书概述

一、涉税文书的概念和作用

(一)涉税文书的概念

涉税文书是根据税收征管规程的要求,征纳双方为处理税收事宜所使用的具有固定格式的文书。它是由税收法规确立,税务机关和纳税人在处理税务事项时依法制作的文书,主要由三部分组成:

1. 国家税务机关用来处理税务公务活动所使用的国务院办公厅规定的10类15种税务公文。

2. 在税务公务活动中使用的除国务院办公厅规定的10类15种公文之外的其他税务文书。

3. 由税收法规确立的各种税务专用文书,包括各种税务登记表、纳税鉴定书、纳税申报表、税务专用报告书(表)、税务专用申请书(表)、税务专用通知书和提请书等。

(二)涉税文书的作用

作为直接参与税务管理或与税务工作有着密切关系的涉税文书,它在税务具体的行政工作中有着特殊的地位,起着十分重要的作用。

1. 涉税文书是依法治税的基础

涉税文书是由税收法规确立的,有什么样的税收法规,就必然要求有相应的税务文书作为其执行工具或行使凭证。例如,税务机关只有凭借涉税文书才能将税收纳入法制化、规范化的渠道。诸如通过税务登记表,使纳税人履行税收法规规定的税务登记的制度;通过纳税申报表,使纳税人履行税收法规规定的纳税申报制度;通过专用申请书(表)和专用报告表,使纳税人依法执行申请和报告制度。通过税务复议申请书,纳税人才能依法在对税务机关作出的具体行政行为不服时提请复议,以维护自己的合法权益。所以,从某种意义上说,涉税文书的书面作用能否得到强化,直接关系到税收法规的有效实施和强化。

2. 涉税文书是规范征管工作的基础

制度是一种规章,是行动的具体规范。按制度管理,就遵循了一种规范。但是,制度的执行必须有具体凭证为考察的书面依据,考察税收制度执行情况的具体凭证和依据是涉税文书。因此,涉税文书就成为税收实现规范化管理的重要手段。

税务管理的每个具体环节都有法定的涉税文书作为其执行的凭证,税务机关通过税务登记、纳税申报、税收票证、税务复议、税务行政诉讼等书和表，保证了税收管理制度的执行和税收管理的规范化。涉税文书作为实现税收管理规范化的重要手段，也确立和构成了涉税文书在整个税收工作中的特殊地位和重要作用。

3. 涉税文书是税收征管工作的基础

与别的学科一样，信息和资料是反映税收工作的一些新情况、新问题、新经验的重要组成部分。作为税务应用文中的税收信息、资料、工作研究、评论、专题论文等，自然成为必不可少的文字工具。离开了涉税文书，税务信息沟通不了，必要的资料建设无法进行，税务领域的科研成果得不到反映。因此，涉税文书是科学发展、税务沟通及解决税收实际工作的重要手段。

4. 涉税文书是考核税务干部政治和业务水平的重要尺度

写作和制作涉税文书，是税务干部多种素质的综合体现。涉税文书写得好与不好，是直接反映税务干部工作能力和管理水平高低的重要尺度。因此，税务干部必须加强对写作和制作涉税应用文能力的训练，以有效地增加专业知识，提高业务水平和管理技能。同时，也应把税务干部写作和制作涉税文书能力的高低，作为考核税务干部工作能力的重要尺度。

二、涉税文书的分类

涉税文书是在税收法制过程中形成和使用的各种文书的总称。它既包括国家领导机关和税务机关制作的各种有关税务方面的文书，也包括纳税人履行税收法规和执行税收管理制度依法制作的有关税务文书。

根据其划分的标准不同，可分以下几种：

1. 按其使用范围的不同，可分为通用文书和专用文书

(1)通用文书是指国务院办公厅1987年2月18日发布的《国家行政机关公文处理办法》规定的10类15种公文以及税务机关在公务活动中使用的简报、调查报告、总结等。

(2)专用文书是指由税收法规或税收管理制度确立、税务机关和纳税人办理纳税事项依法履行的税务文书，如税务登记表、纳税申报表、税务专用通知书、税务专用申请书等。

2. 按其法律效力，可分为法规性税务文书和非法规性税务文书

(1)法规性税务文书是指由全国人民代表大会及其常务委员会正式通过颁布的税法，以及由全国人民代表大会及其常务委员会授权国务院颁布的税收条例、规则、办法、决定等和由国务院、国家税务总局、省地市税务局制定和颁发的实施细则、规定、办法、决定、通知等。

(2)非法规性税务文书是税务机关和纳税人办理具体纳税事项时依法履行的有关文书。非法规性文书与法规性文书的主要区别在于，非法规性涉税文书的内容虽具有法律效力，但不具备法规性质。

3. 根据税收管理制度，税务文书可分为登记性税务文书、鉴定证明类文书、票据类税务文书、报告类税务文书、请示类税务文书、税务复议、税务行政诉讼类文书等。

这种分类与其他分类所不同的是，文书种类只限于税务机关和纳税人办税过程中使用的文书，与税收管理制度保持了严格的一致性，鲜明地体现了税务文书办税工具的作用。

4. 按其使用范围等因素，可分为指挥性税务文书、报请性税务文书、知照性税务文书、检查性税务文书、查处税务案件、记录凭证性税务文书、税务复议、税务行政诉讼文书等

5. 根据税收主体不同，按涉税文书制作人分，可分为征税主体制作的涉税文书和纳税主体制作的涉税文书

税收主体主要包括征税主体和纳税主体。征税主体是指制定国家税收法规的权力机关和执行税收法规、履行税收公务的各级税务机关，由它们制作的涉税文书就称为征税主体制作的涉税文书。纳税主体主要是指负有纳税义务的单位和个人，由他们制作的涉税文书则为纳税主体制作的涉税文书。这种分类的科学性在于它能将征税主体和纳税主体的权利和义务鲜明地区分开来，便于税务代理人开展代理业务。

另外，涉税文书还有其他一些分类方法。比如，按照特定目的分，可分为法规性涉税文书、指挥性涉税文书、报请性涉税文书、知照性涉税文书、记录凭证性涉税文书、检查性涉税文书、查处税务案件涉税文书、税务复议涉税文书、税务行政诉讼涉税文书等。

三、涉税文书的主要特征

税收是一种规范性的法律制度。因此，作为实施税收法制书面工具的涉税文书，在其法律效力方面与法律文书大体一致，但与其他文书相比，又有许多不同之处，从而形成自身的特点。总括起来讲，税务文书一般有如下几个主要特征：

（一）强制性

税收是一种无偿的强制性的征收行为。作为税收施行的工具，税务文书也具有同样的强制性特点。这是区别于其他文书的最鲜明的特征。从某种程序上讲，税务文书的强制性主要表现在以下三个方面：

1. 表现在税收法规文书上。税收法规文书本身就是对税收法制的确定，是税收法制的具体化、明晰化、条文化、固定化。它以国家强制力为后盾，代表国家利益，要求税务机关和纳税人依法执行，任何税务机关及其工作人员和纳税人都不得与其规定相违背或相抵触。

2. 表现在制作的强制性上。部分税务文书的制作是由税收法规规定的必须履行的一种法定的书面手续，而不以任何单位或个人的意志为转移。

3. 表现在法定执行过程中。一些涉税文书内容一旦生效，税务机关和纳税人必须依照其所规定的内容和程序执行，否则便为违法。

税务文书强制性的特点，是确保税务机关和纳税人依法办税的重要手段。必须指出的是，并非所有的税务文书都具有法定强制执行的性质，例如税务总结、税务简报等就不具有强制执行性质。

（二）政治性

税收是国家出现后的产物，是国家为了确保国家机器正常运转，运用政治权力参与国民收入分配的一种强制行为。作为税收法规具体化、层次化的税务文书，必然带有鲜明的政治倾向。它直接参与税务管理活动，体现国家政权机关在税收方面的指挥意志、行动意图，反映国家政权的政治意向和根本利益，其政治性表现得非常突出和鲜明。例如，自 1994 年我国新税制实施以来，税收调节经济的功能逐渐增大，税收收入已成为国家财政收入的重要组成部分。税收是积累建设资金，促进国民经济持续、稳定、健康发展的重要经济杠杆，其政治倾向性尤为明显。

（三）规范性

税务文书大多具有固定的、规范化的格式。这也是它区别于其他文书的特点之一。

税务文书的格式分两种情况：一种是《国家行政机关公文处理办法》规定的10类15种公文，必须严格按照国务院办公厅规定的公文格式进行制作；另一种是税务专用文书，它是由税务机关依据立法规定和工作的需要，对每一种专用文书都规定了统一的、规范化的格式，使其内容鲜明扼要且便于制作、查阅和保管，更重要的是体现了税务文书具体内容的完整性、正确性和有效性。

（四）合法性

税务文书都有法定的制作权限。不同效用的税务文书都应按照不同的制作权限的规定，由不同的机关制作。如税法必须由国家的立法机关即全国人民代表大会或其常务委员会通过和颁布实施，税收条例须由全国人大及其常务委员会讨论通过，由国务院颁布实施；税收细则须由税法和税收条例授权制定实施细则的机关制定；其他的税收法规，如规定、办法、决定、通知等，由国务院、国家税务总局、省地市税务局根据具体权限制定。

另外，税务文书制作权限的合法性还表现在特定的制作程序，任何机关及个人都不得随意更改，否则便为违法。如纳税人对税务机关作出的征税或违章处理决定有异议，向上一级税务机关申请复议，在复议机关未作出裁决前必须按原处理决定缴纳税款、罚金及滞纳金等。如不履行上述行为而直接申请复议的，复议机关不予受理。

此外，为保证税法的统一性和严肃性，严格按照税收管理体制规定的权限处理税务事项，一些用来处理具体税务事项的税务公文（如"减免税申请"等），必须严格按照规定的权限制作。凡属越权行文，在法律上均不合法，严重的还应追究直接责任者的法律责任。

（五）单一性

税务文书解释的单一性，是指税务文书所表达的含义必须是单一解释，不能有任何语义两歧或模棱两可的问题出现。因为税务文书是依法制作的，法律要求必须单一，以便于执行。特别是法规性税务文书，由于是办税的法律规范，对解释单一性要求非常严格，每一个条款所规定的内容，只能有一种解释。对于一些税务专用性文书，由于多为针对某一具体单位或某一具体税务事项在履行税法或执行税收制度中提出的具体要求，也必须严格强调解释的单一性。

确保税务文书的解释单一性直接关系到税收的法制化、税收工作的严肃性及税务文书的科学性、严密性。因此，每一个税务工作者在制作税务文书时，在选用词语上必须严格推敲、准确达意，有效地发挥其文书功能。

第二节　涉税文书制作代理实务

一、代理制作涉税文书的基本程序

税务代理人制作涉税文书基本是在提供与此相关的税务代理事项中进行的，它贯穿于税务代理业务范围的始终，因受托代理项目不同而内容各异。制作合乎税收征管规范要求的涉税文书，是顺利完成委托代理事项必不可少的工作环节。税务代理人为纳税人、扣缴义务人制作的各种涉税文书主要包括税务登记文书、发票管理文书、减免税文书、纳税申报文书、税款征收文书、税务行政复议文书六大类，具体约有58种之多。涉税文书的一个显著特征是与办税有关，税务代理人员代理制作涉税文书，除要有一般文书制作的知识外，还必须对文书所涉及的税收相关法律、法规有深入的了解，熟悉办税操作中的各个运行环节。代理制作涉税文书一般应按下列基本程序进行：

(一)搜集整理原始资料

首先，根据涉税文书的内容搜集有关的资料。例如，为纳税人制作《税务登记表》就要取得“营业执照”、“银行账号证明”、“企业法人代码证书”等证件，以及企业有关生产经营方面的基本情况的资料等。

其次，要对搜集的资料进行整理、分析，将涉税文书所需要的数据和内容进行择录，为制作涉税文书做好准备。

(二)规范填写涉税文书

在搜集整理资料的基础上，根据涉税文书具体的格式要求填写各项内容，做到字迹清晰、工整，填列完整，内容不容缺漏。例如，制作属于申请类涉税文书，申请理由要符合纳税人的实际情况和政策规定，引用的法律条文要准确；属于纳税申报类涉税文书反映的数据、逻辑关系要计算无误。

(三)交由纳税人审验签收

涉税文书制作完毕应将文书交给纳税人审验，确认文书中填报的内容和申办要求是否符合意愿；如果无异议，由纳税人签字、盖章。

(四)按规定时限报送主管税务机关(略)

二、涉税文书制作的要求

税务代理人员制作的涉税文书是由税收法律、法规规定的，是执行税收法律、法规的书面文件和工具。因此，涉税文书制作的规范化就显得特别重要。从某种意义上说，涉税文书制作的规范化关系税收法律、法规的有效实施和强化，关系到税务运行的规范和有序。因此，有必要对涉税文书的制作提出一些特定要求。

1. 税务代理人员必须熟悉国家有关税收、财经、司法、行政等方面的方针、政策和法规。涉税文书作为执行税法的书面工具，无论是对事实的证明，还是对数据的填写，都必须以国家的税收法律、政策、方针为准绳。这是涉税文书制作的前提。

2. 税务代理人员必须熟悉和掌握各种涉税文书的效用、特定格式和基本的逻辑结构。涉税文书种类繁多，每一种涉税文书都执行不同的任务，起着不同的作用，具有不同的格式。因此，不同的涉税文书不能相互替代，必须按规定的文书效用使用。

3. 掌握涉税文书基本的表达方式：

(1)涉税文书的制作要求简单明了，做到内容完整、数字准确。

(2)内容完整，各个项目都必须填写齐全，不能遗漏。

(3)数字准确，数字填写要规范，要弄清比例关系和倍数关系。

4. 把握好涉税文书的语言特色。涉税文书的制作应以实用为主，对语言的基本要求是：措辞准确，朴实无华。措辞准确是要求概念严谨明确，判断准确无误，行文避免产生歧义。朴实无华是指语言严肃庄重且不做作，这是涉税文书制作时的一个基本要求。因为涉税文书与文学作品截然不同，基本不用描写、抒情的表现手法，少用插叙和倒叙，力求言简意赅、条理清晰，特别是在一些减免税申请中，严禁矫揉造作、哗众取宠。

三、专用报请性文书及其制作

(一)税务登记表

1. 税务登记表的性质及作用

税务登记表是纳税人执行税收法规有关税务登记的规定，依法履行税务登记手续填制的各类税务登记表，主要包括工商企业税务登记表，中外合资、外商独资企业税务登记表，个体固定工商业户税务登记表，个体临时经营税务登记表等。

税务登记表是一种法定的税务专用文书。我国税法明确规定，纳税人自领取营业执照起30日内，必须向当地税务机关办理税务登记；税务登记只能纳税人自己使用，不准转借，严禁倒卖、涂改、撕毁、伪造。凡不按规定使用、发生上述行为的，均为违章行为，应追究其法律责任。

税务登记表是税务机关用来掌握纳税人的生产、经营、纳税等基本情况，以及税务登记户数和税源等情况的最基础的文字材料；也是纳税人履行税法、亮证经营的合法凭证。

2. 履行税务登记表的程序

(1)纳税人自领取营业执照之日起30日内，向当地税务机关办理税务登记。纳税人申报税务登记，应当提出申请登记报告、有关批准文件及其他证件，如工商行政管理部门核发的营业执照、卫生经营许可证等。其中，从事生产、经营活动的纳税人提供的证件必须有工商登记证件副本。

(2)税务机关对纳税人提出的申请登记报告及其他相关证件和材料，予以审查无误后，发给纳税人税务登记表，一式三份，并对税务登记表的内容和填写要求做具体辅导。

(3)纳税人按税务登记表的内容和要求如实填写后加盖本单位或本人印章，连同其他必备证件及相关材料一并送受理登记的税务机关。

(4)税务机关对纳税人填写的“税务登记表”进行逐栏核实，确认无误后受理登记，核发“税务登记证”。

(5)办理变更登记、重新登记或撤销登记。凡从事生产、经营活动的纳税人，在办理税务登记之后，若发生转业、改组、分设、合并、联营、租赁、承包、转包、迁移、歇业、停业、破产、拍卖以及其他需要改变税务登记的，应当在有关部门批准或宣告之日起30日内，向主管税务机关办理变更、重新登记或撤销登记。

(二)纳税申报表

1. 纳税申报表的性质

纳税申报表是纳税人在发生纳税义务后，按照税务机关核定的纳税期限，向税务机关申报纳税的一种专用表格文书。纳税申报表是纳税人履行纳税义务的一种法定书面手续，也是基层税务机关审核纳税人应纳税款、办理税款征收、开具纳税凭证的法定依据。

2. 纳税申报表的主要类型

纳税申报表按其经营主体的不同，可分为：产品税、营业税、资源税和城市维护建设税纳税申报表，月份增值税、城建税申报表，国有企业所得税申报表，集体企业所得税申报表，中外合资、合营、外商独资企业年度所得税纳税申报表，个人所得税纳税申报表，房产税、土地使用税纳税申报表,代征人代征税款申报表等。

3. 纳税申报表的履行程序

(1)所有的纳税义务人都应在纳税义务发生后,按税务机关核定的纳税期限向当地税务机关履行纳税申报手续。我国税法规定,从事临时性经营的纳税人,在发生纳税义务后,应立即向税务机关申报纳税,并办理缴纳税款手续;代征人必须按规定履行代征代扣代缴税款的申报手续;享受减免税的单位也应按照规定履行申报手续。纳税申报是税法规定的纳税人和代征人必须履行的法定书面手续;纳税人和代征人不按规定履行纳税申报手续的,视同违法。

(2)纳税人申报纳税时,应到当地税务机关领取纳税申报表,并按规定如实填写,连同会计报表和有关纳税资料一同报税务机关。税务机关审查核实后,手续即算终结。

纳税人发生纳税义务,除遇法定假日可以顺延或因特殊情况不能按期办理纳税申报或代征代扣代缴手续的,必须事先报主管税务机关,经批准之后酌情延期。发生纳税义务超过 30 日或者超过税务机关核定的纳税期限 15 日、未向税务机关申报纳税的,主管税务机关有权确定其应纳税款,限期缴纳。

(三)减免税使用情况报告表

减免税使用情况报告表,是经税务机关批准减免税的企业,根据规定定期向税务机关报告已提取的减免税使用情况填报的专用报告书。

减免税使用情况报告表是减免税管理的一种重要文书,它对充分发挥税收职能作用,监督企业严格按照批准的减免税用途使用减免税,有效地发挥减免税的效益,具有重要的作用。此外,它也是主管税务机关对已批准的减免税去向的追踪时效的根据,是了解和掌握减免税企业使用减免税取得的经济效果的主要资料来源。减免税使用情况报告表具有规范化的格式,具体格式如表 9—1 所示。

表 9—1　　　　**减免税使用情况报告表**

减免税产品或经营项目			
减免税种类和理由			
批准	减免税用途	总金额	已提金额数
使用去向		金额	
使用后预计经济效果			

负责人:　　　　　　　　　　　　制表人:

注:本表由企业在使用减免税时向税务机关报送,企业必须按照其内容如实填写。

(四)发票购买、使用、结存季度报告表

发票购买、使用、结存季度报告表,是企业根据《中华人民共和国发票管理办法》的规定,按季向税务机关报告本企业购买、使用(注销)、结存发票情况而填报的专用报告书。

企业向税务机关定期报告发票的购买、使用、结存、缴销等情况,是一项法定的制度。企业按规定履行发票购买、使用、结存、缴销报告制度,是企业检查本企业发票的购使、结销等情况以及严格企业内部管理,防止发票违章案件发生的一项重要制度;也是税务机关了解和掌握企业发票购买、使用、结存、缴销等情况，监督企业执行发票管理制度，查处发票违章案件的一项重要措施，具体行文格式如表9－2所示。

表9－2　　发票购买使用结存季报表

单位：　　20××年　季度　报送期　　年　月　日

发票名称	上期结存			本期购领			本期使用			期末结存		
	本数	总数	起讫号码	本数	总数	起讫号码	本数	总数	起讫号码	本数	总数	起讫号码

注：本表由有关单位（企业）如实填写，按季报送当地主管税务机关。

（五）请示

1. 在税收交往活动中，请示是纳税人向主管税务机关请求就某项税收工作和问题作出指示，给予答复或审核批准时所使用的公文，属于上行文。纳税人向税务机关制报的请示主要有减免税请示和税收问题处理请示两种。制作请示要注意以下几点：

（1）请示必须是纳税人制上行文，应是自己范围内无法肯定或处理的问题，请示事项必须要求税务机关明确表态。

（2）请示的格式分为标题、正文和结尾三大部分。标题要写清所请示的问题，使人一目了然。正文由请示起因和请示事项两部分组成。请示起因应说明纳税人的实际情况；请示事项要提出给予批准所请示的具体问题和事项，提出纳税人的处理意见及建议。结尾应写明行文的具体要求，常用词语有“请予批准”，“以上意见妥否，请指示”等。

2. 目前纳税人大量使用的是减免税请示，按减免内容与减免性质可以划分以下几类：

（1）按减免内容可分为流转税（增值税、消费税、营业税）减免请示，所得税减免请示，地方税减免请示等。

（2）按减免性质可分为企业困难性减免请示和国家政策性减免请示。后者依据国家下达的有关经济税收政策，凡属于政策减免界限内的只需按程序报送请示即可获得减免；前者则须由税务机关对请示者经济税收情况进行审查核实后，按照税收管理权限及程序决定是否给予减免。

按规定，凡申请减免税，除报送减免税文字请示外，还应如实填写减免税申请表，一并上报。

减免税申请表一般分税种设计，其栏目既含有申请减免的栏目，又含有税务机关逐级审批的栏目。因此，它是一种申请和审批并用的表式文书，提出减免申请的单位按规定栏目如实填写即可。

申请减免税时，除应写出减免税文字请示并填报减免税申请表外，还应附送有关资料，以便于审批。附送资料一般有“减免税附送资料表”、“减免税单位成本表”等。

3. 请示实例。

关于申请减免所得税的请示

××税务局：

××市××电工技术研究所创建于2010年6月，它以电力系统自动化为主要科研方向，以科研为经济建设服务为宗旨，不断探索采用先进科学技术为我国经济建设服务。

我所开发的产品主要是LT—03、LT—06系列励磁调节器，因其技术先进，工艺考究，可靠性高，业已成为能源部向全国优先推荐的产品，并深得广大用户的信赖，因而于2011年列入××市地方“火炬计划”执行项目。目前研究所共有专职及兼职人员62人，固定资产85万元。

我所2014年基本经营四个系列产品；LT—03系列，产值83万元，成本57.29万元，税金4.1万元，利润16.6万元；LT—06系列，产值90.6万元，成本63万元，税金10万元，利润16.4万元；LT—086系列，产值3.5万元，成本2.4万元，税金0.38万元，利润0.66万元；HDX，产值0.643 86万元，成本0.54万元，税金0.95万元，利润0.26万元；技术性收入26.2万元，税金0.88万元，利润25万元。

由于我所规模小、起步晚，与很多国有企业以及其他民办科研单位相比，差距还很大，而且还有20万元的贷款重压在身，以及现准备研究开发的科研项目需要大量的资金，加之我所生产××型系列励磁调节器主要元件均为进口产品，价格逐年上涨幅度大，再加上每台调节器在电厂运行半年以上正常后才能收回贷款，这无疑增加了资金运转周期，给企业的进一步发展带来了困难。

目前，随着国内市场的逐渐扩大，我所拟定扩大投资、筹建一条集各项高新技术为一体的励磁调节器生产线和开发、研究新的项目，要实现这些计划，需要投入大量的资金。为了使“火炬计划”执行项目得以顺利实现，我所特向税务局申请免交2014年所得税，恳请批准为盼。

此致

敬礼！

××市××电工技术科研所(章)2014年12月10日

(六)出口产品退(免)税申请表

出口产品退(免)税申请表是申请办理出口产品退(免)税的纳税人，根据有关规定填报的专用申请书。申请表填写一式四份，批准后的申请表一份留审批税务局，一份交基层税务机关，一份交金库作为退(免)税凭证，一份退还申请单位。

出口产品退(免)税申请表的基本结构如下：

(1)简要介绍企业一般情况(供上级税务机关了解)。

(2)申请退(免)税产品的经营状况。

(3)要求退(免)的原因。

(4)具体明确退(免)税的范围。

具体文书格式如表9—3所示。

表 9—3 出口产品退(免)税申请表

申请单位： 隶属关系： 预算级次： 银行账号：

退税期 年 月 日 金额单位：人民币元

出口产品名称	产品证码编号	向中国银行交单日期	出口数量	出口产品进价总数	扣除费用率	扣除费用总额	计算退税总额	税率	备注
1	2	3	4	5	6	7＝5×6	8＝(5－7)×9	9	10
税务机关审批意见					基层税务机关审查意见				
负责人(盖章)： 申请单位(章)：					填表人(盖章)： 申请日期 年 月 日				

注：(1)第四栏“出口数量”是指出口发票所列销售数量。

(2)工业企业直接出口和外贸企业能提供不含运杂费等各项费用的收购价格的，可将其出口产品计税价格总额直接填入第八栏。

(3)此表一式四份：一份留审批税务局，一份留基层税务机关，一份送办理退税的金库，一份退申请单位。以上各单位均应妥善保存，不得遗失。

四、主要的检查性税务文书

(一)纳税检查报告

纳税检查报告是税务机关根据我国《税收征收管理法》有关纳税检查的规定，对纳税人一定纳税期的纳税情况进行检查后所写的检查报告。纳税检查报告是一种非常重要的文书，是税务机关发挥税收强制性职能的一种有效的监督方法所形成的文字材料，是控制税源、堵塞偷漏税、加强征管环节的有效文书工具。

1. 纳税检查报告的内容

纳税检查报告是税务检查人员对被查纳税人的纳税情况进行全面检查之后，根据所取得的资料，经过分析、整理、定案等程序对被查纳税人被查阶段纳税情况、存在的问题、作出的处理决定所做的书面结论，它是反映检查结果的书面总结。

纳税人的纳税情况不仅涉及纳税人的自身情况，而且也反映税收征管人员的征收管理质量和水平。因此，纳税检查一方面是对被查纳税人的具体纳税情况进行检查，另一方面也是对税收征管人员征管质量和水平的检查。与之相适应，纳税检查报告既要反映被查纳税人在被查阶段执行税收政策和财务制度方面的情况，对被查阶段纳税人的具体纳税行为作出正确评价，指出存在的问题，以及造成所存在问题的被查纳税人自身的原因，提出处理意见和改进建议，又要反映税收人员在征收管理工作中的薄弱环节和不足之处，指出被查纳税人存在的问题有哪些与税收征管人员的征管水平有关，分清责任，促进税收征管人员熟悉业务，提高征管质量。

2. 纳税检查报告的基本格式

完整的纳税检查报告由纳税检查报告表和纳税检查文字报告两部分组成。纳税检查报告表是一种设计有固定栏目的表格文书，主要通过填写表格及其所列数字和简要文字，反映被查纳税人的纳税情况、存在问题、处理意见和结果等。纳税检查文字报告则是通过文字形式，将纳税检查的完整情况，如检查人员组织检查的起止时间、检查范围、检查情况、存在问题以及对存在问题的分析、处理意见等加以详尽报告。纳税检查文字报告是纳税检查报告的难点。研究纳税检查报告，应重点研究文字形式的纳税检查报告。

文字形式的纳税检查报告一般主要由五部分组成。

第一部分是开头。应交代清楚被查纳税人的基本情况，包括被查单位的名称、经营性质、所属行业、资本总额、从业人数、经营地址、经营方式、产销情况及经营成果等。除此之外，还应说明检查的目的，说明为什么进行检查，即检查的起因和根据，如根据举报线索或税务机关发现的问题或上级的安排等。检查的基本情况应交代检查的形式、方法及其力量组成等情况。检查的范围和项目包括两部分内容：一是检查内容的起讫时间；二是说明所查范围。一方面可明确检查责任，另一方面也便于被查单位进行核对。

第二部分是说明检查的结果。这是纳税检查报告的重点，也是较难组织的部分。一般书写格式是：首先说明采用的查账方法，所查的账目、报表、凭证以及总体情况如何；其次说明查出了哪些问题，按照问题的性质，逐一分类说明纳税人产生这些问题的关键和症结以及其所使用的方法和手段；最后针对所有的问题，根据税法规定，作出具体的处理决定和应采用的措施。

第三部分是对纳税人的纳税情况和征管人员征管工作的评价。纳税检查一方面是对偷漏税款的查补，另一方面还具有增强纳税人意识、提高征管人员素质水平的作用。所以，纳税检查报告既应对被查纳税人的纳税作出评价，还应对税收征管人员的征管工作作出正确评价。对查出的问题，应分清纳税人和税收征管人员的责任，各负其责。对被查单位的纳税情况，评价应中肯、公允。对税收征管人员的工作情况，也应实事求是。存在什么问题，问题属于什么性质以及造成的后果都应直截了当地指出，并恰如其分地分析问题产生的原因，提出改进的意见，使纳税检查报告真正起到监督征管工作，促进征管水平提高的作用。

第四部分是对纳税检查中一些递延性的问题予以说明。在纳税检查工作中，有时会出现一些一时无法定案或无法作出结论的问题，出现这种问题的原因，有的属于税收政策不够明确，难以作出正确结论；有的属证据一时难以查清或因证据不足，无法作出处理结果；或是历年来无法解决，本次检查依然解决不了的问题。对于上述这些递延性问题，应在纳税检查报告中一一列出，并说明其产生的原因，同时可提出今后解决这些问题的意见和建议。

第五部分是建议性意见。这包括两个方面的内容：首先要针对检查出的问题，指出被查纳税人在生产经营管理方面存在的问题，并针对这些问题，提出建议性的改进意见，帮助纳税人改善经营管理，提高经济效益。其次，针对税收征管工作的薄弱环节，分析问题，提出具体意见，以提高征管工作的质量和水平。

3. 纳税检查报告的制作程序

由于纳税检查是税收管理工作的重要组成部分，且对提高税收征管工作、查漏补缺起着重要的作用，因此，制作纳税检查报告是一项极为严肃的工作。

按纳税检查报告的内容及其性质，制作纳税检查报告应遵循以下程序：

(1)纳税检查工作结束后，检查人员应集体讨论，共同对被查纳税人的纳税状况以及税收人员的征管工作作出评价，对查出的问题进行分类整理，确定其性质，分析其原因，提出处理意见，然后共同拟定提纲，交执笔人按提纲撰拟。

(2)执笔人写出检查报告后,应再组织检查人员认真进行讨论,特别是对有关评价、问题性质、处理意见要反复进行推敲,确认准确无误后再定稿。

(3)经检查组讨论通过的检查报告,还应征求被查纳税人的意见,如被查纳税人持有异议,应虚心听取,对于正确的建议应采取或接纳,并对检查报告进行修改填补,力求实事求是、准确恰当;对于不正确的意见,应坚持原则,依法行事。

(4)纳税检查报告经被查纳税人核对无误后,方可定稿成文,并填写有关纳税检查报告表,并报有关领导机构负责人审核签发后生效。

4. 纳税检查报告实例

××市税务局(××区税务局)对××市(××区)××商业部门的纳税检查报告

一、被查企业概况

××家电公司属我市(区)的独立核算经营单位,于2003年经批准成立。由工商、税务发给营业执照和税务登记证。

经济性质:股份制经营

经营范围:家电

经营方式:零售兼批发

核算性质:独立核算、自负盈亏

法人代表:×××(经理)

二、检查的基本概括

2014年5月上旬,××市税务局对该部门的纳税情况进行了检查,发现该部门有超越经营范围购销生产资料、非法牟利及偷漏税行为。经研究,决定将其列为重点检查单位,组织人员进行检查。

检查人员经深入了解,仔细审查,发现该部门在2013年3月至2014年5月期间,超越工商部门核定的经营范围,通过与××加工厂签订合同,购得铝制品××吨,转销给××五金矿产进出口公司,获得××万元。该部门采取发票直通方法,将销货方单位开出的铝制品、运费、模具费发票,直接转给购货单位,货款则通过与××单位××商业公司往来账过程进行掩盖,另由该部××经理以不正当手段,从其联营单位××商业公司私自撕取一份发票,以管理费名义填开收取购销差价××万元。经查,除模具费××元曾通过该部账户外,购销均未入账,也未按规定申请纳税。

三、处理结果

根据××市人民政府发〔2002〕72号《××市临时性营业税暂行规定》第二条:凡未经工商行政部门批准,从事商业、饮食业、交通运输业、建筑业、服务业等经营活动的单位和个人,以及超越工商部门核定经营范围、擅自经营的单位和个人,都为临时性纳税义务人,应依照本规定缴纳临时性营业税。根据第六条临时营业税的税率和加成的规定:未经工商行政部门批准从事经营活动和超越核定经营范围从事经营活动所取得的收入,按其规定税率,计算应纳税额。经计算,经营铝制品应纳税额为××元,并按规定在应纳税款的基础上加收三成。

检查组就检查结果与其经营部交换了意见,该经营部对××市税务局按购销处理的决定并无异议,报请领导机关负责人×××核实签发,于20××年××月××日实行。

2014 年 5 月 10 日

(二)纳税自查报告

1. 纳税自查报告的概念及其意义

纳税自查报告是纳税人根据纳税自审制度，按照税务机关的安排，对前期纳税情况进行审查后，就自审情况以及对自审过程中发现的问题提出处理意见，向主管税务机关所写的报告。

纳税自查报告是一种重要的纳税文书，它对促使纳税人自觉执行纳税自审制度，及时纠正纳税过程中的问题，保证国家税款及时入库，具有重要的意义。同时，它也是税务机关了解和掌握纳税人纳税情况、检查纳税人执行税收法规和税收管理制度的重要文书。

2. 纳税自查报告的文书形式

纳税自查报告的文书形式与纳税检查报告基本相同。规范化的纳税自查报告，应由纳税自查文字报告和纳税自查报告表两部分组成。纳税自查文字报告是通过文字形式，全面具体地反映纳税自查的基本情况，它所包括的内容是：自查的起止时间、人员组织、自查形式、自查内容、前期纳税基本情况以及查出的问题和问题产生的原因、处理意见等。纳税自查报告表则是通过表格形式，简洁明了地反映纳税人的基本情况、自查所属期、查出的问题以及处理建议。纳税自查报告表一般设计有主管税务机关审批栏目，因此同时兼有税务机关审查性质。

3. 纳税自查文字报告的制作

纳税自查文字报告是以文字的形式，全面反映纳税人的自查情况，一般应说明下列问题：

(1)简要地介绍纳税人的基本情况和自查概况

基本情况一般包括纳税人名称、经济性质、隶属关系、从业人数、经营范围、方式以及产销情况、经营成果等。自查情况的主要内容包括：自查力量的组织，自查形式、方法，自查税种和所属期，查账范围等。这一部分是纳税自查报告的开头，主要是使主管税务机关对自查纳税人的基本情况和自查情况有所了解，因此，文字应简约、概括，表明情况即可。

(2)说明各税种的检查结果

检查的结果一般有已纳税额、查出的问题、处理意见等。这一部分是自查报告的主体，说明时必须完整，数字必须准确。应分税种先说明纳税情况，然后说明查出的问题和处理意见。对问题和处理意见的说明应具体详细，要交代清楚出现问题的具体环节是什么，属何种性质，应补多少税额等。

(3)原因分析

纳税人执行纳税申报制度一方面有助于纳税人及时发现纳税中存在的问题，将漏欠税款补交入库；另一方面也是纳税人检查和分析纳税中存在问题产生的原因和改进纳税工作的有效措施。因此，纳税自查报告在说明自查的结果后，应对产生问题的原因做一定分析，同时提出改进的措施和对策。对产生问题的原因做适当归类。对原因的分析则应实事求是，如实反映，而不应有所掩盖，或以大化小。只有这样，才能切实抓住问题的症结，吸取教训，杜绝类似问题的再度发生。对于改进措施的制定，应从问题的原因出发，抓住问题实质，订出切实可行的措施。

(4)署名和时间

纳税自查报告的署名时间应在报告正文的右下方。

4. 纳税自查报告表的填制

纳税自查报告表应先由自查纳税人根据规定栏目如实填写后加盖印章，随纳税自查文字报告一同上报主管税务机关，经主管税务机关审批后生效。

五、税务复议、税务行政诉讼文书

(一)税务复议申请书

1. 税务复议申请书的概念

税务复议申请书，是承受税务机关征税决定和违章处理决定的当事人(包括纳税人、代征人、代扣代缴义务人、直接责任人或其他税务争讼当事人)对税务机关的具体行政行为不服，依照《税务行政复议规则》的规定，向税务机关申请复议时所写的申请书。税务复议申请书属法定文书，是由税务复议制度规定、具有合法权限的法定性税务文书。

2. 税务复议申请书的作用

税务复议申请书在税收工作中一般具有以下作用：

(1)它是税务机关通过行政复议制度以解决税务争讼的重要文书

上级机关通过复议申请书，能够及时迅速地了解下级税务机关及其执行人员的工作情况，有助于考察税务机关及其工作人员的执法情况，从而加强税务机关的内部管理，同时也有助于维护纳税人的合法权益和税法的公正。

(2)它是税务起诉的前置条件

《中华人民共和国税收征收管理法》、《税务行政复议规则》都明确规定，公民、法人和其他经济组织在征税和违章处理问题上与税务机关发生争议，应先向上级税务机关申请复议，对复议决定不服，可在法定期限内向人民法院起诉。纳税人不履行税务复议，不能直接向人民法院起诉。因此，上级税务机关通过税务申请复议申请书，能够有助于复议机关了解具体情况，严格执法，维护税法的权威性。同时，也有助于减轻人民法院的负担。

3. 税务复议申请书有效性的条件

按照《税务行政复议规则》的规定，复议申请人提交委员会的复议申请书必须具备下列条件，才具有有效性：

(1)复议申请人必须是纳税人、代理人、代扣代缴义务人、直接责任人或与税务机关处理决定有直接利害关系的当事人或由法律法规规定，可以提出复议申请的其他人。

(2)复议申请人在提起复议申请前，应执行原税务机关的具体行政行为。

(3)复议申请人须先缴清税款、滞纳金、罚款，然后可以在收到税务机关填发的缴款凭证之日起 60 日内向复议机关提起。

符合上述三项条件的复议申请书才具有有效性，复议机关予以受理；否则，视同无效，可不予受理。因此，复议申请人在向复委会提交复议申请书前，必须首先确定是否属纳税人、代扣代缴义务人等直接当事人，再按后两项条件审定核实，如果完全符合，则可向税务机关提起复议。

此外，复议申请人提交的复议申请书为一式两份。申请人在复委会作出裁决前，可随时撤回复议申请书。

4. 复议申请书的必备项目

《税务行政复议规则》第三十七条做了特定的规定，复议申请人书写申请书时必须具备下列事项：

(1)复议申请人的姓名、性别、年龄、职业、住址等，法人或其他组织名称、地址，法定代表人的姓名。

(2)被申请人的姓名、住址。

(3)申请复议的要求和理由。

(4)是否已执行原税务行政处理决定的内容及具体执行数目和日期，并附有关证明材料。

(5)提出复议申请的日期。

5. 复议申请书的制作

复议申请书的制作较为复杂，主要内容一般由九个部分组成，具体如下：

(1)标题。可写“复议申请书”，也可在标题中写明申请复议单位名称、复议申请内容提要、复议申请三部分。

(2)复议申请人、法定代表人、委托代理人的基本情况。

(3)被提复议的税务行政处理决定内容，包括作出行政处理决定的税务机关、时间、文件字号和文件名称、决定内容。

(4)执行原税务处理决定的情况。

(5)请求事项和理由，包括请求复议机关立案复议和作出裁决。

(6)结尾。应以“此致××税务局复委会”收尾。“此致”应空两格书写。“××税务局复委会”应另起一行顶格书写。

(7)附注材料。应写明按规定附送的证明材料和其他证明材料的名称和份数。

(8)写明复议申请的年、月、日。

(9)签名或盖章。由申请复议人、法定代表人、委托代理人在复议申请书上签名或盖章。

(二)税务行政起诉书

税务行政起诉书是公民、法人或者其他组织认为税务机关和其工作人员的具体行政行为侵犯其合法权益，根据我国《行政诉讼法》向人民法院提起诉讼，要求法院审理制作的文书。

1. 税务行政起诉书和税务复议申请书的区别

税务行政起诉书和税务复议申请书虽然都含有申述的性质，但这两种文书也有明显的区别。具体体现在以下四个方面：

(1)受理机关的性质不同

税务复议申请书的受理机关是税务机关的复议委员会，税务行政起诉书的受理机关则是人民法院。

(2)适用程序不同

税务复议申请书适用《税务行政复议规则》规定的程序，而税务行政起诉书适用《中华人民共和国行政诉讼法》规定的程序。

(3)处理的方式不同

税务行政起诉书送达法院后，人民法院只审查其起诉的行政行为的合法，而对具体行政行为所依据的法律、法规、规章制度是否合法不予考虑，根据案情，作出维持、撤销或部分撤销、重新作出具体行政行为等决定，行政行为显失公允的可以作出变更等决定；而税务复议申请书送达复议委员会后，复议委员会认为原处理决定违法或不当，可以直接改变原处理决定。

(4)形成结果的效力不同

对复议申请的裁决结果，复议申请人不服的，可以立即向人民法院提起诉讼；逾期不提出上诉的，即发生法律效力。在法定时限内上诉的，人民法院二审终结。

2. 税务行政起诉书的文书格式

税务行政起诉书的文书格式与其他起诉书的文书格式基本相同，由七部分组成，具体如下：

(1)标题。这是税务行政起诉书的首部。

(2)原、被告的基本情况。应写明原、被告的单位、名称、地点及法人代表名称和其具体行政行为的人体情况。

(3)案由。应按《行政诉讼法》规定的受案范围填写。

(4)请求事项。一般包括请求人民法院立案、撤销或变更原处理决定；请求追究被告的责任以及取得合法性的补偿等。

(5)事实和理由。围绕请求事项，陈述请求事项的具体事实根据和合法理由，如证据不足，适用法律、法规有误，违反法定程序等。

(6)结尾。应写"此致××人民法院"字样。其中，"此致"应空两格书写，"××人民法院"列单行顶格书写。最后是申请人，位于起诉书正文的右下方，并注明起诉的具体时间。

(7)附注。应写清有关起诉的附带材料和具体事项。

六、税务公函

税务公函是税务机关之间以及税务机关与其他机关之间用来商洽税务方面的工作、询问和答复税务方面问题的一种公文体。税务公函是征纳双方均可使用的一种平行文。

(一)函件的分类

(1)按形式划分，可分为公函和便函。公函有规定的形式，便函则不受限制。

(2)按其去向划分，可分为去函和复函。去函是提出商洽事项，复函则是回答相应的商洽事项。

(二)征纳双方常用函件概述

目前在税务机关与纳税人双方交往中运用的函件较多，按其运用内容和所起作用，一般可分为商洽性函、询问性函、答复性函、委托性函和告知性函五类。

1. 商洽性函

商洽性函多为主动性文体，其内容是要求对方予以协助，共同办理某事或就某一具体事项提出建议共同协商等。正文一般可分为两部分：

(1)商洽原因，即因何商洽该项工作。

(2)商洽事项，明确提出商洽事项及要求。如果有补充说明或附带条件的，也可写在函尾，作为函的结尾。可以"特此函复"词语来结尾。

商洽性函实例：

××市税务局关于要求××学院税务系协助调查的函

××学院税务系：

我局最近为严肃税收征管工作，维护税收秩序，堵补税收漏洞，决定于六月二十日起，对某些单位和部门进行查账，由于人员不足，为此，希望贵系能给予我们以大力协助，派业务知识较为熟悉的人员协同审查。

如同意，请即复函。

××市税务局（印章）20　年　月　日

2. 询问性函

询问性函也属主动性函。正文包括：

（1）目的或原因，即说明该函询问的目的或基于的原因。

（2）内容，即具体询问的内容，以便对方依据回复。

询问性函实例：

××市税务局关于询问增值税贯彻执行情况的函

××税办正20××××号

各区、县税务局：

全市消费税专业会议召开已有两个月了，为了了解会议精神的贯彻执行情况，望你局针对下列问题，于6月底将你局实际情况报市税务局。

一、全市消费税会议召开后，你局采取了哪些措施进行贯彻？

二、两个月内，会议精神的执行情况如何？

三、在执行中遇到哪些问题？是如何解决的？现在仍存在什么问题，需市局帮助解决？

××市税务局（印章）20　年　月　日

3. 答复性函

答复性函属于被动性函，主要针对来函所询问的问题及相关情况进行答复。正文一般有三个部分：

（1）首先说明来函已收，具体情况或具体事宜已知。

（2）简述对方要求后用“经研究，答复如下”词语过渡到下文。

（3）答复内容，应当针对所询问的问题，简明扼要地加以答复，最后可以“特此函复”词语来结尾。

答复性函实例：

财政部、税务总局关于供销社不能实行由联社汇总纳税问题的函复

20　年　月　日（××）财税集字第005号

××省税务局：

你局××税二字第20号便函收悉，关于可否仿照经济日报刊载甘肃省对供销社实行联社汇总纳税统负盈亏的问题，现答复如下：

根据《中华人民共和国集体企业所得税暂行条例》第一条规定，集体企业所得税纳税义务人是独立核算的集体企业，对供销社实行联社汇总纳税、统负盈亏，实际上是亏损企业吃盈利企业的大锅饭，不利企业扭亏增盈，也减少了国家应征税款。为维护税法的严肃性，对供销社不能实行由联社汇总纳税的办法。

特此函复

抄送：×××

4. 委托性函

委托性函属主动性公文，用于委托受托方办理某项事务。

其正文一般有两个部分：

(1)原因，即写明委托的目的和委托代办事项的基本情况。

(2)内容，即委托事项部分，它是主体，委托要求十分具体（包括时间、地点、数量指标、质量要求等)，最后应用客气用语结尾，并说明再联系的方式。

委托性函实例：

××市税务局关于××商业部门偷税一案托查的函

×税发字C20　×号

××市税务局：

我局受理××商业部门偷税一案，据了解，该部门于去年3月从你市××部门购买铝制品一批，但具体数量、品种、金额不详，为此特函请你局代为查明以下情况：

(一)××商业部门在你市××部门购买铝制品的品种、数量、单价、总金额是多少？

(二)××商业部门在你市将其所购商品转销给了该市哪些单位？每个单位的购买金额是多少？

以上两项希你局大力协助调查，并请尽快见复。

××市税务局(印章)　　年　　月　　日

5. 告知性函

告知性函一般有两种功能：

(1)在办理委托代办事项时告知代办情况；

(2)主动告知对方某些情况，引起对方注意。

因此，它既具有主动性又有被动性。正文结构规则视两种不同情况分别按主动性与被动性函的要求填写。

告知性函实例：

××市税务局关于××区政协第71号提案的答复的函

××税函发L20　2号

××区政协：

现将我局关于政协第71号提案“落实××区糖料厂所得税减半征收的政策”答复如下：

根据国务院国发〔2005〕第2号文件《关于××××的通知》的精神，我局对越权减免税进行了检查清理，于今年3月在全市国有企业所得税汇算工作会议上作出了明确规定，即对糖料生产部门、副食品经营部门的所得税，恢复全年征收，不予减免，并将贯彻执行国办发〔2005〕第2号文件情况报告政府。

××市税务局××分局(印章)　　年　　月　　日

本章回顾

1. 涉税文书是根据税收征管规程的要求，征纳双方为处理税收事宜所使用的具有固定格式的文表。

2. 涉税文书包括国家领导机关和税务机关制作的各种有关税务方面的文书，也包括纳税人履行税收法规和执行税收管理制度依法制作的有关税务文书。

3. 涉税文书具有强制性、政治性、规范性、合法性、单一性特征。

4. 代理制作涉税文书包括搜集整理原始资料、规范填写涉税文书、交由纳税人审验签收、按规定时限报送主管税务机关等基本程序。

5. 税务代理人员制作的涉税文书是由税收法律、法规规定的，是执行税收法律、法规的文件和工具。

6. 专用报请性文书包括税务登记表、减免税使用情况报告表、发票购买使用结存季度报告表、请示等。

7. 纳税自查报告是纳税人根据纳税自审制度，按照税务机关的安排，对前期纳税情况进行审查后，就自审情况以及对自审过程中发现的问题提出处理意见，向主管税务机关所写的报告。

8. 纳税检查报告是税务机关根据《中华人民共和国税收征收管理法》有关纳税检查的规定，对纳税人一定纳税期纳税情况进行检查后所写的检查报告。

9. 税务复议申请书，是承受税务机关征税决定和违章处理决定的当事人对税务机关的具体行政行为不服，依照《税务行政复议规则》的规定，向税务机关申请复议时所写的申请书。税务复议申请书属法定文书，是由税务复议制度规定，具有合法权限的法定性税务文书。

10. 税务行政起诉书，是公民、法人或者其他组织认为税务机关和其工作人员的具体行政行为侵犯其合法权益，根据《中华人民共和国行政诉讼法》向人民法院提起诉讼，要求法院审理制作的文书。

11. 税务公函是税务机关之间以及税务机关与其他机关之间用来商洽税务方面的工作，询问和答复税务方面问题的一种公文体。税务公函是征纳双方均可使用的一种平行文。按形式可分为公函和便函；按其去向可分为去函和复函；目前在税务机关与纳税人双方交往中运用的函件按其运用内容和所起作用，一般可分为商洽性函、询问性函、答复性函、委托性函和告知性函五类。

复习思考题

1. 涉税文书的概念和作用是什么？

2. 涉税文书的种类有哪些？

3. 代理制作涉税文书的基本程序有哪些？

4. 涉税文书制作的要求有哪些？

5. 税务登记表、纳税申报表、减免税使用情况报告表、发票购买使用结存季度报告表的用途是什么？

6. 纳税检查报告、纳税自查报告的基本格式如何？

7. 税务复议申请书、税务行政起诉书的区别是什么?

8. 目前征纳双方常用的函件有哪些?

知识巩固与拓展训练

一、单项选择题

1. 涉税文书按其使用范围的不同分为(　　)两种。

A. 通用文书和专用文书

B. 法规性税务文书和非法规性税务文书

C. 指挥性税务文书和报请性税务文书

D. 征税主体制作的涉税文书和纳税主体制作的涉税文书

2. 税务登记表是一种法定的税务专用文书。我国税法明确规定,纳税人自领取营业执照(　　)日内,必须向当地税务机关办理税务登记。

A. 7　　B. 10　　C. 15　　D. 30

3. 纳税人向税务机关制报的请示主要有(　　)两种。

A. 发票的购买和使用请示　　B. 纳税人申报纳税和减免税请示

C. 税务登记和专用发票使用情况请示　　D. 减免税请示和税收问题处理请示

4. 注册税务师代理制作的《退税申请审批确认书》属于(　　)文书。

A. 纳税申报　　B. 税款征收　　C. 减免税　　D. 税务行政复议

5. 代理制作涉税文书的基本程序之一是(　　)。

A. 宣传税收法律政策　　B. 交由纳税人审验签收

C. 编制各类税收表格　　D. 交由代理的注册税务师审验签收

二、多项选择题

1. 涉税文书主要由(　　)三部分组成。

A. 国家税务机关用来处理税务公务活动所使用的国务院办公厅规定的10类15种税务公文

B. 在税务公务活动中使用的除国务院办公厅规定的10类15种公文之外的其他税务文书

C. 由税收法规确立的各种税务专用文书

D. 税务登记表、纳税鉴定书、纳税申报表

E. 税务专用报告书、税务专用申请书

2. 涉税文书一般有(　　)等主要特征。

A. 强制性　　B. 政治性　　C. 规范性　　D. 合法性

E. 单一性

3. 代理制作涉税文书一般应按(　　)基本程序进行。

A. 交由纳税人审验签收　　B. 搜集整理原始资料

C. 按规定时限报送主管税务机关　　D. 规范填写涉税文书

E. 对搜集的资料进行整理、分析

4. 纳税自查文字报告是以文字的形式，全面反映纳税人的自查情况，一般应说明（　　）等问题。

A. 原因分析　　B. 说明各税种的检查结果

C. 处理意见　　D. 署名和时间

E. 简要地介绍纳税人的基本情况和自查概况

5. 税务行政起诉书和税务复议申请书的区别是（　　）。

A. 请求事由不同　　B. 受理机关的性质不同

C. 适用程序不同　　D. 处理的方式不同

E. 形成结果的效力不同

三、判断题

1. 涉税文书是在税收法制过程中形成和使用的各种文书的总称，包括国家领导机关和税务机关制作的各种有关税务方面的文书。（　　）

2. 涉税文书制作的前提是税务代理人员必须熟悉和掌握各种涉税文书的效用、特定格式和基本的逻辑结构。（　　）

3. 除国家机关以外，所有的纳税义务人都应在纳税义务发生后，按税务机关核定的纳税期限向当地税务机关履行纳税申报手续。（　　）

4. 企业向税务机关定期报告发票的购买、使用、结存、缴销等情况，是一项法定的制度。（　　）

5. 纳税检查报告是税务机关根据《中华人民共和国税收征收管理法》有关纳税检查的规定，对纳税人一定纳税期纳税情况进行检查后所写的检查报告。（　　）

四、综合分析题

上海血压计有限公司是一家从事血压仪生产的企业。注册资金 5 000 万元，生产经营期限 50 年，纳税人识别号为 120236478953348，地址位于杨浦区光和路 354 号，联系电话为 65777788。该公司 2014 年 12 月应纳增值税税金 45 万元，2014 年有房产原值 1 800 万元。请你作为该公司的税务代理人，根据上述资料填写该企业本月份的城市维护建设税纳税申报表和房产税纳税申报表。

第十章 税务咨询与税务筹划

第一节 税务咨询与税务顾问

一、税务咨询

(一)税务咨询的概念

税务咨询是咨询服务的一种。它是通过电话、信函、晤谈等方式解答纳税人、扣缴义务人有关税收方面的问题,是税务代理业务中最具普遍性的服务内容。

(二)税务咨询的特征

1. 税务咨询注重社会效益

现代税务咨询专家十分重视情报资料的收集和利用,他们不以获取金钱为首要目的,在法律和道德的约束下收取合理、合法的服务费。许多国家的咨询机构还无偿提供税务方面的手册。税务咨询专门机构及专家们的这种活动对企业来讲,为其节省了纳税费用,大大提高了企业的财务管理水平。

2. 税务咨询属知识密集型产业

税务咨询要经过信息搜集、整理、加工、创造等环节,最后给出合乎实际需要的结论。开展税务咨询业务对人才的要求很高。从事这项业务的首先是经济和法律方面的专门人才,而且对他们的逻辑判断水平和决策水平要求较高,要受过专门训练。另外,从事税务咨询业采用的技术手段先进,在税务机构中广泛利用电子计算机处理信息。

3. 税务咨询具有筹划性

企业进行投资和经营调整都会面临各种纳税方案的选择。为此,税务咨询专家从实际出发,依法事先为企业周密细致地计划、比较,选择最佳纳税方案,最终达到税负最轻、利润最大、合乎税法的目的。

(三)税务咨询的形式

税务咨询的形式一般有电话、信函、晤谈等形式,在网络化比较发达的地区也可以采用网上咨询。

1. 电话咨询

电话咨询主要用于简单明了的税务问题的咨询服务。注册税务师通过电话的形式给纳税人、扣缴义务人一个简要的答复。咨询的内容一般涉及税收法律、法规条文的查询,税收政策主要规定的查询,办税程序的查询等。它具有简便快捷的特点,但对涉及税收征免、应纳税额的计算等复杂问题要慎重对待,不要采用这一方法,因为如果出现问题责任难辨。

2. 信函咨询

信函咨询是一种比较常用的咨询方法，是以书面的形式进行咨询的。咨询时，注册税务师根据纳税人、扣缴义务人提出的有关问题，制作题目明确、解答清楚、证据充分、法律法规引用准确的书面文书。它的优点是有助于税务咨询服务的规范化。因为它可以使税务咨询以固定的文书格式为载体，如果出现问题，责任明确。

3. 晤谈咨询

晤谈咨询，是注册税务师与纳税人或扣缴义务人面对面交谈以解答税收问题。这种咨询方式具有共同研讨的特点，主要是双方对于较为复杂的问题进行讨论，最后由注册税务师作出结论。如果是涉及税收政策方面的问题，注册税务师还可以报请主管税务机关进行个案问题的研究。

(四)税务咨询的内容

税务咨询的内容较为广泛，其特点是以税收方面的疑难问题为主导，并涉及财务、会计、投资、金融、海关、外汇管理等诸多方面的专业知识和操作实务。

在通常情况下，税务咨询的内容主要有：

1. 税收法律法规方面的咨询

咨询人在其日常经营、对外投资、经营方式调整等生产经营过程中，为了实现正确纳税、准确决策或者维护权益、避免涉税风险等各种目的，需要了解税收政策规定，提出有关税收政策方面的咨询。咨询的政策有时是笼统的，有时是有针对性的。有的是税收实体法内容，有的是程序法内容，也有的是涉及许多方面的综合性内容。注册税务师在进行这方面服务时，主要是提供税收法律、法规、实施细则、行政规章、规范性文件的政策规定，以及其他法规关于税收方面问题的政策规定。

2. 税收政策运用方面的咨询

这是有关税收实体法方面政策运用的释疑解难，也是税务咨询最主要的内容。咨询人在经营活动中涉及的税收政策运用或掌握理解都是其咨询的内容，这类咨询涉及税种多、政策面广、问题具体。例如，税收政策条款的理解及执行要点；具体经营业务应缴纳税或适用税目的界定；纳税义务人、征税对象、计税依据、纳税环节、纳税地点和纳税义务发生时间等问题的确认；减免税政策和征免界限的划分；税款计算方法的确定；等等。通常情况下，当在处理具体涉税事务时不了解有关税收政策、对税收政策理解没有把握或与税务机关或其他相关部门和人员对某项税收政策理解或处理有不同意见时，会向注册税务师提起咨询。进行这方面咨询服务，要求注册税务师通晓各种税收政策并能正确理解和综合运用，准确地向咨询人提供适用的政策依据。

3. 办税实务方面的咨询

这是有关税收程序法方面政策操作、运用方面的咨询。咨询人为了在办理涉税事宜时能够准确、顺利、快捷，会咨询税收征管规程、办税实务操作的环节、报送资料和程序、办理的手续及技术处理等具体办税事项。这是纳税人、扣缴义务人依法履行纳税义务的需要，也是享受税收合法权益过程中所必备的操作技能。提供这方面咨询服务，既有办税方面的专业知识，也有实际操作技能和经验的传授。这要求注册税务师除对税收征管法律、法规和税务机关日常管理的具体要求有很深入的研究外，还要掌握娴熟的办税技巧和具有丰富的办税经验。

4. 涉税会计处理的咨询

这主要是就有关涉税会计处理的问题给予咨询，包括现行各税应缴税金的会计处理，计税、缴税、减税、免税相关的会计处理，纳税审查及税务机关查补税款后所涉及会计账务的调整等。注册税务师提供会计处理方面的咨询，要以财务、会计、税收法律法规等专业知识和操作实务为基础，在符合财务、会计处理一般原则的前提下，做到会计科目的运用能够准确无误。

5. 税务动态方面的咨询

这是有关税收政策和税务工作动态方面的咨询。随着纳税人、扣缴义务人的纳税意识加强，他们除了关心现有税收政策及运用外，税务动态也成为其关注的内容。这方面咨询主要有两方面内容：一是国家、地方的税收政策和办税制度及方法调整的趋势和步骤；二是税务机关的机构设置、职责分工、工作环节、人员配备情况以及调整变动。提供这方面的咨询服务，要求注册税务师关心国家宏观经济政策和税收理论研究，及时掌握税制改革动向。应经常与税务机关和税务人员保持联系，随时了解税务机关的工作及其人事变动。

除了上述内容外，税收基础知识、税收负担计算或测算、税收协定知识和内容以及外国税制规定都可能是税务咨询的内容。

(五)税收政策运用咨询的操作要点

税务咨询涉及面广，形式灵活多样，无法形成统一的做法，注册税务师应根据咨询人提出的问题，采用适当形式作出有针对性的答复。税收政策运用方面的咨询是税务咨询中最主要的内容，也是注册税务师咨询实务的重点。做好这方面咨询问题的答复，应注意如下几方面：

1. 对咨询的问题进行分析，准确把握咨询问题所涉及的税种

纳税人提出的咨询问题有的比较单一，仅涉及一个税种和一个问题；有的较为复杂，可能会涉及多个税种或一个税种的多个问题，这就要求注册税务师对提出的问题作出分析，准确把握所咨询的税种及具体问题，以便作出针对性的答复。例如，咨询搬家业务如何缴纳营业税问题，仅涉及营业税适用税目税率的政策运用，只需答复搬家业务属“交通运输业”适用3%的税率，按收取的全部搬家费收入缴纳营业税；咨询职工集资利息问题，不仅有企业所得税税前扣除标准问题，还涉及代扣个人所得税问题。

2. 查询与咨询问题有关的税收政策法规

在提供税务咨询前，注册税务师应搜集与咨询问题相关的税收法律、法规、行政规章以及规范性文件，这既是提供正确咨询的保证，有时也是向咨询人或其他相关人必须提供的咨询资料。

随着经济情况的变化，国家会对税收政策作出调整，或是修改条款规定，或是废止原有优惠，或是补充新的规定，或是明确适用范围等，而各级立法部门、政府机构以及税务机关也会根据各自的职能制定有关税收方面的政策规定和操作办法，这就要求注册税务师注意搜集与咨询问题相关的税收政策文件。如关于软件产品增值税超税负即征即退的问题，财政部、国家税务总局(中税字〔1999〕第273号)明确，自产计算机软件产品增值税实际负税超过6%的部分实行即征即退；财政部、国家税务总局《关于鼓励软件产业和集成电路产业发展有关税收政策问题的通知》(财税〔2000〕25号)和财政部、国家税务总局《关于进一步鼓励软件产业和集成电路产业发展税收政策的通知》(财税字〔2002〕70号)分别明确，自2000年6月24日起至2010年底以前增值税超税负从6%调整为3%；财政部、国家税务总局《关于嵌入式软件增值税政策

问题的通知》(财税〔2006〕174 号)，对嵌入式软件享受增值税即征即退范围和要求作出具体规定；财政部、国家税务总局《关于嵌入式软件增值税政策的通知》(财税〔2008〕92 号)对嵌入式软件享受增值税即征即退作出进一步的规定。

3. 找准税收政策的适用条款

这是进行税务咨询服务的核心。注册税务师应根据咨询问题搜集税收政策，在作出咨询答复时，按照税法适用原则，即法律不溯及既往、新法优于旧法、特别法优于普通法、国际法优于国内法、实体从旧程序从新、程序优于实体等原则，针对咨询对象情况，找准适用的税收政策条款。

在实际咨询服务中，还要注意：

(1)税收政策适用时效

按照法律不溯及既往原则，税收政策一般没有溯及力，即新问题用新政策，老问题用老政策，在咨询时不能机械地套用新法优于旧法原则，应根据咨询问题所发生的时间，寻找适用的税收政策条款。如对内资企业以非现金的实物资产如工资、薪金所得在计算个人所得税时，1993 年 10 月 31 日第一次修正的《个人所得税法》规定自 1994 年 1 月 1 日起扣除费用为 800 元；2005 年 10 月 27 日第三次修正的《个人所得税法》规定自 2006 年 1 月 1 日起每月扣除费用为 1 600 元；2007 年 12 月 29 日第五次修正的《个人所得税法》规定自 2008 年 3 月 1 日起每月扣除费用为 2 000 元，2011 年 6 月 30 日第六次修正的《个人所得税法》规定自 2011 年 9 月 1 日起每月扣除费用为 3 500 元，在接受个人所得税工资、薪金所得计算个人所得税咨询时，应依据不同所得时期，确定相应的扣除费用标准。

(2)不同税种政策规定的差异

对同一经营活动，不同的税种有时有着不同的政策规定，在实际咨询中应针对咨询所涉及税种相应的税收政策作出答复，切忌在适用税收政策上张冠李戴，造成答复错误，误导咨询人。如广告费、宣传费、佣金限额扣除及标准仅在企业所得税有规定，对外商投资企业和外国企业所得税税前扣除则没有限额；无形资产投资入股及投资后转让股权均不征收营业税，这并不代表在投资时和转让股权所得不征收所得税。

(3)税收政策制定原则和精神

由于实际情况复杂多变，会出现发生的经济业务税收政策没有直接的、明确的规定，或者新的经济情况或经营方式已经出现而相应的税收政策尚未跟上的问题，而且这也是咨询人最容易提出的咨询问题。注册税务师在答复这类问题时，除如实说明税收政策没有明确外，可根据国家制定税收政策的原则和立法精神，作出分析，提出倾向性的意见或操作办法。

4. 根据情况做必要的沟通说明

在进行税务咨询服务时，为了保证服务质量，必要时还应与咨询人、税务机关或咨询相关人员作进一步沟通说明。咨询人提出的问题有时限于政策水平或其他原因，可能会表达不全、讲述不清，有时甚至会提出明显不符合法律规定或经营惯例的问题，注册税务师在进行答复时应向咨询人说明政策适用的范围和限定条件，以及可能产生的变化。有些问题较为复杂，涉及的税收政策或适用不够明显，在理解或操作中有不统一的做法，注册税务师可以在提供咨询前，与税务机关有关部门或人员进行研究探讨，努力达成共识。有时咨询人所咨询的问题在实施中涉及客户或相关部门的配合，注册税务师也可根据需要，与相应的人员作必要的沟通。如企业在购进货物时供货方按约定收取的优质费，供货方仅愿意出具收款收据而不愿意出具发票，可与供货方说明，其所收取的优质费无论其出具的是收据还是发票，都应按规定缴税，不会因出具发票而增加税收负担。而对购货方而言，因收受的是收据，就会导致不允许抵扣销项税额和无法在所得税税前扣除，而增加税收负担。

5. 确定合适的答复方式

注册税务师根据咨询问题内容和复杂程度，确定相应的答复方式。通常情况下，问题复杂、重大，涉及税种较多，操作技术要求高，税收政策不够明确的问题答复，一般较宜采用书面形式。

二、税务顾问

(一)税务顾问的概念

税务顾问是综合性的税务咨询服务，它通过上门服务的方式，为纳税人、扣缴义务人提供税收方面的咨询服务。它与税务咨询相同的是，都为纳税人、扣缴义务人解答有关税收方面的问题；不同的是税务顾问比税务咨询权威性更强，咨询内容更广泛，服务对象比较固定，服务的时间比较连续。

(二)税务顾问的内容

1. 税收政策、法律、法规指导

担任纳税人、扣缴义务人税务顾问的人员，应是在财税方面学有专长并有一定造诣的注册税务师，对于税收法律、法规、税收政策、财务处理方面的问题，能够给予专门性的指导。包括税收政策疑难问题的解答，纳税人、扣缴义务人运用税收政策的策略与方法，有关纳税人、扣缴义务人如何享有税收权益等。有关税政方面的咨询，注册税务师不仅要为企业释疑解难，更主要的是指导其具体操作并最终将问题解决，这是税务顾问不同于税务咨询的一个重要方面。或者说，税务顾问所从事的税政指导工作比税务咨询更深入一步，具有服务层次高、操作性强的特点。税务顾问在为纳税人、扣缴义务人解决税政疑难问题的过程中应当参与实际运作。

2. 办税实务指导

注册税务师为纳税人、扣缴义务人提供日常办税咨询服务与操作指南。包括纳税框架的设计，适用税种、税目、税率的认定，办税程序指南，以及为避免纳税风险提示关注的涉税事项等。对于担当税务顾问的企业，注册税务师在签订合同书之后，即要全面了解企业的基本情况，历年纳税档案，企业办税人员的业务素质等，以书面形式为企业提供一份办税指南。

在日常办税的过程中，注册税务师还要随时随地给予指导。

3. 提供相应的信息

税务顾问可向客户提供税收方面的信息，也可向客户提供财务、会计、法律方面的信息以及其他相关的国家政策、经济动态，可以通过举办讲座、发函寄送、登门传递等形式向客户提供信息，供客户参阅。

4. 税务顾问协议范本

税务顾问协议书(范本)

为维护合法权益，坚持依法纳税，________________(以下简称甲方)聘请××税务师事务

所(以下简称乙方)为常年税务顾问。经双方协商,达成如下协议:

一、甲方的责任和义务

1. 建立健全内部控制制度,保证资产的安全、完整,确保会计、完税资料的真实、合法和完整,保证会计报表充分披露有关的信息。

2. 按时为乙方的顾问及代理工作提供其所要求的全部会计资料和其他有关资料,及时通报有关的生产经营、财务处理变动情况。

3. 为乙方派出的顾问提供必要的工作条件。

4. 若提供的资料不真实、不完整、不及时,而招致税务机关及其他有关部门的处罚,一切法律责任由甲方自负。

5. 按本协议书的规定按时足额支付费用。

二、乙方的责任和义务

1. 乙方指派________________注册税务师担任甲方的常年税务顾问,并负责代理甲方业务。

2. 对甲方提出的有关税务事项及委托的具体代理业务,由乙方指派的顾问按照国家税收法规、财务制度提供税务咨询服务,并具体操办受托的税务代理事项。

3. 定期去甲方单位,协同研究税务事项,及时向甲方通报有关税收政策法令、财务制度变动信息。

4. 甲方发生税务争议,顾问应秉公提出建议并协调。

5. 严守甲方生产经营秘密,不得向外泄露。

三、费用

根据国家规定的收费标准,经双方协商,甲方付给乙方费用金额为人民币________元,在本协议书签订后一次付清。甲方同时承担乙方因业务需要而代甲方垫付的费用或赴外地的差旅费用。

涉及复杂的税务纠纷案件或甲方需要乙方单独代办其他服务项目,费用另行面议。

四、有关报告的使用责任

乙方向甲方出具的有关业务报告由甲方分发使用,使用不当的责任与乙方无关。

五、协议书有效日期

本协议有效期自________年____月至________年____月。本协议到期后,若甲方未提出解聘要求,本协议书的有关条款次年仍然有效。

六、违约责任

甲、乙双方按照《中华人民共和国经济合同法》的规定承担违约责任。

甲、乙双方不得无故终止协议,如乙方终止协议,已收服务费依约退还甲方;如甲方终止协议,已收服务费不得退还。

七、其他事项

1. 本协议书一式二份,甲、乙方各执一份。

2. 本协议书未尽事宜,甲、乙双方应持积极态度友好协商解决。

甲方:　　　　　　　　　　　　　乙方:××税务师事务所

(盖章)　　　　　　　　　　　　　(盖章)

代表:(签章) 代表:(签章)
地址: 地址:
电话: 电话:
开户银行: 开户银行:
账号: 账号:
年 月 日 年 月 日

第二节 税务筹划概述

一、税务筹划的概念

税务筹划是纳税人在不违反现行税法的前提下,在对税法进行精细比较后,对纳税支出最小化和资本收益最大化综合方案的纳税优化选择,它是涉及法律、财务、经营、组织交易等方面的综合经济行为。

税务筹划有两种基本类型,即狭义的税务筹划与广义的税务筹划。

狭义的税务筹划既未违背法律规定,又不违背立法意图。例如,国家为了鼓励对国库券投资,规定国库券利息所得免征所得税,而其他投资所得则必须缴纳所得税,人们出自减少税负或解除税负的动机,可能将投资重点转向国库券。又如,国家为了抑制某些消费行为,激励积累行为,提高了消费税率,人们为了减轻税负,可能会减少某些消费。这类税务筹划的结果,恰好符合国家立法的目的。

狭义的税务筹划又称节税,是纳税人在遵守税法、拥护税法的前提下,针对纳税人自身的特点,利用会计特有的方法,规划纳税人的纳税活动,既要依法纳税,又要充分享受税收优惠政策,以减轻税负、解除税负或推迟纳税的一项会计工作。

广义的税务筹划既包括节税,又包括避税。避税虽未违背法律规定,但却违背了立法意图。例如,有些国家为了增加财政收入,也为了调节社会经济,决定开征遗产税。如果财产所有者在死前把财产分配完毕,便达到了不交遗产税的目的。各国政府一般都不欣赏或不赞赏这种做法,可往往对此无可奈何,只有在以后修订或完善税法、税制。

二、税务筹划的必然性和可能性

(一)税务筹划的必然性

税收是随着国家和私有财产制度的产生而产生的。随着社会的发展,特别是改革开放的不断深入,企业经营自主权日益扩大,企业逐渐成为独立核算、自主经营、自负盈亏的经济实体。因此,经营管理者便将目光紧紧地盯在自身的经济效益上,尽力采取各种措施,增加收入,减少成本、费用。但是,对于纳税人来说,无论纳税怎样公平合理,都与纳税人经济利益密切相关。在收入、费用一定的情况下,税后利润与纳税金额互为消长:税款缴纳越多,税后利润越少;税款缴纳越少,税后利润越多。这种经济利益的刺激使企业自觉或不自觉地关注应纳税款,并希望寻找一种办法,即在不违反税法的前提下,尽可能减少应税行为或缩小税基,达到降低税负的目的。由此可见,税务筹划是应纳税人的需要而产生的,也是在市场经济条件下,企业经营行为自主化、自身利益独立化后纳税人追求自身经济利益的必然结果。

(二)税务筹划的可能性

税务筹划虽是必要的,但能否实施还需有一定的经济环境和配套措施。从目前看,我国纳税人进行税务筹划具有以下可能性:

第一,税收作为政府调控经济手段的作用越来越明显。国家对什么征税,是多征还是少征,怎样征收,都可以通过设置税种,确立征税对象、纳税对象、征税环节、税目、税率、减税、免税等,体现政府的宏观经济调控政策。根据税法的规定,纳税人对某一税种的税负往往可以测算出在不同情况下的不同结果。

第二,税收政策存在的差别性。不论一个国家的税收制度如何周全严密,税收负担在不同纳税人、不同纳税期、不同地区、不同行业和不同企业之间总是存在差别的,这种差别的存在为纳税人选择最佳纳税方案提供了机会,而且存在的差别越大,可供选择的余地也就越大。

第三,国际税收存在的差异性。各国税收制度存在较大的差异。随着经济全球化的发展,各国税收政策也在进行协调,努力缩小税收差异。但是,差异缩小是方向,差异存在是现实的。

三、税务筹划的积极意义和原则

(一)税务筹划的积极意义

1. 税务筹划有助于抑制偷税漏税行为

人们减少税负的动机是客观存在的,其行为方式可能多种多样。如果用违法的手段达到偷税、漏税的目的,显然是我们所极力反对的,也是税法所不容的。而税务筹划的理论与实践在于用合法的手段达到减轻税负的目的,显然有助于抑制偷税、漏税的行为。

2. 税务筹划不仅不会减少国家税收总量甚至可能增加国家税收总量

税务筹划的作用是调整投资方向,促使国民经济又好又快地发展,提高企业经济效益和社会效益。因此,企业虽然按较低税率纳税,但随着企业收入和利润等税基的扩大,实际上今后纳税不仅不会减少,反而会有所增加。

3. 税务筹划有助于强化企业法律意识

同一减少税负的动机,有的采取合法手段,有的采取非法或违法手段,根本问题是纳税人的法律意识问题。税务筹划是以遵守税法和拥护税法为前提的,是建立在对税法深刻认识和理解的基础上的,因而有助于人们强化法律意识。

4. 税务筹划有助于促进税法建设

税务筹划可以根据税法的规定,以达到减轻税负的目的。税务筹划理论与实践的发展,将会有助于促进税法的不断完善。

5. 税务筹划有助于优化产业结构与投资方向

税务筹划可以利用税基与税率的差别,以达到减轻税负的目的。而税法中税基与税率的差别,是国家利用税收杠杆来引导纳税人的投资行为,达到调整国民经济结构与生产力布局的目的。尽管纳税人主观上是为了减轻自身的税负,但客观上却在国家税收杠杆作用下,走向了优化产业结构和生产力合理布局的道路。

6. 税务筹划有助于提高企业的经营管理水平和会计管理水平

资金、成本和利润是企业经营管理和会计管理的三要素。而税务筹划的理论正是为了实现资金、成本和利润的最佳效果。所以,税务筹划理论也是企业经营管理理论和会计管理理论的重要组成部分。国外一些企业在选择高级财务会计主管人员时,总是将应聘人员的税务筹划知识和能力的考核作为人员录取的标准之一。税务筹划理论与实践的发展程度,实际上是衡量企业经营管理水平和会计管理水平的重要指标。

由上可知,真正意义上的税务筹划,不论对企业还是对国家都具有积极意义。税务筹划是纳税人整体财务筹划的重要组成部分。

(二)税务筹划的原则

1. 不违法原则

进行税务筹划,应该以《中华人民共和国税收征收管理法》、现行各种税法暂行条例及其实施细则、补充规定及相关法律等为法律依据,要在熟知税法及相关法律规定的前提下,利用税制构成要素中的税负弹性进行税务筹划,选择最优的纳税方案。税务筹划的最基本原则或最基本特征是符合税法或者不违反税法,这是区别于偷、逃、欠、抗、骗税的关键。税务筹划是明智之举、文明之举、进步之举。

2. 保护性原则

由于我国大部分税种的税率、征收率不是单一税率,有的税种还有不同的扣除率、出口退税率,纳税人要避免多交税款,在兼营不同税种、不同税率的货物、劳务时,在出口货物时,在同时经营应税与免税货物时,要按不同税率(退税率)分别设账,分别核算(它与财务会计的设账原则不同),在有混合销售行为时,要掌握计税原则。另外,由于增值税实行专用发票抵扣制,依法取得并认真审核、妥善保管发票是至关重要的。对纳税人来说,这都是保护性的举措;否则,不但不能减轻负担,还可能加重税负。

3. 时效性原则

时效性原则体现在充分利用资金的时间价值上,如销售(营业)收入的确认、准予扣除项目的确认、增值税进项税额的确认与抵扣时间、销售与销项税额的确认时间、出口与出口退税时间等,都有时效性问题。再则,程序性税法与实体性税法如有变动,遵循“程序从新、实体从旧”原则也是时效性问题。

4. 整体综合性原则

在进行一种税的税务筹划时,还要考虑与之相关的其他税种的税负效应,进行整体筹划、综合衡量,力求整体税负量轻、长期税负最轻,防止顾此失彼、前轻后重。

综合衡量从小的方面说不能只盯在个别税种的税负高低上,一种税少缴了,另一种税可能要多缴,因而要着眼于整体税负的轻重;还要从另一个角度看,税收支付的减少不等于资本总体收益的增加。某些设在我国经济特区的外资企业,用转让定价的方法将利润逆向转移到境外高税区,为的是逃避外汇管制,追求集团总体收益而非税负最轻。最理想的当然是节税增收,如果有多种税收选择,总体收益最多但纳税并非最少的一种方案,也应视为理想的方案。就是说,税务筹划要算大账。选优弃劣,避害取利,始终是税务筹划的根本原则。

四、税务筹划的主要特点、分类及范围

(一)税务筹划的主要特点

狭义税务筹划的主要特点可以概括如下:

1. 内容的合法性

税务筹划不违反税法，同时又遵守了税法。它是在符合税法、不违反税法的前提下进行的。它是在对税法进行认真研究比较后，对纳税进行的一种最优化选择，符合政府宏观的调控目标。如果政府认为企业税后留利太多，应该通过修改税法来达到政府增收的目的。如果超越税法，向纳税人收税，纳税人可以根据《行政诉讼法》予以起诉。

2. 时间的超前性

税务筹划一般都是在事先规划、设计和安排的。企业的经济活动及应税行为均按税务筹划的目标运行。这与偷税等都是在事中、事后进行是根本不同的。

3. 范围的综合性

税务筹划要全面考虑，不能只就一种税进行筹划，还要考虑筹划的结果会不会导致其他税费的增加，造成得不偿失的后果。

4. 行为的时效性

税务筹划要综合考虑纳税人的总体利益，使眼前利益与长远利益、局部利益与整体利益兼顾，绝对不能顾此而失彼。

各国税收政策都随政治、经济形势变化而不断变化，我国也不例外。纳税人在进行税务筹划时，必须随时注意税收政策的变化，及时作出相应的变动，以充分发挥其时效性的特点。

(二)税务筹划的分类

1. 按地域范围来划分

税务筹划可分为国内税务筹划和国际税务筹划。国内税务筹划指纳税人在本国税收法规下对其国内经营活动的税务筹划；国际税务筹划指跨国纳税人从事跨国活动时的税务筹划。

2. 按纳税人来划分

税务筹划可分为个人或家庭税务筹划以及企业税务筹划。由于企业是一国税收收入的主要来源，税收对企业活动的影响也最大，因此，企业税务筹划尤其是企业所得税筹划是税务筹划的主要领域。

3. 按税种来划分

税务筹划可分为所得税筹划、流转税筹划、财产税筹划等。

(三)税务筹划的范围

税务筹划本质上是一个方法论体系，其涉及范围很广，在我国主要是就企业税收进行筹划。

1. 新建企业的税务筹划

(1)企业组织形式的选择

经营者在建企业时，可以有多种组建形式，选择一个适当的形式是经营者首先要作出的决策。当然，决定企业组建形式的因素很多，如资金、股东多寡、雇用人数等，但未来该企业的税收待遇也是其中的一个重要因素。企业组织形式不外乎有三种：有限责任制、合伙制和股份制。这三种形式在税收待遇上是不同的，选择什么样的组建形式是税收筹划的一个重要内容。

(2)经营地点、行业的选择

国家为了贯彻其宏观产业政策，对在特定地区、从事特定行业的企业给予税收优惠，这种税收优惠就成为企业进行税务筹划，确定经营地点、经营行业的重要依据。

(3)企业会计方法的选择

企业进行税务筹划的基本原则是缩小税基、降低税率和递延税款。企业财会人员只要掌握一定的税收法规知识,就可以通过选择适当的会计方法达到递延税款的目的,如折旧方法、存货计价方法的选择等。

2. 企业扩展的税务筹划

(1)分公司与子公司选择

企业为进一步壮大实力,拓展自己的经营范围,提高自己的竞争力,就需要组建新的分公司或子公司,这时就面临是组建子公司还是分公司的决策。分公司和子公司在税收待遇上不一样:分公司和总公司在法律上同是法人实体,分公司实现的盈亏要同总公司合并缴税;而子公司则为独立法人,要单独纳税。一般而言,新扩建企业经营初期若亏损,则以办分公司有利;之后若盈利,则以子公司为好,特别是子公司若在国外,利润不汇入母公司,则可以不必合并纳税,可以获得递延纳税好处。

(2)企业重组的税务筹划

所谓企业重组,是指企业经营发展到一定时期,原有组织形式已制约了其进一步扩展,要改变原有组织形式。重组时,税收是必须考虑的一个因素。

3. 企业在融资、投资及利润分配过程中的税务筹划

(1)企业资本结构的税务筹划

企业从事经营活动所需资金主要可通过债权和股权两种形式筹集。债权和股权两种筹资方式在税收待遇上不同。债权的利息费用可在税前扣除,得到利息免税的优待;但向股东发放的股利则只能从企业税后留利中分配。从税务筹划角度,利用债权筹资越多越好,但债务过大,增加企业经营风险。因此,在企业资本结构决策中要进行税务筹划。

(2)企业投资核算的税务筹划

企业以购买股票方式对外投资,其投资核算方法有两种:成本法和权益法。运用权益法投资账户要按期调整,而成本法则不用,因而可以递延纳税。

(3)企业股利决策的税务筹划

在企业股利政策理论中,有一种税负差异理论。按这种理论,股份制企业最好不发放任何一种股利,而通过股票价格升高来间接地增加股东财富,因为若发放股利,股息要缴个人所得税。由此可见,企业在选择股利政策时也要进行税收筹划。

五、税务筹划的基本步骤

1. 熟知税法,归纳相关规定

要进行税务筹划,必须要熟知税法及相关法律,全面掌握税法的各项规定。尤其是各项税收优惠、税收鼓励政策,往往都是散见于各项文件之中,有的是人大常委会、国务院颁布的,有的是财政部、国家税务总局联合发文,有的是国家税务总局发文,还有的可能是省(市)发文,这些都要收集齐全、进行归类。

2. 确立节税目标,建立备选方案

根据税务筹划内容,确立税务筹划的目标,建立多个备选方案。每一方案都包含一些特定的法律安排。

3. 建立数学模型,进行模拟决策(测算)

根据有关税法规定和纳税人预计经营情况(中、长期预算等),尽可能建立数学模型,进行演算,模拟决策,定量分析,修改备选方案。

4. 根据税后净回报,排列选择方案

分析每一备选方案,所有备选方案的比较都要在成本最低化和利润最大化的分析框架里进行,并以此标准确立能够产生最大税后净回报的方案。另外,还要考虑企业风险、税收风险、政治风险等因素。

5. 选择最佳方案

最佳方案是在特定环境下选择的,这种环境能保持多长时间,事先也应有所考虑,尤其是在国际税务筹划时,更应考虑这个问题。

6. 付诸实践,信息反馈

付诸实践后,再运用信息反馈制度,验证实际税务筹划结果是否如当初测算、估算,为今后税务筹划提供参考依据。

六、税务师事务所从事税收筹划的工作程序及业务洽谈模式

(一)工作程序

由于各类企业委托进行税收筹划的内容不一,因此,注册税务师从事税收筹划也没有统一的程序,但大体上大同小异。基本可分为以下九个步骤:(1)客户提出要求;(2)谈判;(3)组织力量;(4)初步调查;(5)提出建议书;(6)签订合同;(7)开始工作;(8)中间报告;(9)最终报告。

(二)业务洽谈模式

税收筹划作为一项高层次的咨询业务,注册税务师在业务洽谈过程中应遵循一定的模式。这一模式包含着从客户委托到税务师事务所接受委托的全过程(见图 10—1)。

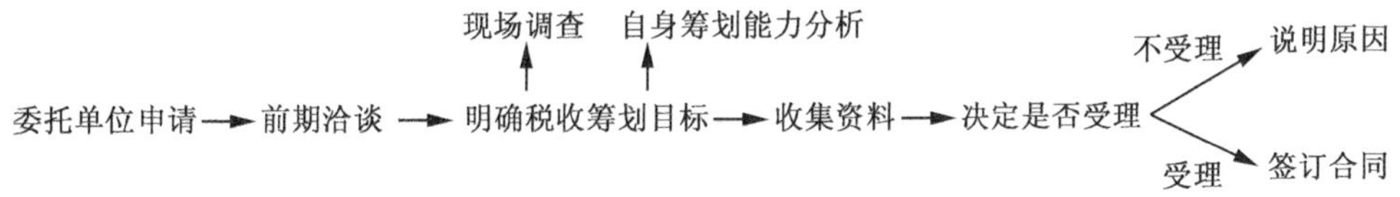

图 10—1 业务洽谈模式

七、税务筹划咨询合同的内容

当注册税务师经过洽谈正式受理客户的委托、进行税收筹划时,就需签订合同,以法律的形式固定下来。受托税收筹划的合同没有标准格式,但此合同一般包括以下 10 项内容:

第一,列明委托人和税务师事务所(或注册税务师)的名称、住址、电话等。

第二,总则。明确注明合同双方当事人的地址;并须表明对合同中的税务师事务所,委托人认为是具备足以承担这项任务的技术水平和经验的,确能恰当地完成该项目所规定的筹划任务,因而委托人同意该税务师事务所承担该项目业务的申请。

第三,委托事项。明确税务师事务所对委托人所约定承担的义务。

第四,业务内容。应明确委托人向税务师事务所委托的具体业务内容,包括:

(1)需要协商的事项；

(2)有关调查研究业务内容；

(3)有关获取旁证的需要等。

第五，酬金及计算方法。应明确规定经双方同意的酬金数额、支付日期、支付办法。

第六，税收筹划成果的形式和归属。

第七，保护委托人权益的规定，主要包括：

(1)预定业务完成日期。事先规定各个阶段工作的进程和完成日期。

(2)禁止中途转包。为保证业务质量，税务师事务所除书面征得委托人同意外，不得将承担的业务全部或部分转包给他人。

第八，保护税务师事务所权益的规定。税务师事务所作为合同的另一方，同样有权受到合同的保护，在合同中需明确的主要内容是：

(1)对超出合同规定范围的业务，要求额外支付报酬。

(2)变更业务范围，如要承担原订合同以外的业务时，税务师事务所可以向委托人提出更改合同条件的要求。

(3)因委托人的责任造成业务拖延，税务师事务所在开展业务过程中，有些事项须征得委托人的认可才可进行，但如委托人不及时予以确认，或因委托人的其他原因造成业务拖延，则其责任应由委托人承担。

(4)取消注册税务师在合同撤销前已完成的工作，必须支付合理的报酬。

第九，签名盖章。合同须经双方当事人签字盖章才能生效。

第十，合同签订日期和地点。

第三节　税务筹划的主要方法

税务筹划的方法很多，这里仅介绍税务筹划的一些基本方法。

税收筹划的基本做法是：对纳税人各种经营、投资、理财等活动应纳税的情况进行分析比较，在不受其他条件制约的情况下，选择负担较轻的方案。因此，税收筹划的核心是减轻税收负担，即选择合适的经营方式，以使当期或以后的应纳税额减少，实现直接或间接减轻税收负担的目的。

可以降低税收负担的税收筹划方法，主要有以下几种：

一、不予征税方法

不予征税方法是指选择国家税收法律、法规或政策规定不予征税的经营、投资、理财等活动的方案以减轻税收负担的方法。

每一种税都规定了明确的税收征税范围。相对于具体税种而言，只对纳入征税范围的经营行为、所得或财产征税，对于没有纳入征税范围的则不予征税。纳税人可以在对照税收政策、权衡各方面利益的前提下，对经营、投资、理财活动作出事先安排，在多种备选方案中选择不予征税的方案。如我国现行税收政策规定，在不动产出售、出租和投资等方案中，从营业税不予征税角度考虑，可以选择投资方式；在土地、地上建筑物及其附着物的出售、出租或投资等方案中，从土地增值税不予征税角度考虑，可以选择出租或投资方案。

不予征税的技术是相对于具体税种而言的，在具体运用中，会出现两种情况：

一是不予征某种税同时应征类似的税种，如按我国现行税收政策规定，提供的运输劳务虽然不予征收增值税，但应征收营业税；

二是不予征收某种税的同时也不征收类似税，如前述的以不动产或无形资产对外投资，按我国现行的税收政策规定，既不征收营业税，也不征收增值税。

二、减免税方法

减免税方法是指选择国家税收法律、法规或政策规定的可以享受减税或免税优惠的经营、投资、理财等活动方案，以减轻税收负担的方法。

许多税种国家在规定征税的具体政策的同时，对于特殊的经营活动或纳税人，通过减免税优惠政策作出照顾或鼓励的政策规定，纳税人可以对照国家减免税的优惠政策条件，事前对其经营、投资、理财等活动进行安排，以求符合条件，办理相应的报批或备案手续，享受减免或免税。

三、税率差异方法

税率差异方法是指根据国家税收法律、法规或政策规定的税率差异，选择税率较低的经营、投资、理财等活动的方案，以减轻税收负担的方法。

在我国，有的税种是国家根据地区、行业、经济成分、所得项目、企业类型的不同，规定了差异的税率，也有的税种国家规定的是幅度税率，由各地根据情况作出具体税率的规定，这就使不同的经营、投资、理财情况在税率运用上出现差异，纳税人可以对照政策规定，在多种方案中进行选择，以适用较低的税率，如《企业所得税法》规定国家需要重点扶持的高新技术企业，减按15%的税率征收企业所得税；城镇土地使用税对不同的区域规定高低不等的适用税额。正是由于这一税率差异，纳税人应在权衡各种利益的前提下，对投资区域、投资行业、经营方式等作出筹划，以适用相应的低税率。

四、分割方法

分割方法是指依据国家税收法律、法规或政策规定，选择能使计税依据进行分割的经营、投资、理财等活动的方案，以实现或是不同税负、税种的计税依据相分离；或是分解为不同纳税人或征税对象，增大不同计税依据扣除的额度或频度；或是防止税率的爬升等效果，以求税收负担减轻的方法。

五、扣除方法

扣除方法是指依据国家税收法律、法规或政策规定，使经营、投资、理财等活动的计税依据中尽量增多可以扣除的项目或金额，以减轻税收政策负担的方法。

一般来说，所得税是以纳税人收入或所得额作必要扣除后作为计税依据的。即使是以收入为计税依据的流转税，也规定有不少项目可以在计税依据中扣除。纳税人应在发生费用或支出时，对费用的项目、性质、支付方式及票据使用等方面，事前作出安排，以求符合政策规定，在计税前扣除。

六、抵免方法

抵免方法是指依据国家税收法律、法规或政策规定，使经营、投资、理财等活动的已纳税额或相应支出，在其应纳税额中予以抵扣，以减轻税收负担的方法。

已纳税额或支出的抵免可以直接减少纳税人应纳税额，可以避免重复征税或引导纳税人经营、投资、理财等活动。我国规定，境外所得已纳所得税额的抵免，企业购置用于环境保护、节能节水、安全生产等专用设备的投资额，可以按10%的比例抵免企业所得税额，外购货物的增值税进项税额抵免增值税销项税额等，都是纳税人考虑的税收筹划方面。纳税人可以根据自身的经营情况，对照政策规定，事前作出安排，以减轻税收负担。

七、延期纳税方法

延期纳税方法是指依据国家税收法律、法规或政策规定，将经营、投资、理财等活动的当期应缴纳税额延期缴纳，以实现相对减轻税收负担的办法。

延期纳税虽然不能减少纳税人的应纳税额，但对纳税人而言，纳税期的推后相当于获得一笔政府的无息贷款，获取货币时间价值，有利于其资金周转。纳税人根据国家税收政策规定，合理安排其经营行为，是可以实现延期纳税的，如在销售货物中采用分期收款、赊销或代销方式的纳税期要比直接销售的纳税期迟；符合条件的固定资产可以采用加速折旧的办法计入成本和费用等。

八、退税方法

退税方法是指依据国家税收法律、法规或政策规定，使经营、投资、理财等活动的相关税额退还的方法。

出口退税，对"集成电路生产企业、封装企业的再投资退税"都是纳税人可以进行纳税筹划的内容。退税是将自己或相关人已纳税额从国库中直接退出，一般对其条件、资料、程序、时间和管理方面作严格的规定，纳税人应根据自己经营活动的情况，对政策依据和相关条件，事前作出安排，以顺利享受退税政策。

税务筹划是一项综合性的、复杂的工作，涉及面广、难度大。在运用税收筹划方法时，应充分考虑具体情况和政策规定。各种税收筹划方法也不是彼此孤立和矛盾的，有时应相互配合，综合运用。同时，随着税务筹划层次的深入和领域的拓宽，还将会有新的、科学的税收筹划技术的发展和运用。

本章回顾

1. 税务咨询是咨询服务的一种。它是通过电话、信函、晤谈等方式解答纳税人、扣缴义务人有关税收方面的问题，是税务代理业务中最具普遍性的服务内容。税务咨询具有注重社会效益、属知识密集型产业、筹划性等特征。

2. 税务咨询的形式一般有电话、信函、晤谈等形式，在网络化比较发达的地区也可以采用网上咨询。

3. 在通常情况下，税务咨询的内容主要有税收法律法规方面的咨询、税收政策运用方面的咨询、办税实务方面的咨询、涉税会计处理的咨询、税务动态方面的咨询。

4. 税收政策运用咨询的操作要点主要有对咨询的问题进行分析；准确把握咨询问题所涉及的税种；查询与咨询问题有关的税收政策法规；找准税收政策的适用条款。

5. 税务顾问是综合性的税务咨询服务，它通过上门服务的方式，为纳税人、扣缴义务人提供税收方面的咨询服务。它与税务咨询相同的是，都为纳税人、扣缴义务人解答有关税收方面的问题；不同的是税务顾问比税务咨询权威性更强，咨询内容更广泛，服务对象比较固定，服务的时间比较连续。

6. 税务筹划有两种基本类型，即狭义的税务筹划与广义的税务筹划。

7. 税务筹划遵循不违法、保护性、时效性、整体综合性的原则。

8. 税务筹划本质上是一个方法论体系，其涉及范围很广，在我国主要是就企业税收进行筹划，如新建企业的税务筹划，企业扩展的税务筹划，企业在融资、投资及利润分配过程中的税务筹划。

9. 税务筹划的基本步骤是熟知税法，归纳相关规定；确立节税目标，建立备选方案；建立数学模型，进行模拟决策(测算)；根据税后净回报，排列选择方案；选择最佳方案；付诸实践，信息反馈。

10. 注册税务师从事税收筹划基本可分为九个步骤：客户提出要求；谈判；组织力量；初步调查；提出建议书；签订合同；开始工作；中间报告；最终报告。

11. 当注册税务师经过洽谈正式受理客户的委托进行税收筹划时，就需签订合同，以法律的形式固定下来。受托税收筹划的合同没有标准格式，但一般包括十项内容。

12. 税务筹划的基本方法有：不予征税方法、减免税方法、税率差异方法、分割方法、扣除方法、抵免方法、延期纳税方法、退税方法。

复习思考题

1. 税务咨询的概念、特征、形式、内容是什么？
2. 注册税务师在政策运用咨询实际服务中要注意哪些事项？
3. 简述税务顾问与税务咨询的区别与联系。
4. 简述税务顾问的概念、内容。
5. 简述税务筹划的概念、意义、原则。
6. 简述税务筹划的主要特点、分类及范围。
7. 简述税务筹划的基本步骤。
8. 简述税务筹划的基本方法。

知识巩固与拓展训练

一、单项选择题

1. 注册税务师作为纳税人的税务顾问，为其提供日常办税咨询服务与操作指南，属于

(　　)。

A. 税政指导　B. 办税指导　C. 纳税筹划指导　D. 会计核算指导

2. 税务顾问协议书(　　)。

A. 一式二份,甲方、乙方各执一份

B. 一式三份,甲方、乙方、税务机关各执一份

C. 只要一份,税务机关备案

D. 一式二份,税务机关、甲方各执一份

3. 税务筹划只能在法律许可的范围内进行,违反法律规定、逃避税收负担是偷税行为,必须加以制止,这体现了税务咨询的(　　)。

A. 合法性　B. 执法性　C. 筹划性　D. 目的性

4. 税务咨询的诸多形式中,(　　)有助于税务咨询服务的规范化。

A. 电话　B. 传真　C. 晤谈　D. 书面

5. 注册税务师作为纳税人的税务顾问,为其提供纳税筹划,其实质是帮助纳税人(　　)。

A. 依法合理避税　B. 最小合理纳税

C. 依法合理纳税　D. 依法享受减免税

二、多项选择题

1. 下列各项中,属于税务咨询特征的有(　　)。

A. 税务咨询注重社会效益　B. 税务咨询属于知识密集型产业

C. 税务咨询具有筹划性　D. 税务咨询是咨询服务的一种

2. 税收政策运用咨询的操作要点主要有(　　)。

A. 对咨询的问题进行分析　B. 准确把握咨询问题所涉及的税种

C. 查询与咨询问题有关的税收政策法规　D. 找准税收政策的适用条款

3. 在通常情况下,税务咨询的内容主要有(　　)。

A. 税收法律法规方面的咨询　B. 税收政策运用方面的咨询

C. 办税实务方面的咨询　D. 涉税会计处理的咨询

E. 税务动态方面的咨询

4. 在我国,对企业税收进行筹划主要是指(　　)。

A. 新建企业的税务筹划

B. 企业扩展的税务筹划

C. 企业在融资、投资及利润分配过程中的税务筹划

D. 税收法律法规的税务筹划

E. 税务动态方面的税务筹划

5. 税务筹划的基本方法有(　　)。

A. 不予征税方法　B. 减免税方法

C. 税率差异方法　D. 分割方法

E. 扣除方法　F. 抵免、延期纳税方法

G. 退税方法

三、判断题

1. 税务咨询的形式一般有电话、信函、晤谈、培训等形式，在网络化比较发达的地区也可以采用网上咨询。 ( )

2. 税务顾问与税务咨询都是为纳税人、扣缴义务人解答有关税收方面的问题，不同的是税务咨询比税务顾问权威性更强，咨询内容更广泛，服务对象比较固定，服务的时间比较连续。 ( )

3. 纳税义务人、征税对象、计税依据、纳税环节、纳税地点和纳税义务发生时间等问题的确认属于办税实务方面的咨询。 ( )

4. 税务顾问协议书的甲方是税务师事务所，乙方是需要服务的企业。 ( )

5. 当注册税务师经过洽谈正式受理客户的委托进行税收筹划时，就需签订合同，以法律的形式固定下来。 ( )

参考文献

1. 全国注册税务师执业资格考试教材编写组编:《税务代理实务》,中国税务出版社 2010 年版。

2. 王素荣编著:《税务会计与税务筹划》(第三版),机械工业出版社 2011 年版。

3. 张孝光主编:《税务会计与税务筹划》(第五版),中国人民大学出版社 2010 年版。

4. 汪华亮、邢铭强、索晓辉主编:《企业税务筹划与案例解析》,立信会计出版社 2011 年版。

5. 盖地主编:《税务筹划学》(第二版),中国人民大学出版社 2011 年版。

6. 盖地主编:《企业税务筹划理论与实务》(第二版),东北财经大学出版社 2009 年版。

7. 韩雪主编:《税务筹划》,立信会计出版社 2009 年版。

8. 应小陆、赵军红主编:《税务筹划》,复旦大学出版社 2010 年版。

9. 王虹、章成蓉主编:《税法与税务筹划》,经济管理出版社 2012 年版。

10. 陈晓峰编著:《税务筹划法律风险管理策略》,法律出版社 2011 年版。

11. 戴桂荣、刘兴淼主编:《税务会计及筹划》(第二版),大连出版社 2011 年版。

12. 王素荣编著:《税务会计与税收筹划》,机械工业出版社 2009 年版。

13. 李淑萍主编:《税务筹划技巧与实务》,辽宁出版社 2011 年版。